JN202116

医療福祉経営入門

Introduction to Medical and Welfare Services Management

三田寺 裕治 著

はじめに

　「経営」という言葉にどのようなイメージをおもちであろうか。「経営」というと、黒字・赤字、収入・支出など、「お金」に関することを思い浮かべるかもしれない。病院や福祉施設が継続して事業活動を遂行するためには、必要な収益を確保し、健全な経済的基盤を構築することが重要である。しかしながら、病院や福祉施設が取り組むべき経営課題は「お金」に関することだけではない。医療・福祉は人の生命や身体に直接関わるサービスであるため、安全性の確保やサービスの質の向上を図ることも重要な経営課題の一つである。

　また、「ESなくしてCSなし」といわれるように、サービスの質を高めるためには、その前提として病院や福祉施設で働く職員の満足度を高める必要がある。つまり、賃金の引上げや労働環境の改善、ワークライフバランスの推進など、職員のモチベーションや組織コミットメントを高める取り組みも重要である。

　さらに、病院や福祉施設は制度改正や報酬改定の影響を強く受けるため、事業活動に関連する制度・政策の動向を注視し、今後起こりうる変化を予測しながら経営を行う必要もある。

　本書は医療・福祉経営に関する理論と実践を体系的にまとめた入門書として主に医療や福祉分野をめざす学生や初学者を想定して執筆した。病院や福祉施設等の経営を考える際、本書がその一助となれば幸いである。

　なお、本書の刊行にあたって、株式会社みらい　常務取締役 荻原太志氏ならびに編集部の皆様に大変お世話になった。記して厚く御礼申し上げる。

2019年2月

三田寺　裕治

目　　次

第 1 章 介護保険制度と介護サービス市場の動向

❶ 介護保険制度導入の背景

（1） 高齢化の進展

　1960年には5.7％であった高齢化率は、1980年には9.1％、2000年には17.3％となり、その後も上昇を続け、2016年10月1日現在、65歳以上の高齢者人口は3,459万人であり、高齢化率は27.3％となっている。また、高齢者人口のうち、要介護リスクの高くなる75歳以上人口は1,691万人（男性658万人、女性1,033万人）で、総人口に占める割合は13.3％となっている。

　高齢化率は今後も上昇することが予想されている。2036年には33.3％と3人に1人が高齢者となり、2042年以降は高齢者人口が減少に転じるが高齢化率は上昇し、2065年には38.4％に達し、国民の約2.6人に1人が65歳以上の高齢者となる社会が到来すると推計されている。総人口に占める75歳以上人口の割合は、2065年には25.5％となり、約4人に1人が75歳以上の高齢者になると推計されている[1]。

（2） 家族の介護機能の低下

　我が国の高齢者介護は、家族による介護に依存してきた。子ども家族との同居形態による老親扶養は、家族の福祉機能の発現形態の一つであり、高齢者が要介護になったときの家族員による介護機能は、老親扶養機能を構成する主要な要素の一つである[2]。しかしながら、子どもとの同居は減少傾向にあり、65歳以上の高齢者の子どもとの同居率は、1980（昭和55）年にほぼ7割であったものが、2015（平成27）年には39.0％まで低下している。一方で、一人暮らしの高齢者は増加傾向にあり、2015（平成27）年には男性約192万人、女性約400万人、高齢者人口に占める割合は男性13.3％、女性21.1％となっている[3]。

　また、「老老介護」「認認介護」といわれるように、高齢者が高齢者を介護するケースも増えており、家族だけで十分な介護を行うことが難しくなっている。

（3） 措置制度から契約制度への転換

　我が国では1963（昭和38）年に老人福祉法が制定され、高齢者福祉施設の整備や在宅福祉サービスの充実が図られた。当時の高齢者福祉政策は、措置制度によってサービスが提供されていた。措置制度下では、特別擁護老人ホームの入所やホームヘルパーの利用に関して、行政機関である市町村が必要性を判断し、サービス提供を決定する仕組みであったため、利用者自身はサービスを自由に選択できなかった。また、利用にあたって所得調査

が行われ、サービスの費用が税金で賄われるため、心理的負担が大きいこと、市町村が直接あるいは行政から委託を受けた特定の経営主体が介護サービスを提供していたため、競争原理が働かず、サービス内容が画一的となりがちであることなどが指摘されていた。

　2000（平成12）年に介護保険制度が施行され、社会保険による契約制度へと転換し、利用者が自ら介護サービスを提供する事業者を選択して、サービスを受けることが可能となった。介護保険制度では多様な事業者の参入が認められるようになり、一定の条件を満たし、都道府県等による指定を受ければ、指定事業者として介護サービスを提供することが可能となった。そのため、現在では、株式会社をはじめとして、NPO法人、医療法人、社会福祉法人、社団・財団法人、協同組合などさまざまな経営主体が介護サービスを提供している。

❷ 介護保険制度の基本的枠組み

（1）　介護保険制度の目的と特徴

　国民の共同連帯の理念に基づき、加齢に伴う疾病等により要介護状態となっても尊厳を維持し、その人らしい自立した日常生活を営むことができるよう、高齢者の介護を社会全体で支えるための仕組みとして2000（平成12）年に介護保険制度が創設された。

図1-1　介護保険制度の仕組み

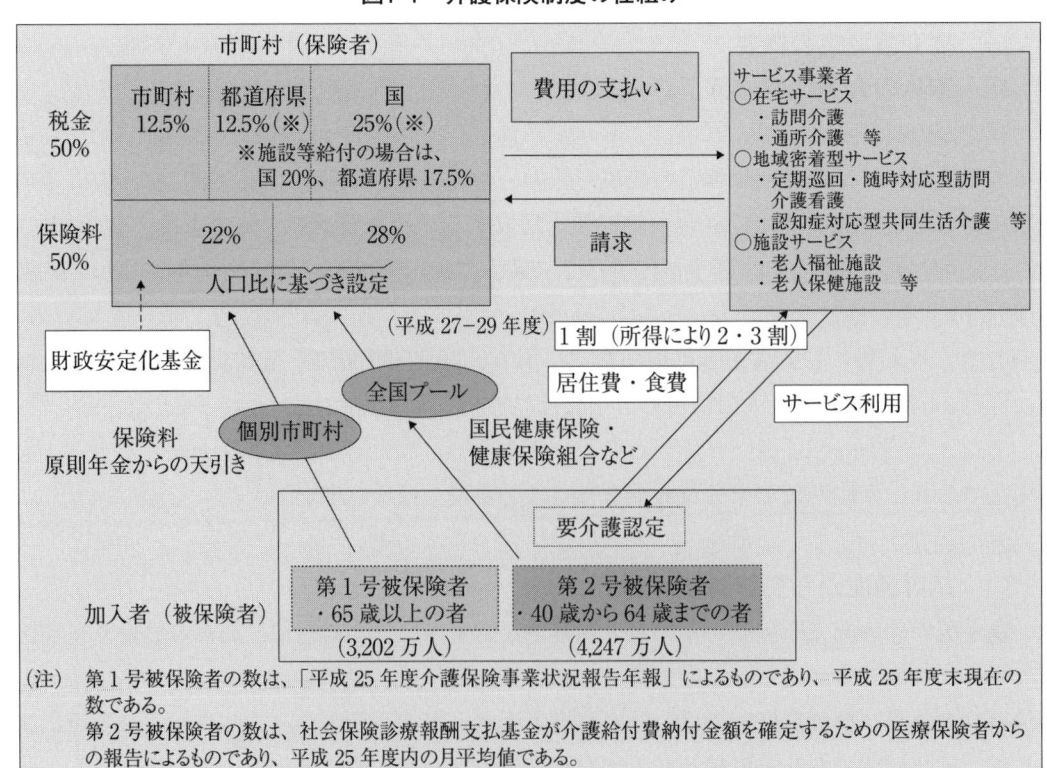

出典：『平成28年版厚生労働白書』p.100を一部修正

2

介護保険制度は、高齢者の自立を支援することを理念とし、介護保険法第2条第3項に「第一項の保険給付は、被保険者の心身の状況、その置かれている環境等に応じて、被保険者の選択に基づき、適切な保健医療サービス及び福祉サービスが、多様な事業者又は施設から、総合的かつ効率的に提供されるよう配慮して行われなければならない」と規定されているように、利用者の選択により、多様な主体から保健医療サービス、福祉サービスを総合的に受けられる制度となっている。また、介護保険制度では、保険料を主な財源とする社会保険方式が採用されている。

（2）　保険者と被保険者

保険者は、全国の市町村および特別区（東京23区）である。保険者は、保険料の徴収、要介護認定、保険給付等の業務を行う。小規模な市町村においては、事務処理を合理的に行うため、「広域連合」を組織し、保険者となって介護保険事業を行うことが認められている。

被保険者は、原則として40歳以上であるが、表1-1のとおり、65歳以上（第1号被保険者）と、40歳から64歳までの医療保険加入者（第2号被保険者）に分けられる。第1号被保険者は、原因を問わずに要介護状態または要支援状態と認定されたときに介護サービスを受けることができる。第2号被保険者は、加齢に伴う疾病（特定疾病）が原因で要介護状態または要支援状態と認定されたときに介護サービスを受けることができる（表1-2）。

（3）　要介護認定の概要

介護保険では、被保険者が「要介護状態」または「要支援状態」となった場合を保険事

表1-1　第1号被保険者と第2号被保険者

	第1号被保険者	第2号被保険者
年齢条件	65歳以上のすべての人	40歳から64歳までで医療保険に加入している人
サービスを利用できる人	要介護者（常時介護を必要とする状態）または要支援者（日常生活に支援が必要な状態）として認定を受けた人	末期がんや関節リウマチなど16の特定疾病により要介護者または要支援者として認定を受けた人
被保険者証	第1号被保険者になる月に被保険者証を交付	要介護・要支援認定を受けたとき 被保険者証の交付を申請したとき
保険料	保険者へ納付　特別徴収（年金からの天引き）または普通徴収（納付書もしくは口座振替）※原則として特別徴収	加入している医療保険料（税）に介護保険料分を上乗せして医療保険者に納付
自己負担	サービス費用の1割（一定以上の所得のある人は2割、現役並みの所得のある人は3割）	サービス費用の1割

表1-2 介護保険で対象となる特定疾病

1	がん（医師が一般に認められている医学的知見に基づき回復の見込みがない状態に至ったと判断したものに限る）
2	関節リウマチ
3	筋萎縮性側索硬化症
4	後縦靭帯骨化症
5	骨折を伴う骨粗鬆症
6	初老期における認知症（アルツハイマー病、血管性認知症、レビー小体病等）
7	進行性核上性麻痺、大脳皮質基底核変性症及びパーキンソン病
8	脊髄小脳変性症
9	脊柱管狭窄症
10	早老症
11	多系統萎縮症
12	糖尿病性神経障害、糖尿病性腎症及び糖尿病性網膜症
13	脳血管疾患
14	閉塞性動脈硬化症
15	慢性閉塞性肺疾患
16	両側の膝関節又は股関節に著しい変形を伴う変形性関節症

故として給付の対象としている。介護給付を受けるためには、要介護認定を受ける必要がある。

要介護認定とは

　介護保険制度では、寝たきりや認知症等で常時介護を必要とする状態（要介護状態）になった場合や、家事や身支度等の日常生活に支援が必要であり、特に介護予防サービスが効果的な状態（要支援状態）になった場合に、介護サービスを受けることができる。この要介護状態や要支援状態にあるかどうか、その中でどの程度かの判定を行うのが要介護認定（要支援認定を含む）である。要介護認定では、申請を受けた保険者（市町村・23区）が利用者の心身の状況を調査して、介護が必要な状態であるのか、また、どの程度介護を必要としているのか判断する。

要介護認定の流れ

　市町村の認定調査員（指定居宅介護支援事業者等に委託可能）が訪問し、心身の状況調査（認定調査）を行う。訪問調査の結果とかかりつけ医の意見書の一部の項目を全国共通の要介護認定ソフトで分析し、一次判定を行う（図1-2）。次に、保健・医療・福祉の学識経験者により構成される介護認定審査会により、一次判定結果や主治医意見書、認定調査における特記事項等に基づき審査判定（二次判定）を行う。

図1-2　要介護認定の流れ

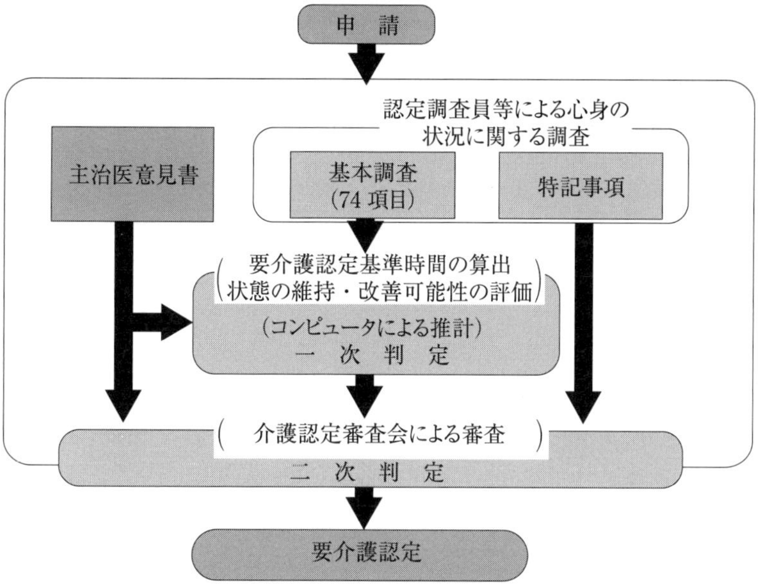

出典：厚生労働省　老健局　総務課「公的介護保険制度の現状と今後の役割」平成27年　http://www.
mhlw.go.jp/file/06-Seisakujouhou-12300000-Roukenkyoku/201602kaigohokenntoha_2.pdf　アク
セス日：2018年 6 月20日

　その後、市町村は二次判定の結果を利用者に通知する。要介護度（要介護状態区分等）
は、「要支援 1 ・ 2 」「要介護 1 〜 5 」の 7 段階の介護度が設けられている。認定結果は原
則として申請日から30日以内に利用者に通知される。要介護認定は、介護サービスの必要
度（どれ位、介護のサービスを行う必要があるか）を判断するものであり、病気の重症度
と要介護度の高さとが必ずしも一致しない場合がある。認定結果に納得できない場合は、
都道府県に設置されている「介護保険審査会」に不服を申し立てることができる。

（4）　区分支給限度額

　介護保険の在宅サービスなどを利用する場合は、要介護状態区分別に、介護保険から給
付される上限額（区分支給限度額）が決められている（表1-3）。限度額の範囲内で在宅
サービスを利用した場合の自己負担は 1 割（一定以上の所得のある人は 2 割、現役並みの
所得のある人は 3 割）であるが、限度額を超えたサービスの利用については、全額自己負
担となる。

（5）介護保険サービスの種類

　介護サービスは、大きく分けて「居宅サービス」「施設サービス」「地域密着型サービ
ス」の 3 つの種類がある（表1-4）。地域密着型サービスは、要介護高齢者等が出来る限り
住み慣れた地域での生活が継続できるように、平成18年 4 月の介護保険制度改正により創
設されたサービス体系である。地域密着型サービスは事業者が所在する市町村に居住する

人が利用対象者となっており、市町村が事業者の指定や監督を行う。なお、利用定員が18人以下の小規模な通所介護事業所は、平成28年4月1日から地域密着型サービスである地域密着型通所介護へ移行された。

表1-3　在宅サービス（居宅サービス区分）の支給限度額

要介護度区分	1ヶ月の居宅サービスの支給限度額
要支援1	5,003単位
要支援2	10,473単位
要介護1	16,692単位
要介護2	19,616単位
要介護3	26,931単位
要介護4	30,806単位
要介護5	36,065単位

表1-4　介護保険サービスの種類と事業者・施設の指定

市町村が指定・監督を行うもの	都道府県・政令指定都市・中核市が指定・監督を行うもの		
●地域密着型サービス ・定期巡回・随時対応型訪問介護看護 ・夜間対応型訪問介護 ・認知症対応型通所介護 ・小規模多機能型居宅介護 ・看護小規模多機能型居宅介護 ・認知症対応型共同生活介護 ・地域密着型特定施設入居者生活介護 ・地域密着型介護老人福祉施設入所者生活介護 ・地域密着型通所介護 ●居宅介護支援	●居宅サービス ・訪問介護 ・訪問入浴介護 ・訪問看護 ・訪問リハビリテーション ・居宅療養管理指導 ・特定施設入居者生活介護 ・通所介護 ・通所リハビリテーション ・短期入所生活介護 ・短期入所療養介護 ・福祉用具貸与 ・特定福祉用具販売	●施設サービス ・介護老人福祉施設 ・介護老人保健施設 ・介護療養型医療施設 ・介護医療院	介護給付（要介護1〜5）
●地域密着型介護予防サービス ・介護予防認知症対応型通所介護 ・介護予防小規模多機能型居宅介護 ・介護予防認知症対応型共同生活介護 ●介護予防支援	●介護予防サービス ・介護予防訪問入浴介護 ・介護予防訪問看護 ・介護予防訪問リハビリテーション ・介護予防居宅療養管理指導 ・介護予防特定施設入居者生活介護 ・介護予防通所リハビリテーション ・介護予防短期入所生活介護 ・介護予防短期入所療養介護 ・介護予防福祉用具貸与 ・介護予防特定福祉用具販売		予防給付（要支援1・2）

❸ 介護報酬の仕組み

（1）　介護報酬とは

　介護報酬とは、事業者が利用者に介護サービスを提供した場合に、その対価として事業者に対して支払われる報酬のことをいう。介護サービスを提供した施設・事業所は、月単位で提供したサービスの報酬を計算し、その1割（一定以上の所得のある人は2割、現役並みの所得のある人は3割）を利用者負担金として徴収するとともに、残りを介護報酬として各都道府県の国保連合会に請求する。介護報酬は各都道府県の国保連合会を経由して、被保険者の保険者（市町村・23区）に請求される。

　国保連合会は、介護給付費審査委員会を設置し、請求内容が適切であるか審査を行う。審査において給付管理票や請求書類の内容に誤りがあった場合は、返戻や査定が行われる。返戻とは請求書類を差し戻すことであり、査定は請求された単位数を減じた上で支払うことをいう。

　介護報酬は、介護サービスの種類ごとに、サービス内容又は要介護度、事業所・施設の所在地等に応じた平均的な費用を勘案して決定される。介護報酬の基準額は、介護保険法上、厚生労働大臣が審議会（介護給付費分科会）の意見を聴いて定めることとされており、定期的に見直し・改定が行われる。2005（平成17）年6月の法改正では、居宅サービス利用者と施設サービス利用者の負担の公平性の観点から、介護保険施設の居住費や食費、短期入所施設の滞在費や食費、通所施設の食費が介護保険給付の対象外となり、全額自己負担となった。

（2）　介護報酬の特徴

　介護報酬は包括的評価を基本としており、各サービスの単位数は原則として基本算定項目と加算項目で構成される。実際の算定にあたっては、介護給付費単位数等サービスコード表に従って行う（表1-5）。また、介護報酬はケアプランの記載内容に基づいて請求を行う。ケアプランに記載されていないサービスを事業所が提供した場合、介護報酬を請求することはできない。

　事業所・施設では、単位数表に基づき提供サービスの単位数を算定し、1単位の単価（円）を乗じる。その金額に原則90％の給付率を乗じた額（1円未満切捨て）が保険請求額となる。

> **介護報酬の額＝単位数×1単位の単価（地域区分により異なる）**

　1単位の単価は人件費の地域差分を勘案し8つの地域区分がなされている（表1-6）。なお、居宅療養管理指導や福祉用具貸与は地域差の反映はなく、1単位10円となっている。

表1-5　介護給付費単位数等サービスコード表（平成30年4月施行版　抜粋）

訪問介護サービスコード表

サービスコード 種類	サービスコード 項目	サービス内容略称	算定項目					合成単位数	算定単位
11	4845	身体介護01	訪問介護費又は共生型訪問介護費	イ 身体介護が中心	(1) 20分未満 165単位			165	1回につき
11	4846	身体介護01・夜					夜間早朝の場合 25％加算	206	
11	4847	身体介護01・深					深夜の場合 50％加算	248	
11	4848	身体介護01・2人					2人の介護員等の場合 ×200％	330	
11	4849	身体介護01・2人・夜					2人の介護員等の場合 ×200％　夜間早朝の場合 25％加算	413	
11	4850	身体介護01・2人・深					2人の介護員等の場合 ×200％　深夜の場合 50％加算	495	
11	4857	身体介護01・初任				介護職員初任者研修課程を修了したサービス提供責任者を配置している場合	×70％	116	
11	4858	身体介護01・初任・夜					夜間早朝の場合 25％加算	145	
11	4859	身体介護01・初任・深					深夜の場合 50％加算	174	
11	4860	身体介護01・初任・2人					2人の介護員等の場合 ×200％	232	
11	4861	身体介護01・初任・2人・夜					2人の介護員等の場合 ×200％　夜間早朝の場合 25％加算	290	
11	4862	身体介護01・初任・2人・深					2人の介護員等の場合 ×200％　深夜の場合 50％加算	348	

加算・減算

サービスコード 種類	サービスコード 項目	サービス内容略称	算定項目		合成単位数	算定単位
11	6361	訪問介護共生型サービス居宅介護1	共生型訪問介護を行う場合	指定居宅介護事業所（基礎研修課程修了者等）が行う場合　所定単位数の30％減算		1月につき
11	6362	訪問介護共生型サービス居宅介護2		指定居宅介護事業所（重度訪問介護研修修了者）が行う場合　所定単位数の7％減算		
11	6363	訪問介護共生型サービス重度訪問介護		指定重度訪問介護事業所が行う場合　所定単位数の7％減算		
11	4114	訪問介護同一建物減算1	事業所と同一建物の利用者等にサービスを行う場合	同一敷地内建物等の利用者又はこれ以外の同一建物の利用者20人以上にサービスを行う場合　所定単位数の10％減算		
11	4115	訪問介護同一建物減算2		同一敷地内建物等の利用者50人以上にサービスを行う場合　所定単位数の15％減算		
11	8000	特別地域訪問介護加算	特別地域訪問介護加算　　　　所定単位数の15％加算			1回につき

11	8100	訪問介護小規模事業所加算	中山間地域等における小規模事業所加算　　　所定単位数の10％加算				
11	8110	訪問介護中山間地域等提供加算	中山間地域等に居住する者へのサービス提供加算　　　　　　所定単位数の5％加算				
11	4000	緊急時訪問介護加算	緊急時訪問介護加算　　　　　　　　　　　　100単位加算		100		
11	4001	訪問介護初回加算	ニ　初回加算　　　　　　　　　　　　　　200単位加算		200	1月につき
11	4003	訪問介護生活機能向上連携加算Ⅰ	ホ　生活機能向上連携加算	（1）　生活機能向上連携加算（Ⅰ）　100単位加算	100	
11	4002	訪問介護生活機能向上連携加算Ⅱ		（2）　生活機能向上連携加算（Ⅱ）　200単位加算	200	
11	6275	訪問介護処遇改善加算Ⅰ	ヘ　介護職員処遇改善加算	（1）　介護職員処遇改善加算（Ⅰ）　所定単位数の137/1000加算	
11	6274	訪問介護処遇改善加算Ⅱ		（2）　介護職員処遇改善加算（Ⅱ）　所定単位数の100/1000加算	
11	6271	訪問介護処遇改善加算Ⅲ		（3）　介護職員処遇改善加算（Ⅲ）　所定単位数の55/1000加算	
11	6272	訪問介護処遇改善加算Ⅳ		（4）　介護職員処遇改善加算（Ⅳ）　（3）で算定した単位数の90％加算	
11	6273	訪問介護処遇改善加算Ⅴ		（5）　介護職員処遇改善加算（Ⅴ）　（3）で算定した単位数の80％加算	

表1-6　地域区分別1単位の単価（訪問介護の単価）

1級地（東京都23区）	2級地（横浜市、大阪市など）	3級地（さいたま市、千葉市、名古屋市など）	4級地（神戸市、船橋市、立川市など）	5級地（京都市、広島市、福岡市、水戸市など）	6級地（仙台市、高崎市、静岡市など）	7級地（札幌市、栃木市、新潟市、長野市など）	その他
11.40円	11.12円	11.05円	10.84円	10.70円	10.42円	10.21円	10.00円

（例）　訪問介護　30分以上1時間未満　身体介護を行った場合（1級地）394単位×11.40円＝4,491円

（3） 介護サービス費用の算定事例（居宅サービス）

利用者氏名：渡辺　恵　　要介護状態区分：要介護2

■平成30年7月分のサービス内容

　　・ケアプラン作成：○○居宅介護支援事業所

　　・作成日：平成30年6月21日

サービス種類 提供事業所名	サービス予定日時等	サービス内容等
訪問介護 △△訪問ケア事業所	7：40〜7：55 ＜8回実施＞	・身体介護中心型を実施 ・訪問介護員が実施 ・特定事業所加算（Ⅰ）
	8：30〜9：00 ＜2回実施＞	・通院等乗降介助を実施 ・特定事業所加算（Ⅰ）
	10：20〜11：50 ＜8回実施＞	・身体介護（30分未満）に引き続き生活援助 　中心型を実施 ・訪問介護員が実施 ・特定事業所加算（Ⅰ）
	14：30〜15：00 ＜2回実施＞	・通院等乗降介助を実施 ・特定事業所加算（Ⅰ）
訪問入浴介護 △△訪問ケア事業所	16：00〜17：00 ＜4回実施＞	・看護職員1人及び訪問介護員2人が実施 ・サービス提供体制強化加算（Ⅰ）イ

【△△訪問ケア事業所】

　　・地域区分　：1級地

　　・訪問介護サービス　：特定事業所加算（Ⅰ）

　　・訪問入浴介護サービス　：サービス提供体制強化加算（Ⅰ）イ

　　本事例における利用者は要介護度2であり、平成30年7月におけるサービス内容は次のとおりである。7：40〜7：55の訪問介護（身体介護中心）を8回実施、8：30〜9：00の訪問介護（通院等乗降介助）を2回実施、10：20〜11：50の訪問介護（身体介護（30分未満）に引き続き生活援助）を8回実施、14：30〜15：00の訪問介護（通院等乗降介助）を2回実施、16：00〜17：00の訪問入浴介護を4回実施。7：40〜7：55の訪問介護（身体介護中心）については、開始時刻が早朝の時間帯のため、早朝加算（25％）を算定する。

　　本事例における介護事業所は、訪問介護で特定事業所加算（Ⅰ）（体制要件、人材要件、重度対応要件のいずれにも適合）を算定しているため、基本単位数の20％が加算される。また、訪問入浴介護はサービス提供体制強化加算（Ⅰ）イを算定しているため、36単位が加算される。1単位の単価は地域区分が1級地のため11.40円である。

様式第二　　**居宅サービス・地域密着型サービス介護給付費明細書**

（訪問介護・訪問入浴介護・訪問看護・訪問リハ・居宅療養管理指導・通所介護・通所リハ・福祉用具貸与・定期巡回・随時対応型訪問介護看護・
夜間対応型訪問介護・地域密着型通所介護・認知症対応型通所介護・小規模多機能型居宅介護（短期利用以外）・小規模多機能型居宅介護（短期利用）・
複合型サービス（看護小規模多機能型居宅介護・短期利用以外）・複合型サービス（看護小規模多機能型居宅介護・短期利用））

公費負担者番号								
公費受給者番号								

平成 30 年 07 月分
保険者番号 1 3 1 1 6 9

被保険者	被保険者番号	0 0 0 4 6 5 7 9 8 9
	（フリガナ）ワタナベ メグミ	
	氏名　渡辺 恵	
	生年月日　1.明治　2.大正　③昭和　20 年 02 月 05 日　性別 1.男 ②女	
	要介護状態区分　要介護 1・②・3・4・5	
	認定有効期間　平成 29 年 10 月 01 日 から　平成 30 年 09 月 30 日 まで	

請求事業者	事業所番号	1 3 7 2 8 0 0 6 1 5
	事業所名称	△△訪問ケア事業所
	所在地	〒170-0005　東京都豊島区〇-△-□
	連絡先	電話番号　(03)×××-××××

居宅サービス計画	① 居宅介護支援事業者作成　　2. 被保険者自己作成	
	事業所番号　1 3 7 2 8 0 0 7 3 9	事業所名称　〇〇居宅介護支援事業所

開始年月日	平成　　年　　月　　日	中止年月日	平成　　年　　月　　日
中止理由	1. 非該当　3. 医療機関入院　4. 死亡　5. その他　6. 介護老人福祉施設入所　7. 介護老人保健施設入所　8. 介護療養型医療施設入所　9. 介護医療院入所		

	サービス内容	サービスコード	単位数	回数	サービス単位数	公費分回数	公費対象単位数	摘要
給付費明細欄	身1生2・Ⅰ	1 1 2 0 2 5	4 5 6	8	3 6 4 8			
	身体01・夜・Ⅰ	1 1 6 8 3 7	2 4 7	8	1 9 7 6			
	通院等乗降介助・Ⅰ	1 1 8 1 3 1	1 1 8	4	4 7 2			
	訪問入浴	1 2 1 1 1 1	1 2 5 0	4	5 0 0 0			
	訪問入浴サービス提供体制加算Ⅱ1	1 2 6 1 0 0	3 6	4	1 4 4			

給付費明細欄（住所地特例対象者）	サービス内容	サービスコード	単位数	回数	サービス単位数	公費分回数	公費対象単位数	施設所在保険者番号	摘要

請求額集計欄	①サービス種類コード／②名称	1 1　訪問介護	1 2　訪問入浴介護		
	③サービス実日数	1 8 日	4 日	日	日
	④計画単位数	6 0 9 6	5 0 0 0		
	⑤限度額管理対象単位数	6 0 9 6	5 0 0 0		
	⑥限度額管理対象外単位数		1 4 4		
	⑦給付単位数（④⑤のうち少ない数）+⑥	6 0 9 6	5 1 4 4		
	⑧公費分単位数				
	⑨単位数単価	1 1 4 0 円/単位	1 1 4 0 円/単位	▲ 円/単位	▲ 円/単位
	⑩保険請求額	6 2 5 4 4	5 2 7 7 6		
	⑪利用者負担額	6 9 5 0	5 8 6 5		
	⑫公費請求額				
	⑬公費分本人負担				

	給付率(/100)
保険	9 0
公費	
合計	
	1 1 5 3 2 0
	1 2 8 1 5

社会福祉法人等による軽減欄	軽減率	▲ %	受領すべき利用者負担の総額（円）	軽減額（円）	軽減後利用者負担額（円）	備考

枚中　　枚目

※介護事務教育用ソフト「快悟郎Ⅱ」を使用して作成
※氏名、被保険者番号、事業所番号等はすべて架空のものである。

❹ 介護サービス市場の動向と市場規模

（1） 要介護認定者数の推移

　要介護（要支援）認定者数は年々増加し、2015（平成27）年度末現在で620万人となっている（図1-3）。うち、第１号被保険者は607万人、第２号被保険者は14万人となっている。認定者を要介護（要支援）状態区分別にみると、要支援１：89万人、要支援２：86万人、要介護１：122万人、要介護２：108万人、要介護３：81万人、要介護４：74万人、要介護５：60万人となっており、軽度（要支援１～要介護２）の認定者が約65.3％を占めている。

図1-3　認定者数の推移（年度末現在）

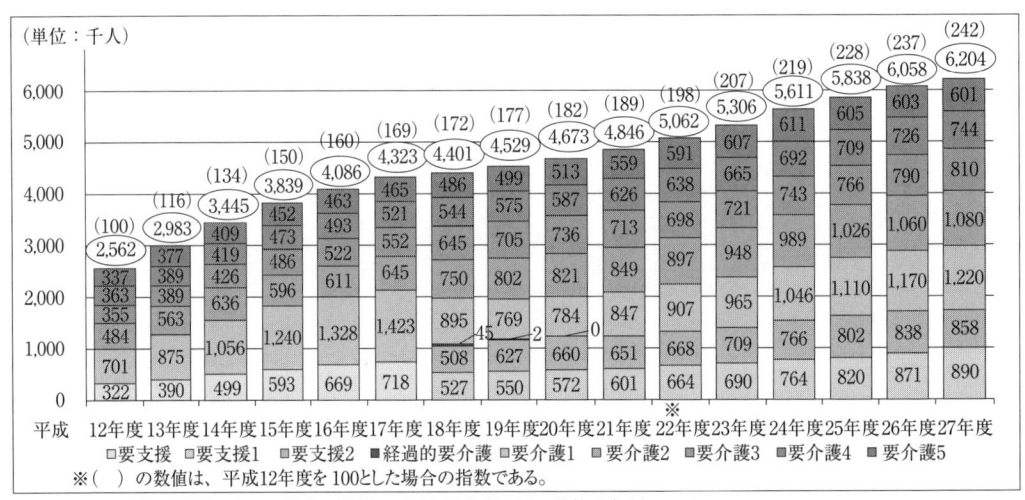

※東日本大震災の影響により、22年度の数値には福島県内5町1村の数値は含まれていない。

出典：厚生労働省「平成27年度介護保険事業状況報告（年報）」

（2） サービス受給者の状況

　介護保険事業状況報告からサービス受給者の状況についてみると、2015（平成27）年度における居宅介護（介護予防）サービス受給者数は、１ヶ月あたり平均でみると、総数で389万人となり、前年度（374万人）に比べ15万人（4.0％）増となっている（図1-4）。地域密着型（介護予防）サービス受給者数は１ヶ月あたり平均でみると、総数で41.0万人となり、前年度（38.5万人）に比べ2.5万人（6.5％）増となっている。施設介護サービス受給者数は、１ヶ月あたり平均でみると、介護老人福祉施設51万人、介護老人保健施設35万人、介護療養型医療施設６万人、総数91万人であり、前年度に比べ、介護老人福祉施設1.7万人（3.4％）増、介護老人保健施設0.2万人（0.5％）増、介護療養型医療施設0.5万人（7.8％）減となっている。

（3） 介護保険給付費の推移

　介護保険事業状況報告から、利用者負担を除いた給付費をみると、介護保険制度がス

図1-4　サービス受給者数の推移

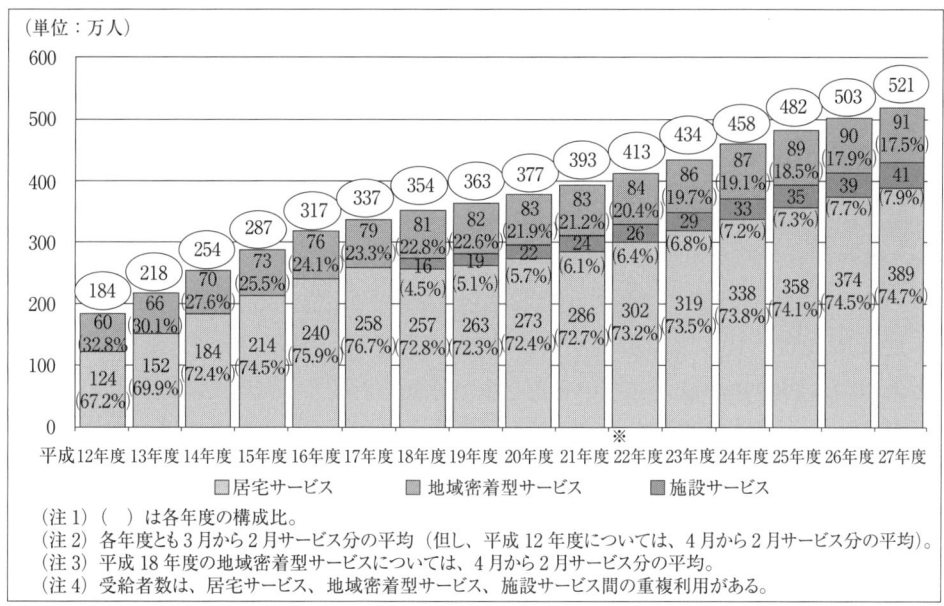

（注 1）（　）は各年度の構成比。
（注 2）各年度とも 3 月から 2 月サービス分の平均（但し、平成 12 年度については、4 月から 2 月サービス分の平均）。
（注 3）平成 18 年度の地域密着型サービスについては、4 月から 2 月サービス分の平均。
（注 4）受給者数は、居宅サービス、地域密着型サービス、施設サービス間の重複利用がある。

※東日本大震災の影響により、22 年度の数値には福島県内5町1村の数値は含まれていない。
※数値は四捨五入しているため、本文の数値と一致しない場合がある。

出典：厚生労働省「平成27年度介護保険事業状況報告（年報）」

図1-5　年度別給付費の推移

（単位：億円）

年度	給付費
平成12年度	32,427
13年度	41,143
14年度	46,576
15年度	50,990
16年度	55,594
17年度	57,943
18年度	58,743
19年度	61,600
20年度	64,185
21年度	68,721
22年度	72,536
23年度	76,298
24年度	81,283
25年度	85,121
26年度	89,005
27年度	90,976

（注）高額介護サービス費、高額医療合算介護サービス費、特定入所者介護サービス費を含む。

※東日本大震災の影響により、22 年度累計の数値には福島県内5町1村の数値は含まれていない。

出典：厚生労働省「平成27年度介護保険事業状況報告（年報）」

タートした2000（平成12）年度では 3 兆2,427億円であったが、2009（平成21）年度には 6 兆8,721億円となっており、約 2 倍に増加した（図1-5）。

　こうした給付費の増加に対して、施設サービスにおける居住費・食費の自己負担化や軽度利用者に対する給付抑制、介護報酬の引き下げなど、さまざまな給付費抑制策が講じられた。そのため、2006（平成18）年度には、保険給付費の伸びが極めて低率となり、市場の成長スピードが一時的に鈍化した。しかしながら、その後も保険給付費は増加し、2015（平成27）年度は 9 兆976億円となっている。給付費抑制策等によって今後、成長が鈍化す

る可能性も否定できないが、介護のリスクが高まる後期高齢者人口が今後も増加するため、基本的には介護保険サービスの市場規模は拡大することが予想される。厚生労働省「社会保障に係る費用の将来推計について（改定後平成24年3月）」によれば、介護費用は今後も増加することが予想されており、2020年には14.9兆円、2025年は19.8兆円になると予想されている。

　各サービス別の給付費割合についてみると、2015（平成27）年度では、居宅サービスが54.8％、地域密着型サービス11.8％、施設サービス33.3％となっている（図1-6）。経年変化をみると、2000（平成12）年度は施設サービスが66.1％を占めていたが、2005（平成17）年度に居宅サービスの給付費割合が5割を超え、その後、居宅サービスや地域密着サービスの給付費割合が拡大していることがわかる。

図1-6　年度別（居宅、地域密着型、施設別）給付費の推移（1ヶ月平均）

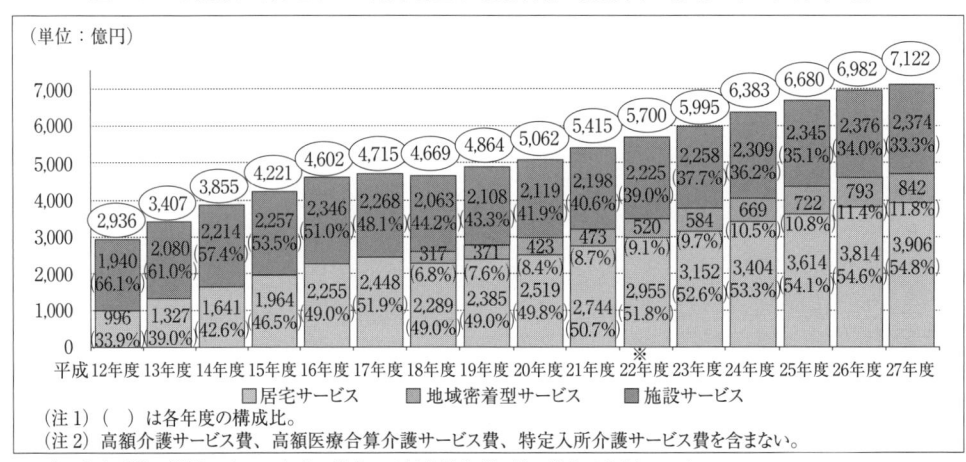

（注1）（　）は各年度の構成比。
（注2）高額介護サービス費、高額医療合算介護サービス費、特定入所介護サービス費を含まない。
※東日本大震災の影響により、22年度の数値には福島県内5町1村の数値は含まれていない。

出典：厚生労働省「平成27年度介護保険事業状況報告（年報）」

⑤ 介護保険事業以外の高齢者向けビジネス

（1）　高齢者向けビジネス発展の背景

　高齢化の進展に伴い、介護保険サービス以外の高齢者向けビジネスが広がりを見せている。高齢者向けのビジネスが発展してきている社会的背景としては、第1に高齢者人口の増加があげられる。65歳以上の高齢者のうち、8割を超える方が介護の必要のない元気な高齢者であるといわれている。高齢化が進む中、社会全体の中での高齢者の消費支出は増大傾向にあり、ほとんどの産業では、高齢者層を重要な顧客として考慮せざるを得なくなってきている。

　第一生命経済研究所の推計では、2011（平成23）年の60歳以上の消費支出額は約101兆2000億円となっており、前年比で2.4％増加している。コンビニエンスストアでは、かつては、若年層にフォーカスした商品開発、商品ラインナップを行っていたが、現在は、シニア層を意識した商品の品揃え、店舗レイアウトを展開している。このように、高齢化が

進んだ現在では、高齢者のニーズに対応したサービスや商品を開発しなければ、ほとんどの産業においてビジネスが成立しなくなりつつあるといえるであろう。

　第2に、要支援・要介護高齢者の増加及び家族の介護機能の低下があげられる。介護保険がスタートして18年が経過し、その間にさまざまな制度改正が行われ、介護サービスの充実が図られてきた。しかし、介護保険の法定給付のサービスのみで要介護高齢者等のニーズのすべてを満たすことはできない。配食サービスや緊急通報システム、訪問理美容サービスなどは、給付対象外となっており、要介護高齢者等の生活を支えるためには、介護保険サービス以外の周辺介護関連サービスの提供が不可欠であり、今後はこうした領域における市場の拡大が予想される。

　第3に、高齢者の経済的水準の向上があげられる。経済的に困窮している高齢者がいる一方で、公的年金制度の成熟等により、経済的に自立した高齢者も増加傾向にあり、自分のライフスタイルや価値観にあったサービスや商品を求める高齢者が増加している。そのため、民間企業においては、柔軟な発想と創造性を駆使して、多様化する高齢者のニーズに対応していくことが求められている。

（2）　高齢者向けビジネスの内容

　高齢者向けのビジネスの範囲は表1-7が示すように、極めて広範であることがわかる。

　まず、介護保険対象外となる介護周辺領域のサービス（いわゆる横出しサービス）は食事の配達サービスや出張理美容サービス、緊急通報サービスや見守り・安否確認サービス、寝具の洗濯・乾燥サービス、福祉機器のレンタル、嚥下のしやすい高齢者向け食品、買い物代行サービスなどある。こうしたサービスは、市町村特別給付として市町村が条例で定め独自にサービスを提供している場合もある。

　介護以外の領域についてみると、「衣類」の領域では、年齢や体型、身体機能等に関係なくファッションが楽しめるユニバーサルファッションが注目されている。

　「住居」の領域では、サービス付高齢者向け住宅や住宅改修等の住宅基盤事業の成長が予想される。我が国では、既に特別養護老人ホーム等の施設待機者が多数存在し、今後も医療や介護を要する者の増加が予想されており、介護保険制度による既存の施設だけで対応することは困難であるといえる。こうした中、2011（平成23）年4月に「高齢者の居住の安定確保に関する法律」（高齢者住まい法）が改正され、同年10月から「サービス付き高齢者向け住宅」の登録制度が開始された。「サービス付き高齢者向け住宅」とは、一定の居室の面積・設備やバリアフリー構造などハード面の条件を備えるとともに、高齢者が安心して暮らすことができるように見守りサービス（ケアの専門家による安否確認や生活相談）を提供する賃貸等の住まいをいう（表1-8）。2018（平成30）年7月現在、233,239戸が登録されている。サービス付き高齢者向け住宅は、一般のマンションと比べ建築費用が高くなるため、サービス付き高齢者向け住宅供給促進のため、補助・税制・融資による支援が実施されている。国土交通省は、全高齢者に対する支援サービス付き住宅の定員数の割合を2020年までに3〜5％に高めるとしており、2020年までに全国で60万戸を整備す

表1-7　シニア・高齢者向けの事業展開例の一部

分類	供給（財・サービス）	供給（財・サービス）の小項目	提供機関・団体・企業
衣料	ユニバーサルファッション	着脱が容易な衣料品・年代を問わない衣料品	中小衣料品メーカー、アパレルメーカー
食品	高齢者向け食品	特別用途食品（嚥下しやすい食品等々）	食品メーカー、医薬品メーカー等
	健康食品・サプリメント	健康補助食品、保健機能食品、特別用途食品	食品メーカー、医薬品メーカー等
	食品宅配事業	治療食、健康管理の食品、一般食品等	専門事業者、給食・外食企業、社協・NPO 等
住居	高齢者施設	特養等の高齢者施設建設、老人ホーム等々	建設、住宅メーカー等
	有料老人ホーム等	有料老人ホーム、サービス付高齢者向け住宅等	住宅メーカー各社、介護サービス会社、電力、電鉄、メーカー等
	個人向け住宅	バリアフリー住宅、2～3世帯住宅、リフォーム等	住宅メーカー各社、地域工務店等
住宅設備	住宅設備機器	手すり、エレベータ、スロープ等	各製造、住宅メーカー、地域工務店等
生活支援	家電製品、AV機器等	洗濯機、掃除機、各種製品のユニバーサルデザイン化	家電各社、電機各社
健康	フィットネスクラブ	シニア向けメニュー、健康管理サービス	フィットネス企業と医療法人の提携等
	健康診断	健康診断、人間ドック等	医療法人、健保組合、地域保健センター等
教養	生涯学習、各種セミナー	中高齢者向け各種教育・教養講座等	民間カルチャーセンター、自治体、大学等
旅行	高齢者向け旅行	中高齢者向けクルーズ、介護付内外旅行等	旅行会社、介護サービス企業との提携等
安心	金融・保険	個人年金、医療・介護保険、資産管理銀行、生損保、信託等	安全警備・緊急通報自宅警備、緊急通報サービス警備会社、地方自治体、NPO、ボランティア団体等
情報	各種情報提供・相談	高齢者向け情報提供サービス、相談等	自治体、情報提供事業会社、コンサル会社等
就業	職業紹介	中高齢者向けの職業紹介シルバー人材センター、ハローワーク、職業紹介事業等	
移動	福祉車両	障がい者向け自動車、ユニバーサルデザイン・カー	自動車メーカー各社
介護	在宅介護サービス	在宅介護・ホームヘルプサービス	基幹型・地域型支援センター、民間事業者等
		在宅入浴サービス、在宅給食サービス	民間在宅介護サービス事業会社等々
		介護タクシー、移送サービス	運輸サービス会社、社協、NPO 等
機器	福祉器具・介護用品	電動ベッド等各種福祉器具レンタル、介護用品提供	自治体、民間事業者、製造・販売・流通等
	移乗・移動用機器	介護用リフト、車椅子、電動車椅子、歩行器等々	〃
施設	施設サービス	特養、老健、療養病床群	社会福祉法人、医療法人、企業系等
医療	医療サービス	各種病院、医療機関	医療法人、国・自治体等
人材	人材育成	介護系の人材育成	自治体、社協、学校法人、民間事業者等
システム	各種情報システム	介護支援システム、医療情報システム	民間情報システム会社、各種団体

出典：青山正治「中高齢者市場と関連産業－財・サービスのユニバーサル化－」ニッセイ基礎研
　　　REPORT　2004年　p.3に筆者が一部加筆・修正

表1-8　サービス付き高齢者向け住宅の主な登録基準

規模・設備	各専用部分の床面積は、原則25㎡以上（ただし、高齢者が共同して利用するため十分な面積を有する共用の居間・食堂・台所・浴室等がある場合は18㎡以上） 各専用部分に、原則として台所・水洗便所・収納設備・洗面設備・浴室を設置（ただし、共用部分に共同して利用するため適切な台所・収納設備・浴室を備える場合は、各専用部分に水洗便所・洗面設備を備えれば可） バリアフリー構造（段差のない床、手すりの設置、通行幅の確保、等）
サービス	「状況把握」と「生活相談」のサービスを必ず提供（一定要件を満たすサービススタッフが、少なくとも日中は常駐）
契約関係	書面による契約で、専用部分が明示されること 長期入院等を理由に事業者から一方的に解約できないこととなっている等、居住の安定が図られた契約内容であること 敷金・家賃・サービスの対価以外の、権利金その他の金銭を徴収しないこと 家賃・サービスの対価を前払金として受領する場合は、 ・住宅の工事完了前に前払金を受領しないこと ・前払金の算定の基礎、返還債務の金額の算定方法が明示されること ・入居後3ヵ月以内に契約を解除・終了した場合は、「契約解除までの日数×日割計算した家賃等」を除き、前払金を返還すること ・返還債務を負う場合に備えて、規定された保全措置を講じること

出典：高齢者住宅財団「サービス付き高齢者向け住宅」ホームページ　http://www.koujuuzai.or.jp/useful_info/service_with_elderly/　アクセス日：2018年5月10日

図1-7　高齢者向け住まい・施設の定員数

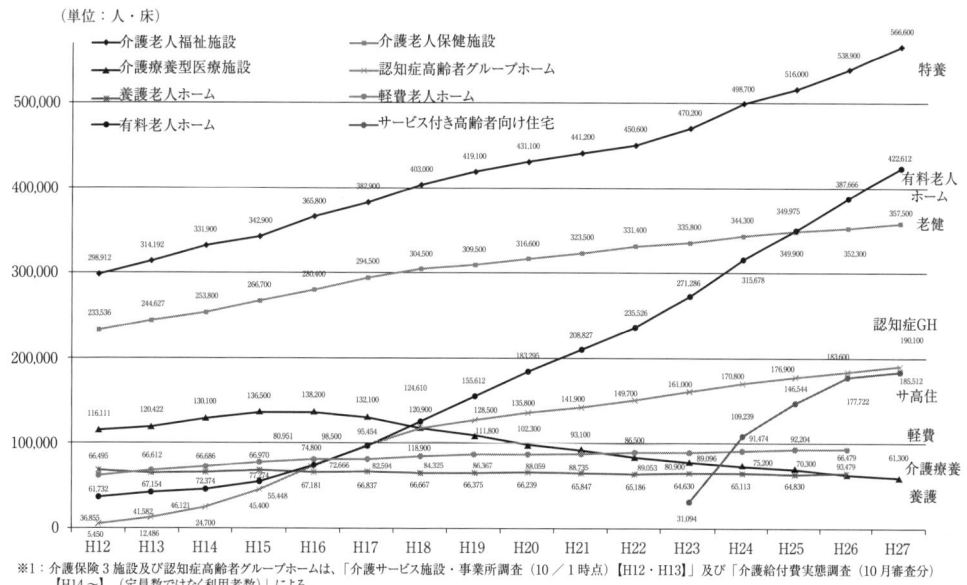

※1：介護保険3施設及び認知症高齢者グループホームは、「介護サービス施設・事業所調査（10／1時点）【H12・H13】」及び「介護給付費実態調査（10月審査分）【H14～】（定員数ではなく利用者数）」による。
※2：介護老人福祉施設は、介護福祉施設サービスと地域密着型介護老人福祉施設入所者生活介護を合算したもの。
※3：認知症高齢者グループホームは、H12～H16は痴呆対応型共同生活介護、H17～は認知症対応型共同生活介護により表示。
※4：養護老人ホーム・軽費老人ホームは、「H25社会福祉施設等調査（10/1時点）」による。ただし、H21～H23は調査票の回収率から算出した推計値であり、H24・25は基本票の数値。
※5：有料老人ホームは、厚生労働省老健局の調査結果（7／1時点）による。
※6：サービス付き高齢者向け住宅は、「サービス付き高齢者向け住宅情報提供システム（3／31時点）」による。

出典：国土交通省住宅局安心居住推進課「サービス付き高齢者向け住宅の現状と課題」2018年　p.3

る事を目標としている。

「教養」の領域では、中高年向けの生涯学習や教養講座等があげられる。ピアノなどの音楽教室は、以前は幼児や児童を中心に事業展開していたが、少子化の影響で幼児、児童向けの市場規模は年々減少傾向にあり、現在では、シニア層をターゲットとした大人向けの音楽教室を展開する企業も増えてきている。シニアの方が落ち着いた雰囲気の中で快適にレッスンが受けられるよう、インテリアや内装にも配慮している。

「安心・安全」の領域では、個人年金や資産管理などの金融サービス事業、自宅警備、緊急通報などがあげられる。また、我が国の高齢者は、定年退職後も就労の継続を希望する者が多いため、高齢者向けの職業紹介、人材派遣事業など「就業」に関する市場も拡大が期待できる。

現在の高齢者は「健康」に対する意識が高く、「健康」の領域も、今後発展することが予想される。内閣府「高齢者の経済生活に関する意識調査」2006（平成18）年度によれば、「今後優先的にお金を使いたいもの」で最も多いのは「健康維持や医療介護のための支出」で42.3%となっており、健康関連の市場は年々増加することが予想される（図1-8）。

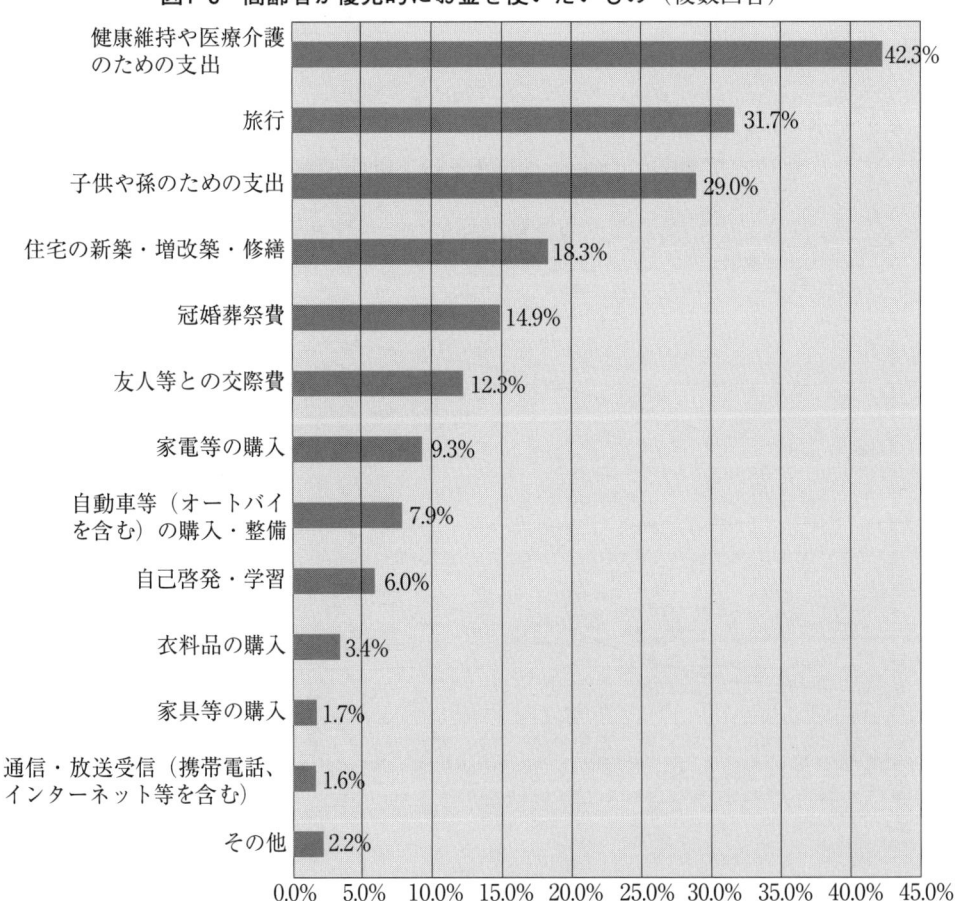

図1-8　高齢者が優先的にお金を使いたいもの（複数回答）

項目	割合
健康維持や医療介護のための支出	42.3%
旅行	31.7%
子供や孫のための支出	29.0%
住宅の新築・増改築・修繕	18.3%
冠婚葬祭費	14.9%
友人等との交際費	12.3%
家電等の購入	9.3%
自動車等（オートバイを含む）の購入・整備	7.9%
自己啓発・学習	6.0%
衣料品の購入	3.4%
家具等の購入	1.7%
通信・放送受信（携帯電話、インターネット等を含む）	1.6%
その他	2.2%

資料：内閣府「高齢者の経済生活に関する意識調査」平成18年度より筆者作成

図1-9　年齢別会員構成

| 2007 年度 | 18.6 | 23.3 | 19.2 | 18.1 | 13.9 | 6.7 |

| 2017 年度 | 12.3 | 12.1 | 17.1 | 19.0 | 19.8 | 19.6 |

目10 〜 20代　N30代　m40代　Z50代　M60代　口70代〜

出典：セントラルスポーツ株式会社「決算説明会資料」(2011年3月期、2018年3月期)より作成

　健康関連市場を詳しくみると、特定保健用食品や栄養機能食品等の「健康食品の市場」や電子体温計や電子血圧計、体脂肪計、歩数計等の「健康管理機器」の市場、マッサージチェアや低周波治療器等の「健康回復機器」の市場などがある。また、フィットネスクラブ等の「健康増進サービス」の市場も拡大傾向にある。図1-9は、大手フィットネスクラブの年代別会員構成比率を示したものである。2007（平成19）年度と2017（平成29）年度を比較すると、高齢者の占める割合が増加していることがわかる。

　フィットネスクラブでは、こうした顧客の変化に対応するため、高齢者向けの筋力トレーニングや水の浮力や抵抗を利用した水中ウォーキングプログラムなどを開発・導入している。また、地域支援事業の受託や、介護予防運動指導員の養成、高齢者施設向けの派遣事業などにも力を入れている。

　高齢者は時間的に余裕があるため、「旅行」の領域も発展が予想される。前述の調査「高齢者が優先的にお金を使いたいもの」として、「旅行」と回答する者の割合も31.7%と高くなっており、高齢者の旅行への関心の高さがわかる。

　こうした高齢者層の旅行需要に対応するため、旅行会社では既に高齢者をターゲットとしたさまざまな旅行企画を打ち出している。例えば、トイレ休憩の時間や間隔に配慮したり、車いすや杖を使っている方でも安心して参加できるバリアフリーの旅などを企画している。また、添乗員に救急資格を取得させたり、介護福祉士や看護師が同行するツアーを企画している旅行会社もあえう。このように、旅行業界においても、「バリアフリー」や「ユニバーサルデザイン」など、福祉的視点に基づいた商品開発、事業展開が求められている。

【引用文献】
1）内閣府『平成29年版高齢社会白書』2017年　http://www8.cao.go.jp/kourei/whitepaper/w-2017/html/zenbun/index.html
2）下山昭夫「現代家族の老親扶養機能」『淑徳大学研究紀要』第25号　1991年　p.181
3）内閣府『平成29年版高齢社会白書』http://www8.cao.go.jp/kourei/whitepaper/w-2017/

html/zenbun/index.html

【参考文献】
宣賢奎「介護保険サービス事業の市場性」『共栄大学研究論集 7 号』　2009年　p.65-87

第2章 ｜ 我が国の医療制度の特徴と病院経営の現状

❶ 日本の医療制度の特徴

（1） 国民皆保険

　医療保険制度とは、社会保険（医療保険、年金保険、労災保険、雇用保険、介護保険）制度の1つであり、病気やけが等で医療機関において治療を受けた場合に、その費用の全額又は一部を保険者が負担してくれる制度である。我が国では国民全てが公的な医療保険に加入し、病気やけがをした場合に「誰でも」、「どこでも」、「いつでも」医療保険により医療を受けることができる。これを「国民皆保険」という。

　我が国の医療保険の始まりは、1922（大正11）年に制定された健康保険法であるが、当時は鉱工業労働者など特定の職場で働く人が対象であった。1938（昭和13）年には、国民健康保険法が制定されるものの、国民の約3割が無保険状態であり、この状況を打開するために1958（昭和33）年に国民健康保険法が改正され、全ての市町村に国民健康保険の実施を義務付け、1961（昭和36）年に国民皆保険が達成された。

　「国民皆保険」は社会全体でリスクをシェアすることで、患者が支払う医療費の自己負担額が軽減され、国民に対して良質かつ高度な医療を受ける機会を平等に保障する仕組みとなっている[1]。我が国では国民皆保険により、世界最長の平均寿命を達成するなど、高い保健医療水準を実現している。

（2） フリーアクセス

　フリーアクセスとは、患者がどの医療機関を受診するかを自由に選択できる制度のことをいう。日本ではフリーアクセスが導入されているため、保険証があれば全国どの医療機関でも自由に選択して受診することができる。このフリーアクセスは世界的にも珍しい我が国特有の医療制度で、患者に受診選択権を与えることで医療施設間に競争原理が働くため医療の質の向上に寄与している[2]。

　一方で、フリーアクセスのデメリットも指摘されている。例えば、軽症の患者が高度な医療を提供する大規模病院を受診すると、本来大規模病院で治療を受けるべき重症患者が必要な時に十分に治療を受けられないという弊害が発生する。また、大規模病院に軽症患者、重症患者が集中することで、勤務医をはじめとする医療スタッフが疲弊してしまうという問題もある。

　そのため、社会保障制度改革国民会議報告書（平成25年8月6日）では、次のような提言がなされている。フリーアクセスの基本は守りつつ、限りある医療資源を効率的に活用

するという医療提供体制改革に即した観点からは、医療機関間の適切な役割分担を図るため、「緩やかなゲートキーパー機能」の導入が必要である。こうした改革は病院側、開業医側双方からも求められていることであり、大病院の外来は紹介患者を中心とし、一般的な外来受診は「かかりつけ医」に相談することを基本とするシステムの普及、定着は必須である。そのため、紹介状のない患者の一定病床数以上の病院の外来受診について、初再診料が選定療養費の対象となっているが、一定の定額自己負担を求めるような仕組みを検討すべきである。

　これらの提言を受けて、2018（平成30）年4月の診療報酬改定では、病院と診療所の機能分担の推進及び大病院の外来機能の分化の推進を図るために、大病院受診時の定額負担制度（選定療養費の義務化）対象病院が拡大され、特定機能病院及び許可病床数400床以上の地域医療支援病院では他の医療機関からの紹介状（診療情報提供書）なしで受診した場合、初診時5,000円以上、再診時2,500円以上を徴収するルールが導入された。

（3）　自由開業医制

　自由開業医制とは医師が一般診療所を自由に開業できることをいう。病院の場合、病床過剰地域では医療法に基づき病院の開設や増床に制約があるが、病床を持たない診療所は自由に開設することができる。自由開業医制は、診療所の量的拡大に貢献してきたが、診療所の開設が無秩序に行われてきたため、地域的偏在、診療科の偏在という問題が生じている。

　厚生労働省は、保健医療のビジョンと方向性を示した「保健医療2035」の中で、「将来的に、仮に医師の偏在等が続く場合においては、保険医の配置・定数の設定や、自由開業・自由標榜の見直しを含めて検討を行い、プロフェッショナルとしての医師のキャリアプランを踏まえつつ、地域住民のニーズに応じて、地域や診療科の偏在の是正のための資源の適正配置を行うことも必要となる」[3]と指摘している。

❷　医療費の基本的な仕組み

（1）　保険診療の流れ

　医療保険の加入者である被保険者が病気やけがをしたとき、医療機関へ被保険者証を提示すれば、窓口で診療費の一部を支払うだけで、診察、投薬、治療、手術、入院など必要な医療を受けることができる。医療機関は患者の窓口負担分を除いた残りの医療費を審査支払機関へ請求を行う。審査支払機関は、医療機関から提出された診療報酬明細書（レセプト）の内容を点検、審査を行い、誤りがなければ審査支払機関から医療保険者に対して請求書が送付され、患者が支払った一部負担金を差し引いた金額が、審査支払機関を通して保険医療機関等に支払われる（図2-1）。なお、患者番号の記載間違いや診療内容と病名の不一致など診療報酬明細書（レセプト）に不備がある場合、審査支払機関は診療報酬明細書（レセプト）を差し戻す（返戻）。過剰請求や不当請求、不必要な診療行為に対する

図2-1　保険診療の流れ

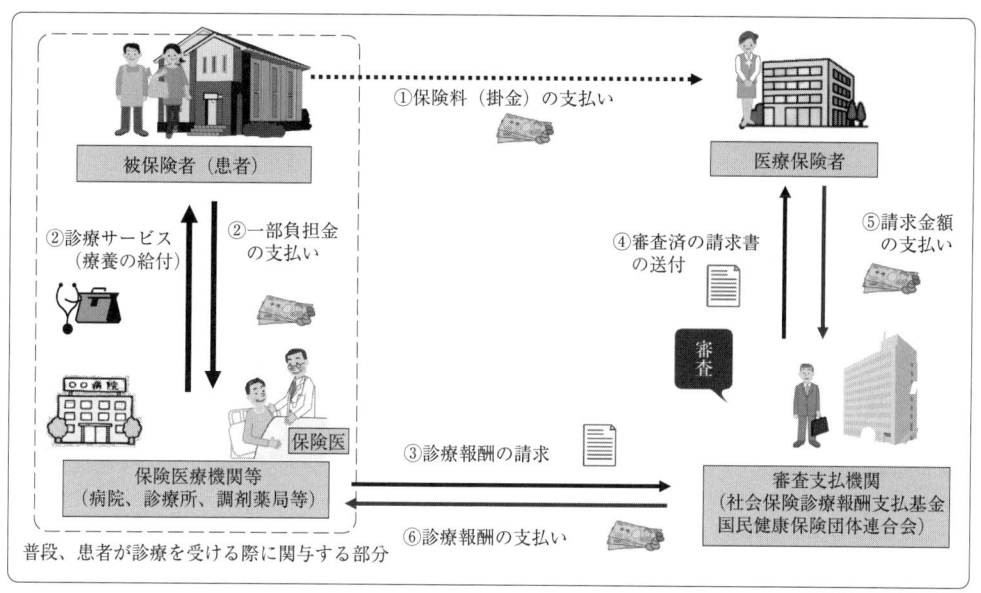

出典：厚生労働省ホームページ「我が国の医療保険について」http://www.mhlw.go.jp/stf/seisakunitsuite/bunya/kenkou_iryou/iryouhoken/iryouhoken01/index.html　アクセス日：2018年 5 月 2 日

請求がある場合は、レセプトによる請求額から減額・減点される（査定）。

（2）　診療報酬とは

　診療報酬とは、保険医療機関等が行う診療行為に対する対価として公的医療保険から支払われる報酬のことをいう。医療機関の収入の大半は診療報酬に依存しているため、診療報酬の改定は、医療機関の収益に大きな影響を与える。

　診療報酬は、厚生労働省の諮問機関である中央社会保険医療協議会（中医協）が審議を行い、原則として 2 年に 1 度改定が行なわれる。診療報酬の価格は全国一律の公定価格となっており、医療機関においては経営戦略上、価格による差別化はできない。つまり、医師の経験年数や治療成績、患者の満足度などの違いを価格に反映することができない。なぜ、医療機関が価格を自由に設定できないのであろうか。川渕は価格を自由化にすると、次のような弊害があることを指摘している[4]。

①患者は、医療の質に関する知識がないので、自らの購入する医療サービスの提供者である医師および病院が価格を勝手につり上げる恐れがある。

②価格を自由市場にまかせると、「お金持ち」しか受けられない医療サービスが出現する。

③特に、緊急を要する医療サービスは、購入時に効果とコストを比較するといった合理的な判断ができない。

④公的医療保険制度の枠組みの中で、医療サービスの価格を自由価格にすると、国民医療費増大の歯止めがきかない。

図2-2 DPCの基本構造（診断群分類のイメージ）

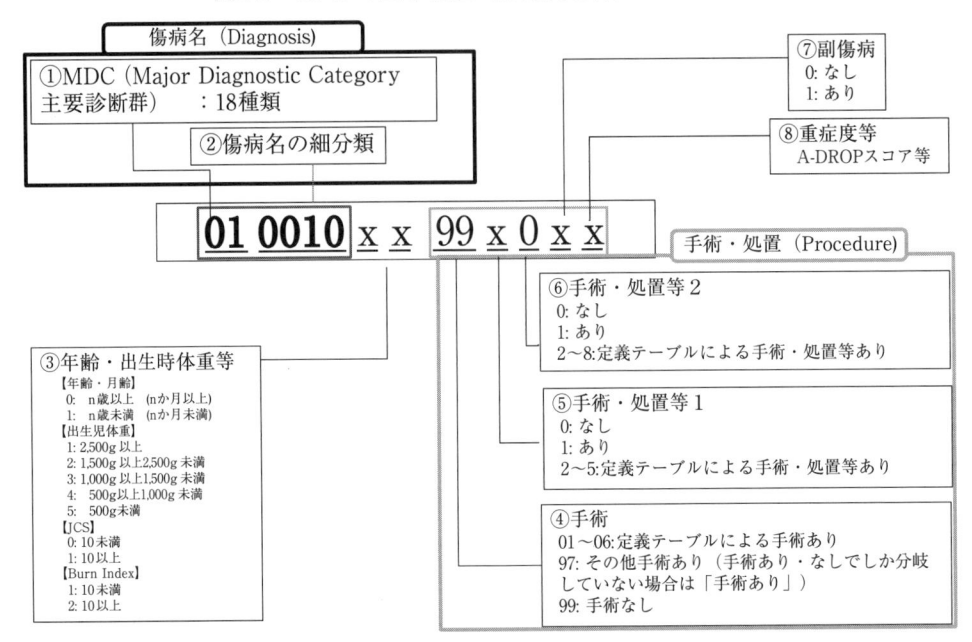

出典：厚生労働省保険局医療課「平成30年度診療報酬改定の概要 DPC/PDPS」2018年

（3） DPC/PDPS

　DPC/PDPSは急性期入院医療を対象とする診断群分類に基づく１日あたり包括払い制度である。診断群分類は入院期間中に医療資源を最も投入した「傷病名」と入院期間中に提供される手術、処置、化学療法などの「診療行為」の組み合わせにより分類される。2018（平成30）年現在の診断群分類数は4,955である。診療報酬の額は、DPC（診断群分類）毎に設定される包括評価部分と出来高評価部分の合計額となる。投薬、画像診断、検査、注射、レントゲンなど多くの診療内容が包括評価とされ、手術や麻酔、放射線治療、リハビリなどが出来高評価となる。包括評価部分は、診断群分類ごとに設定される在院日数に応じた３段階の定額点数に、医療機関ごとに設定される医療機関別係数を乗じた点数を算定する。制度導入後、DPC/PDPSの対象病院は段階的に拡大され、2018（平成30）年４月１日時点で1,730病院・約49万床となり、急性期一般入院基本料等に該当する病床（2016（平成28）年７月時点で７対１または10対１入院基本料を届出た病床）の約83％を占める。

❸ 国民医療費の概況

（1） 国民医療費の範囲

　「国民医療費」は、当該年度内の医療機関等において傷病の治療に要した費用を推計したものである。この費用には、医科診療や歯科診療にかかる診療費、薬局調剤医療費、入院時食事・生活医療費、訪問看護医療費等が含まれる（図2-3）。

図2-3　国民医療費の範囲

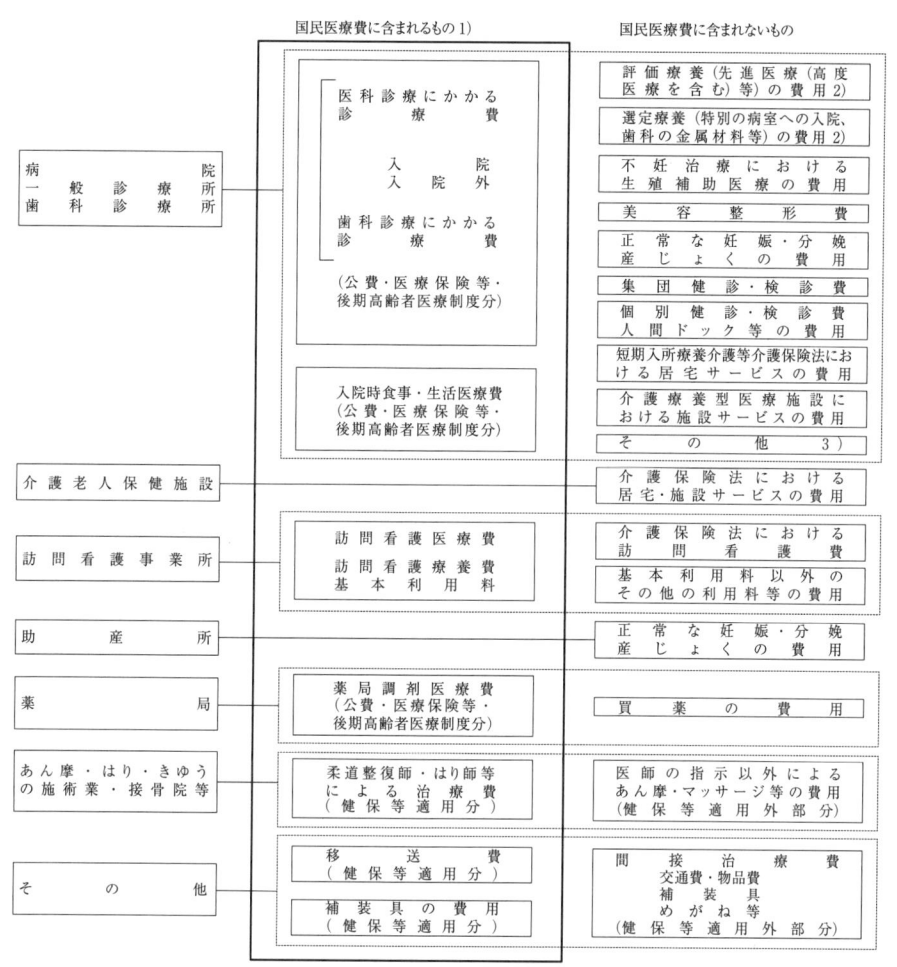

注：1）患者等負担分を含む。2）保険外併用療養費分は国民医療費に含まれる。
　　3）上記の評価療養等以外の保険診療の対象となり得ない医療行為（予防接種等）の費用。
　　　　　　　出典：厚生労働省「平成27年度国民医療費の概況」2015年

　なお、保険診療の対象とならない評価療養（先進医療（高度医療を含む）等）、選定療養（特別の病室への入院、歯科の金属材料等）、不妊治療における生殖補助医療、買薬等に要した費用は含まない。また、傷病の治療費に限っているため、❶正常な妊娠・分娩に要する費用、❷健康の維持・増進を目的とした健康診断・人間ドック、予防接種等に要する費用、❸固定した身体障害のために必要とする義眼や義肢等の費用も含まない。

（2）　医療費の推移

　「平成27年度　国民医療費の概況」によると、2018（平成27）年度の国民医療費は42兆3,644億円、前年度の40兆8,071億円に比べ１兆5,573億円、3.8％の増加となった。人口一人当たりの国民医療費は33万3,300円、前年度の32万1,100円に比べ１万2,200円、3.8％の増加となっている。

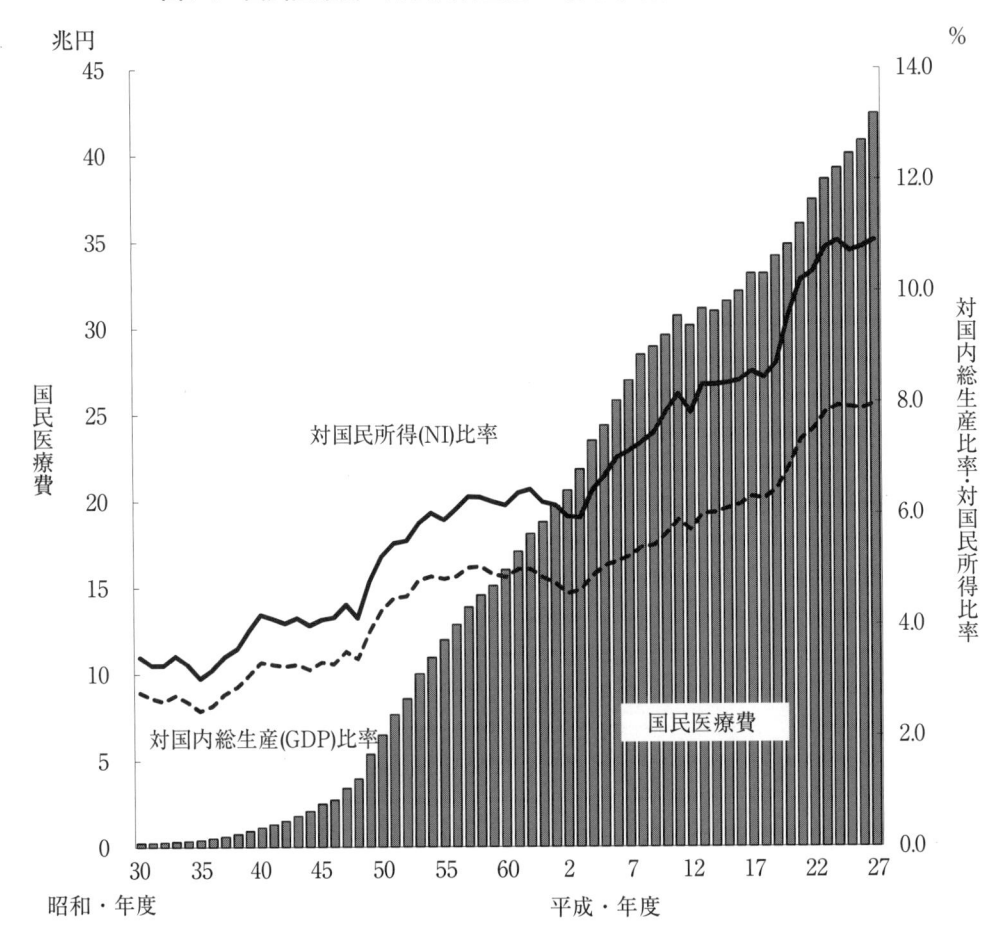

図2-4　国民医療費・対国内総生産・対国民所得比率の年次推移

出典：厚生労働省「平成27年度国民医療費の概況」2015年

　国民医療費の国内総生産（GDP）に対する比率は7.96％（前年度7.88％）、国民所得
（NI）に対する比率は10.91％（同10.79％）となっている。（図2-4）

　医療費が増加している要因として高齢化の進展があげられる。加齢に伴い病気にかかる
確率が高くなり、受診率も高くなる。高齢者は複数の疾患に罹患していることが多く、医
療費は高齢になるほど増加する。また、慢性疾患は高価な薬が使われることも多く、治療
期間も長期間となることから、生活習慣病をはじめとする慢性疾患の増加も医療費増加の
要因になっている。さらに、医学の進歩や新しい医療技術の導入、新薬の開発も医療費増
加の一因となっている。

　医療費を傷病分類別にみると、脳血管疾患や虚血性心疾患などの「循環器系の疾患」が
５兆9,818億円（構成割合19.9％）と最も多く、次いで「新生物」４兆1,257億円（同
13.7％）と続いている（表2-1）。年齢階級別にみると、65歳未満では「新生物」１兆5,212
億円（同13.0％）が最も多く、65歳以上では「循環器系の疾患」４兆6,869億円（同
25.5％）が最も多く、次いで「新生物」２兆6,045億円（同14.2％）となっている。

表2-1　年齢階級、傷病分類別医科診療医療費

傷病分類 1)	平成27年度			平成26年度			対前年度	
	順位 3)	医科診療医療費(億円)	構成割合(%)	順位 3)	医科診療医療費(億円)	構成割合(%)	増減額(億円)	増減率(%)
			総数					
総　数		300 461	100.0		292 506	100.0	7 955	2.7
循環器系の疾患	1	59 818	19.9	1	58 892	20.1	926	1.6
新生物	2	41 257	13.7	2	39 637	13.6	1 620	4.1
筋骨格系及び結合組織の疾患	3	23 261	7.7	3	22 847	7.8	414	1.8
呼吸器系の疾患	4	22 230	7.4	4	21 772	7.4	458	2.1
損傷、中毒及びその他の外因の影響	5	22 212	7.4	5	21 667	7.4	545	2.5
その他 2)		131 684	43.8		127 690	43.7	3 994	3.1
			65歳未満					
総　数		116 644	100.0		115 709	100.0	935	0.8
新生物	1	15 212	13.0	1	14 992	13.0	220	1.5
循環器系の疾患	2	12 949	11.1	2	13 063	11.3	△ 114	△ 0.9
呼吸器系の疾患	3	12 013	10.3	3	11 819	10.2	194	1.6
精神及び行動の障害	4	10 727	9.2	4	10 696	9.2	31	0.3
腎尿路生殖器系の疾患	5	8 349	7.2	5	8 378	7.2	△ 29	△ 0.3
その他 2)		57 395	49.2		56 760	49.1	635	1.1
			65歳以上					
総　数		183 818	100.0		176 797	100.0	7 021	4.0
循環器系の疾患	1	46 869	25.5	1	45 829	25.9	1 040	2.3
新生物	2	26 045	14.2	2	24 645	13.9	1 400	5.7
筋骨格系及び結合組織の疾患	3	15 764	8.6	3	15 253	8.6	511	3.4
損傷、中毒及びその他の外因の影響	4	14 125	7.7	4	13 490	7.6	635	4.7
腎尿路生殖器系の疾患	5	13 243	7.2	5	12 707	7.2	536	4.2
その他 2)		67 770	36.9		64 872	36.7	2 898	4.5

注：1）傷病分類は、ICD-10（2003年版）に準拠した分類による。
　　2）平成27年度の上位5傷病以外の傷病である。
　　3）「順位」は、各年度の順位である。
出典：厚生労働省「平成27年度国民医療費の概況」2015年

（3）　診療種類別国民医療費

　診療種類別にみると、医科診療医療費は30兆461億円（構成割合70.9％）であり、そのうち入院医療費は15兆5,752億円（同36.8％）、入院外医療費は14兆4,709億円（同34.2％）となっている（表2-1・図2-5）。また、歯科診療医療費は2兆8,294億円（同6.7％）、薬局調剤医療費は7兆9,831億円（同18.8％）、入院時食事・生活医療費は8,014億円（同1.9％）、訪問看護医療費は1,485億円（同0.4％）、療養費等は5,558億円（同1.3％）となっている。

　対前年度増減率をみると、医科診療医療費は2.7％の増加、歯科診療医療費は1.4％の増加、薬局調剤医療費は9.6％と大幅に増加となっている。薬局調剤医療費が増加理由としては、C型肝炎治療薬等の高額薬剤が薬価収載され、薬剤料が大幅に増加したことが影響しているものと考えられる。

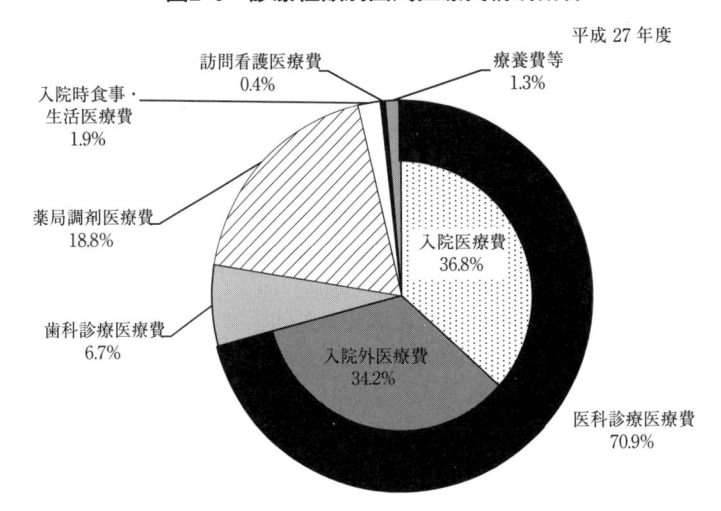

図2-5　診療種類別国民医療費構成割合

平成 27 年度

- 訪問看護医療費 0.4%
- 療養費等 1.3%
- 入院時食事・生活医療費 1.9%
- 薬局調剤医療費 18.8%
- 歯科診療医療費 6.7%
- 入院外医療費 34.2%
- 入院医療費 36.8%
- 医科診療医療費 70.9%

出典：厚生労働省「平成27年度国民医療費の概況」2015年

（4）　年齢別医療費

　年齢階級別に人口一人当たりの国民医療費をみると、「15〜19歳」が最も少なく、それ以降では年齢が増すごとに医療費が増加していることがわかる（図2-6）。2015（平成27）年度の国民1人当たりの入院医療費は12.3万円となっている。50〜54歳までは入院医療費が年間10万円以下で推移しているが、60〜64歳では13.5万円であり年間10万円以上となっている。さらに70〜74歳の年齢区分では23.8万円となっており20万円を超え、85歳以降では57.9万円で最も多額となっている。

❹　医療制度改革の方向性

（1）　病院完結型医療から地域完結型医療へ

　かつては結核や急性伝染性疾患が死因の上位を占めていたが、近年では生活習慣病とされる3大死因（悪性新生物、心疾患、脳血管疾患）が全死因の約半数を占めるようになっている。また、平均寿命が2017（平成29）年には男性80.75歳、女性は86.99歳と過去最高を更新し、高齢者の医療需要が拡大している。高齢患者は複数の慢性疾患を抱えていることが多く、病気やけがの治療を一つの病院だけで行うという「病院完結型医療」では対応できなくなっている。

　こうした中、社会保障制度改革国民会議報告書[5]では、我が国の医療はかつての「病院完結型」から、患者の住み慣れた地域や自宅での生活のための医療、地域全体で治し、支える「地域完結型」の医療、さらには住まいや自立した生活の支援までもが切れ目なくつながる医療に変化していく必要があると改革の方向性を示している。また、急性期から亜急性期、回復期等まで、患者が状態に見合った病床でその状態にふさわしい医療を受けることができるよう、急性期医療を中心に人的・物的資源を集中投入し、入院期間を減らし

図2-6　年齢階級別にみた人口一人当たり国民医療費

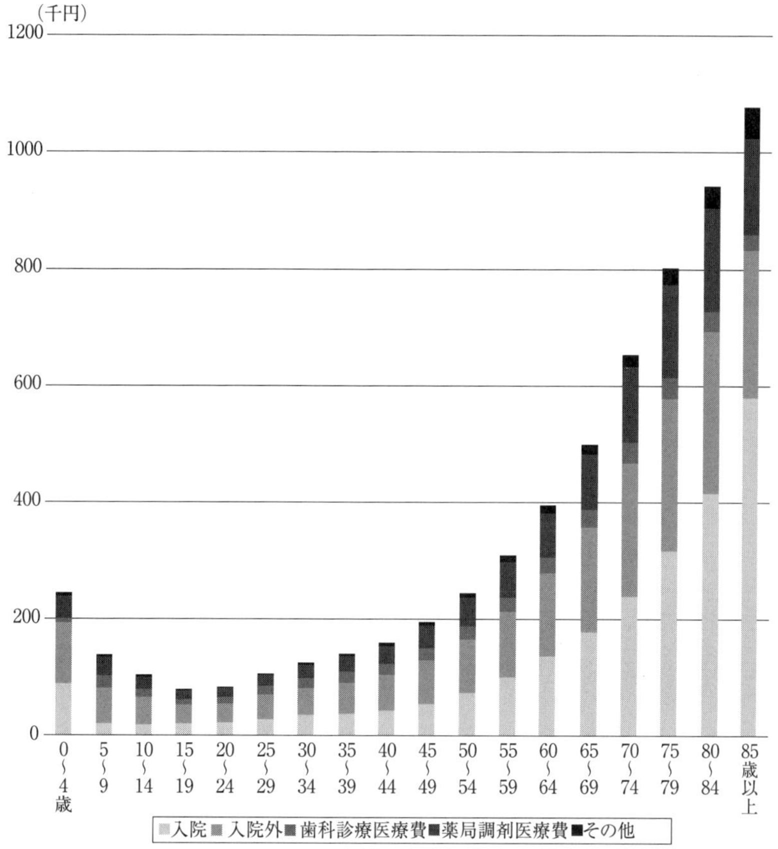

（千円）

資料：厚生労働省「平成27年度国民医療費の概況」2015年より作成

て早期の家庭復帰・社会復帰を実現するとともに、受け皿となる地域の病床や在宅医療・在宅介護を充実させていく必要があるとしている。この時、機能分化した病床機能にふさわしい設備人員体制を確保することが大切であり、病院のみならず地域の診療所をもネットワークに組み込み、医療資源として有効に活用していくことが必要となるとしている。

（2）　病床機能報告制度と地域医療構想

　医療機能の分化と連携を推進するにあたっては、地域の医療機関が担っている医療機能の現状把握、分析を行う必要がある。そのため、2014（平成26）年10月、「地域における医療及び介護の総合的な確保を推進するための関係法律の整備等に関する法律」（医療介護総合確保推進法）により改正された医療法第30条の12に基づく病床機能報告制度が施行された。この制度は、一般病床・療養病床を有する病院又は診療所が担っている医療機能を、病棟単位を基本として、「高度急性期」「急性期」「回復期」「慢性期」の4区分から一つを自主的に選択し、都道府県に報告し、都道府県が公表するものである。

　都道府県は医療機関から報告された情報により、地域の医療機関が担っている医療機能の現状を把握・分析するとともに、地域の医療需要の将来推計等を活用して、構想区域ご

表2-2　医療機関が報告する医療機能

医療機能の名称	医療機能の内容
高度急性期機能	○急性期の患者に対し、状態の早期安定化に向けて、診療密度が特に高い医療を提供する機能 ※高度急性期機能に該当すると考えられる病棟の例 救命救急病棟、集中治療室、ハイケアユニット、新生児集中治療室、新生児治療回復室、小児集中治療室、総合周産期集中治療室であるなど、急性期の患者に対して診療密度が特に高い医療を提供する病棟
急性期機能	○急性期の患者に対し、状態の早期安定化に向けて、医療を提供する機能
回復期機能	○急性期を経過した患者への在宅復帰に向けた医療やリハビリテーションを提供する機能 ○特に、急性期を経過した脳血管疾患や大腿骨頚部骨折等の患者に対し、ADLの向上や在宅復帰を目的としたリハビリテーションを集中的に提供する機能（回復期リハビリテーション機能）
慢性期機能	○長期にわたり療養が必要な患者を入院させる機能 ○長期にわたり療養が必要な重度の障害者（重度の意識障害者を含む）、筋ジストロフィー患者又は難病患者等を入院させる機能

出典：厚生労働省『平成28年版厚生労働白書』2016年　p.155

との各医療機能の将来必要量を含めた「地域医療構想」を策定し、医療計画に盛り込み、医療機関の更なる機能分化を推進する。

　「地域医療構想」は、団塊の世代が75歳以上になる2025年に向け、各都道府県が医療機能ごとに2025年の医療需要と必要病床数を推計し、目指すべき医療提供体制を実現するための施策を定めるものである。「地域医療構想」は病床の削減を目的とするものではなく、地域の実情に応じて、それに見合った医療資源の効果的かつ効率的な配置を促し、患者の状態にふさわしい、より良質な医療サービスを受けられる体制を構築することを目的としている。

　地域医療構想を実現するため、都道府県は構想区域等ごとに、医療関係者、医療保険者その他の関係者との「地域医療構想調整会議」を設け、関係者との連携を図りつつ、将来の病床の必要量を達成するための方策その他の地域医療構想の達成を推進するために必要な協議を行うとされている。医療機関相互の協議により、地域医療構想を推進していくが、協議だけでは進まない場合には、都道府県知事が次の措置を講ずることができるとしている[6]。

　❶病院の新規開設・増床において、都道府県知事は、開設許可の際不足している医療機能を担うことを条件付けできる。❷既存の医療機関による医療機能の転換において、医療機関が過剰な医療機能に転換しようとする場合には、医療機関に対して医療審議会での説明等を求めることができることとし、転換にやむを得ない事情がないと認める時は、医療審議会の意見を聴いて、転換の中止を要請（公的医療機関等には命令）することができる。

図2-7　病床機能報告制度と地域医療構想（ビジョン）の策定

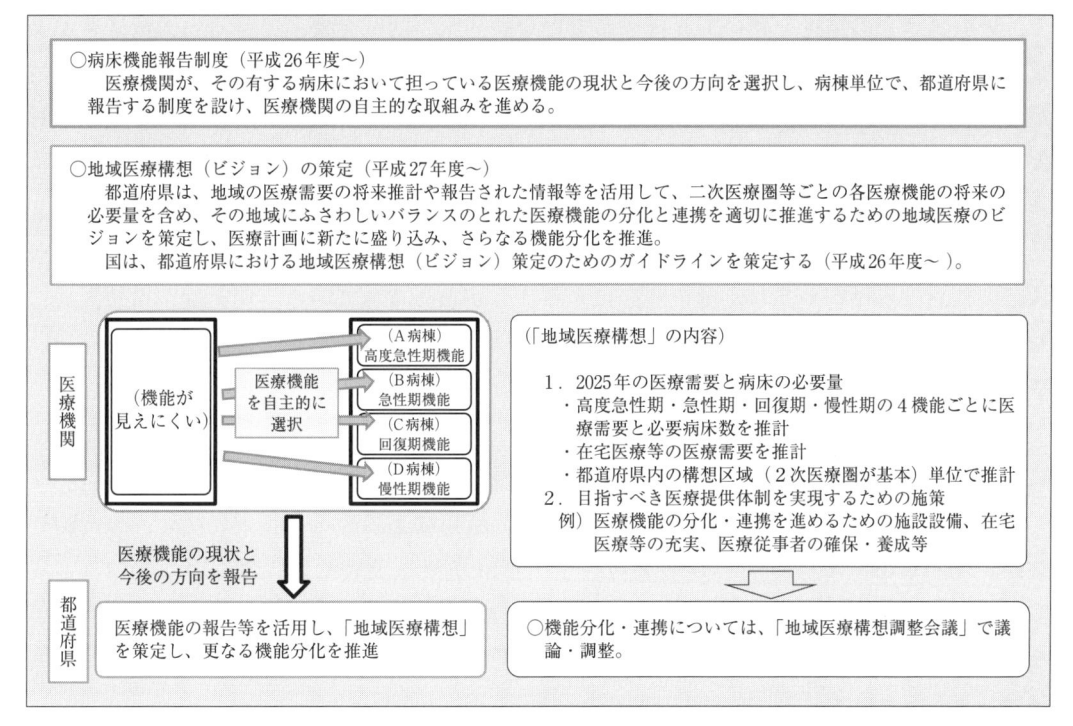

出典：厚生労働省『平成28年版厚生労働白書』2016年　p.154

図2-8　2025年の医療機能別必要病床数の推計結果（全国ベースの積上げ）

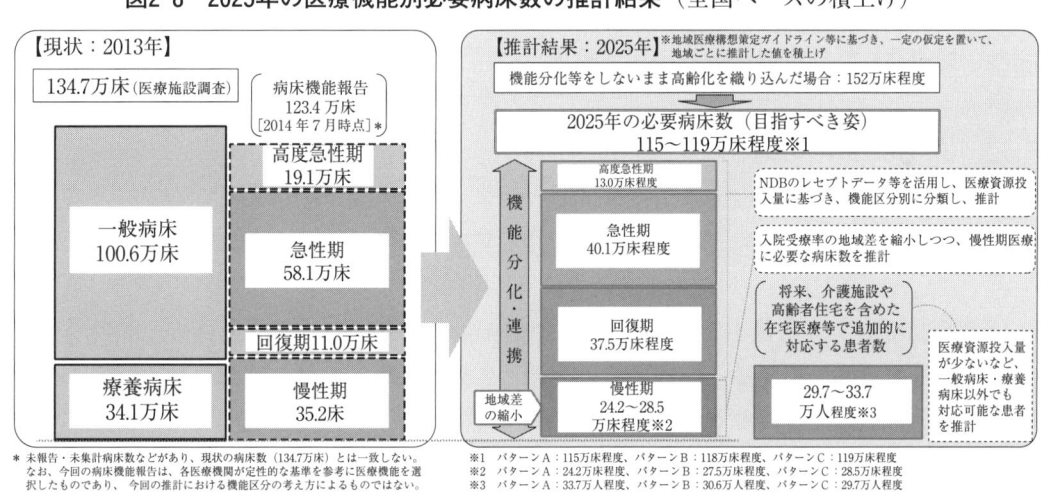

出典：医療・介護情報の活用による改革の推進に関する専門調査会「医療・介護情報の活用による改革の推進に関する専門調査会第1次報告～医療機能別病床数の推計及び地域医療構想の策定に当たって～」2015年　p.21

　一方、協議の場が調わず、自主的な取り組みでは機能分化・連携が進まない場合には、医療審議会の意見を聴いて、不足している医療機能に係る医療を提供すること等を要請（公的医療機関等には指示）することができる。❸稼働していない病床への対応において、医

療計画の達成の推進のため特に必要がある場合は、公的医療機関等以外の医療機関に対して、医療審議会の意見を聴いて、稼働していない病床の削減を要請できる。医療機関が上記の要請や命令・指示に従わない場合には、都道府県知事は勧告を行う。当該勧告にも従わない場合は、現行の医療法上の措置に加えて、医療機関名の公表、各種補助金の交付対象や福祉医療機構の融資対象からの除外、地域医療支援病院・特定機能病院の不承認・承認取消しの措置を講じることができる。

こうした中、各医療機関においては、地域医療においてどのような機能を担うのか、地域医療における役割や立ち位置を明確にすることが求められている。例えば、構想区域において急性期機能が過剰であれば、急性期の病棟をダウンサイズし、病棟の一部を回復期や慢性期に転換するなどの選択が必要となる。

（3） 2025年の医療機能別必要病床数の推計結果

2015（平成27）年6月15日に医療・介護情報の活用による改革の推進に関する専門調査会が、2025年の医療機能別必要病床数の全国推計結果を公表した（図2-8）。2013（平成25）年時点で病床機能報告制度の対象となった病床は134.7万床であるが、2025年の必要病床数（目指すべき姿）は115〜119万床程度としており、約16〜20万床が余剰になるとの推計結果が示された。

2014（平成26）年7月時点での病床機能報告では高度急性期19.1万床、急性期58.1万床、回復期11.0万床、慢性期35.2万床となっている。一方で2025年の推計結果では高度急性期13.0万床程度、急性期40.1万床程度、回復期37.5万床程度、慢性期24.2〜28.5万床となっており、回復期以外は余剰となることが示された。

（4） 在宅復帰率の強化

地域包括ケアシステムの構築と医療機能の分化・強化、連携が推進される中、さまざまな病棟に「在宅復帰率」要件が設定され、自宅や居住系介護施設などへの復帰が促されている。

一般病棟7対1入院基本料は、在宅復帰率80％以上が要件となっている。2018（平成30）年の診療報酬改定では入院基本料の区分と名称が変更され「急性期一般入院料1」となり、在宅復帰率についても「在宅復帰・病床機能連携率」に変更となった。また、在宅扱いとなる退院先に「介護医療院」が追加された。

地域包括ケア病棟や回復期リハビリ病棟は2018（平成30）年の改定により在宅復帰率が7割に統一された。また、地域包括ケア病棟は、療養病棟、介護老人保健施設が在宅扱いとなる退院先から除外され、介護医療院が追加された。有床診療所については、機能強化型のみのくくりを外し、介護サービスを提供する有床診療所へと変更された。回復期リハビリ病棟についても介護医療院と介護サービスを提供する有床診療所が在宅扱いとなる退院先に追加された。

在宅復帰に向けた取り組みは急性期のみならず、療養病棟や介護老人保健施設などでも

図2-9　一般病棟 7 対 1 入院基本料の在宅復帰率見直し

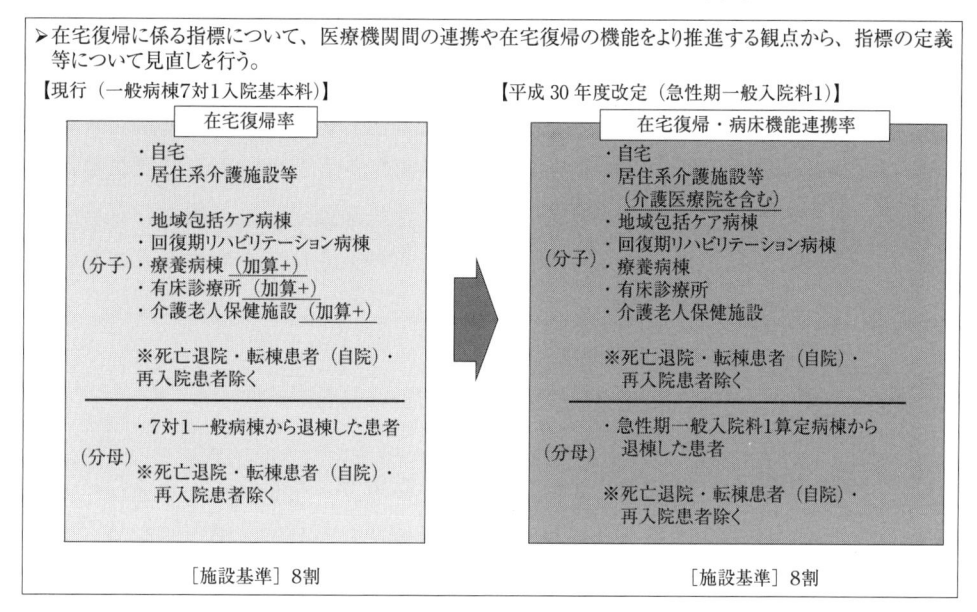

出典：厚生労働省保険局医療課　「平成30年度診療報酬改定の概要　医科Ⅰ」2018年

図2-10　地域包括ケア病棟入院料及び回復期リハビリテーション病棟入院料における在宅復帰率見直し

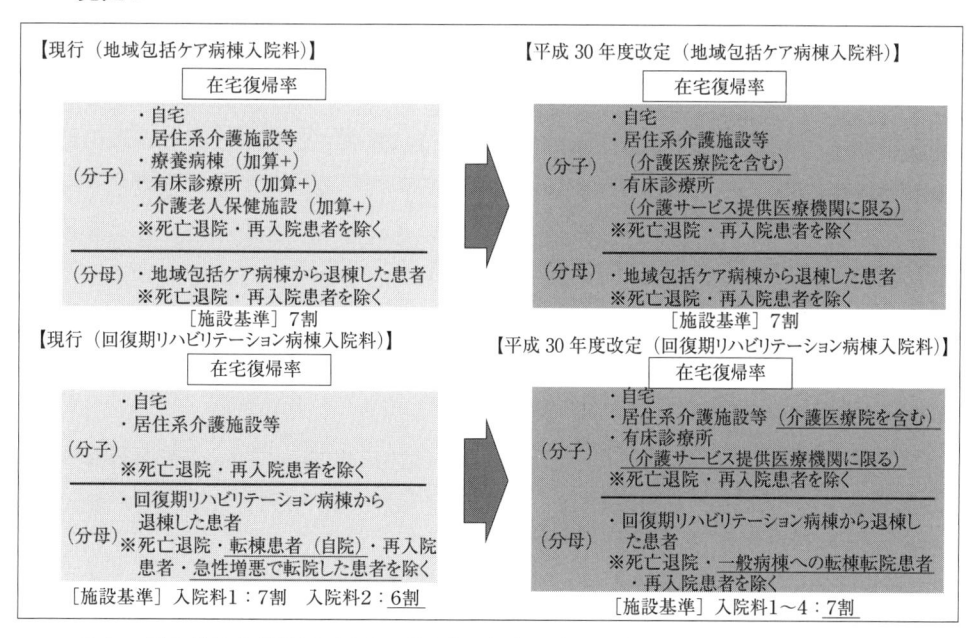

出典：厚生労働省保険局医療課　「平成30年度診療報酬改定の概要　医科Ⅰ」2018年

求められている。医療機関や介護施設は、こうした在宅復帰を重視する政策にどう対応していくかが課題となる。

❺ 病院と診療所の違い

　病院とは、医師又は歯科医師が医業又は歯科医業を行う場所であって、患者20人以上の入院施設を有するものをいう。一般診療所は医師又は歯科医師が医業又は歯科医業を行う場所（歯科医業のみは除く）であって、患者の入院施設を有しないもの又は患者19人以下の入院施設を有するものをいう。歯科診療所とは、歯科医師が歯科医業を行う場所であって、患者の入院施設を有しないもの又は患者19人以下の入院施設を有するものをいう。

❻ 医療施設数の動向

（1）　病院数の推移

　1973（昭和48）年に老人福祉法が改正され、老人医療費の無料化が実施された。これを機に高齢者の医療需要が拡大し、全国的に病床の増設が行われた。病院数が最も多かったのは1990年（平成2年）で10,096施設であった。その後、病院の数は減少傾向となり、2016年（平成28年）医療施設調査によると、2016（平成28）年10月1日現在における全国の「病院」は8,442施設となっており、1990年のピーク時と比べると1,654の病院が減少している。

　減少した理由として、1985年（昭和60）の第一次医療法改正による都道府県医療計画制度の導入があげられる。医療計画では、都道府県が二次医療圏単位で必要とされる病床数を設定し、それを上回る病床過剰地域においては、病院の開設や増床を制限することとした。医療計画は、医療施設の量的整備が全国的にほぼ達成される中、医療資源の地域偏在の是正と医療施設の連携の推進を目的に導入が図られた。これにより、施設基準を満たせばどこでも自由に開業できる「自由開業制」が制限されることとなった。この医療計画制度施行前には、いわゆる「駆け込み増床」を誘発してしまい、一時的に病院数、病床数ともに増加したが、その後は減少に転じている。

（2）　診療所数の推移

　2016（平成28）年10月1日現在「一般診療所」は101,529施設であり、「歯科診療所」は68,940 施設となっている。一般診療所のうち「有床診療所」は7,629施設（一般診療所総数の7.5％）となっているが、図2-11に示すとおり、大幅に減少していることがわかる。一方で、「無床診療所」は93,900施設（同92.5％）となっており、2006年（平成18年）の85,751施設と比べると、約1.1倍に増加している。

（3）種類別にみた施設数

　施設数を施設の種類別にみると、「精神科病院」は1,062施設で、前年に比べ2施設減少、「一般病院」は7,380施設で、36施設減少している。一般病院のうち「療養病床を有する病院」は3,827施設（病院総数の45.3％）で、前年に比べ17施設減少している（表2-3）。

図2-11　医療施設数の年次推移（各年10月１日現在）

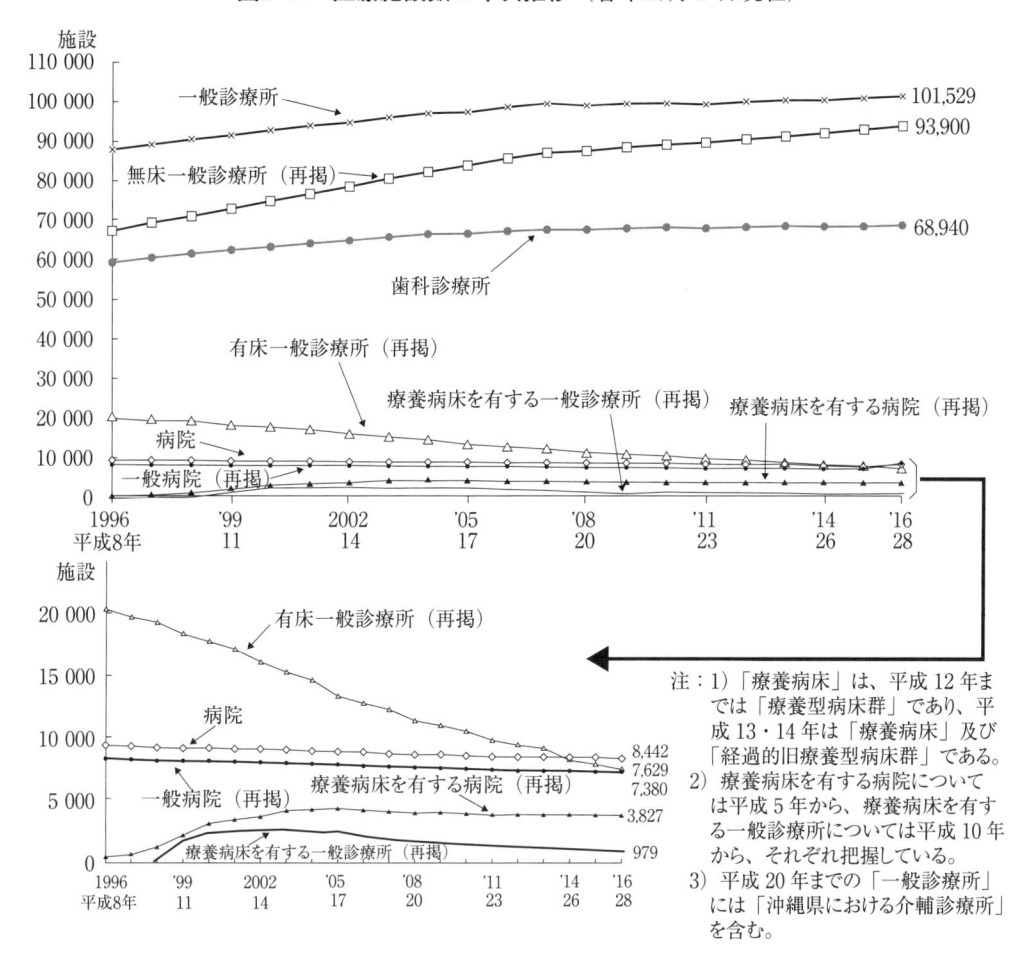

出典：厚生労働省「平成28年　医療施設（動態）調査・病院報告の概況」2016年

（４）　開設者別にみた施設数及び病床数

　開設者別の施設数をみると、病院は「医療法人」が5,756施設で病院総数の68.2％を占めている（表2-4）。次いで、「市町村」が633施設（7.5％）、「個人」237施設（2.8％）となっている。一般診療所は「個人」が42,576施設と最も多く、一般診療所総数の41.9％を占めている。次いで「医療法人」が41,354施設（40.7％）となっている。歯科診療所は「個人」が54,798施設で歯科診療所総数の79.5％を占めている。

❼　病院の経営状況

　平成29年病院運営実態分析調査から、黒字・赤字病院の数の割合をみると、黒字の病院は31.0％であり、69.0％の病院が赤字となっている（図2-12）。

　開設者別でみると、自治体病院で黒字の病院はわずか11.7％であり、赤字が88.3％と多くなっている（図2-13）。その他公的病院（日赤・済生会・厚生連・社会保険関係団体

表2-3 施設の種類別にみた施設数

	施設数		対前年				構成割合（％）	
	平成28年 (2016)	平成27年 (2015)	増減数		増減率 （％）		平成28年 (2016)	平成27年 (2015)
総　　　数	178 911	178 212		699		0.4	…	…
病　　　院	8 442	8 480	△	38	△	0.4	100.0	100.0
精神科病院	1 062	1 064	△	2	△	0.2	12.6	12.5
一般病院	7 380	7 416	△	36	△	0.5	87.4	87.5
（再掲） 　療養病床を有する病院	3 827	3 844	△	17	△	0.4	45.3	45.3
一般診療所	101 529	100 995		534		0.5	100.0	100.0
有　　　床	7 629	7 961	△	332	△	4.2	7.5	7.9
（再掲） 　療養病床を有する一般診療所	979	1 050	△	71	△	6.8	1.0	1.0
無　　　床	93 900	93 034		866		0.9	92.5	92.1
歯科診療所	68 940	68 737		203		0.3	100.0	100.0
有　　　床	27	29	△	2	△	6.9	0.0	0.0
無　　　床	68 913	68 708		205		0.3	100.0	100.0

出典：厚生労働省「医療施設動態調査」2016年

等）では、45.1％が黒字であり、赤字は54.9％となっている。私的病院（医療法人・個人等）では、62.7％が黒字であり、赤字病院は37.3％となっている。私的病院と公的病院を比較すると、公的病院の方が厳しい経営状況であることがわかる。公的病院が赤字である理由の一つとして、救急医療や周産期、小児医療、僻地医療等の不採算部門を担っていることがあげられる。

　一方で、公的病院は私的病院と比較して、人件費や材料費、減価償却費などの経費が割高であることが指摘されている。平成27年３月に総務省から示された「新公立病院改革ガイドライン」では、「経営効率化」、「再編・ネットワーク化」、「経営形態の見直し」及び「地域医療構想を踏まえた役割の明確化」の４つの視点に立った改革プランの策定を求めている。

　自治体病院等の公的病院は赤字経営であっても、地方公共団体の負担金や補助金等による赤字補填があるため、すぐに経営破綻することはないが、医療法人等の私的病院は補助金の投入があまりないため、断続的に赤字経営となれば債務超過に陥り、倒産する可能性が高い。前述したように、私的病院は日本の病院の68.2％を占めており、我が国の医療提供システムの中で大きな役割を果たしている。病院が倒産した場合、患者や地域社会に及ぼす影響は大きい。そのため、私的病院の管理者は倒産を防ぐために、収支に影響を与える要因を分析し、安定した病院経営を行う必要がある。

表2-4　開設者別施設数及び病床数

平成28年12月末現在

	病院		一般診療所		歯科診療所
	施設数	病床数	施設数	病床数	施設数
総数	8 440	1 560 048	101 571	102 450	68 935
国　厚生労働省	14	4 957	24	–	–
独立行政法人国立病院機構	143	54 619	–	–	–
国立大学法人	47	32 706	146	19	2
独立行政法人労働者健康安全機構	34	12 915	–	–	–
国立高度専門医療研究センター	8	4 205	2	–	–
独立行政法人地域医療機能推進機構	57	16 182	2	–	–
その他	24	3 492	368	2 210	3
都道府県	200	53 586	258	188	7
市町村	633	132 544	3 004	2 327	270
地方独立行政法人	97	38 374	22	17	–
日赤	92	36 189	212	19	–
済生会	79	21 862	53	–	1
北海道社会事業協会	7	1 785	–	–	–
厚生連	104	33 049	69	28	–
国民健康保険団体連合会	–	–	–	–	–
健康保険組合及びその連合会	9	1 934	310	–	2
共済組合及びその連合会	43	13 752	156	9	5
国民健康保険組合	1	320	17	–	–
公益法人	229	57 362	554	314	115
医療法人	5 756	863 072	41 354	74 913	13 520
私立学校法人	111	55 638	181	57	17
社会福祉法人	198	34 316	9 371	330	32
医療生協	83	13 802	313	267	51
会社	42	10 019	1 864	10	11
その他の法人	192	39 573	715	298	101
個人	237	23 795	42 576	21 444	54 798

出典：厚生労働省「医療施設動態調査（平成28年12月末概数）」2016年

図2-12　黒字・赤字病院の数の割合（％）年次推移

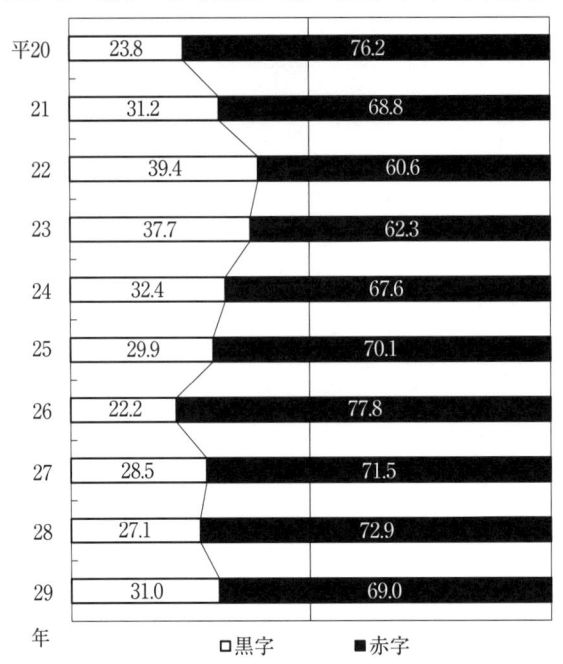

（他会計負担金・補助金等は総収益から控除した。また、6月1カ月分の総費用と総収益の差額により黒字・赤字状況を判別した場合の病院数の割合である。）

出典：全国公私病院連盟「平成29年病院運営実態分析調査の概要」2017年

図2-13　開設者別赤字病院の割合

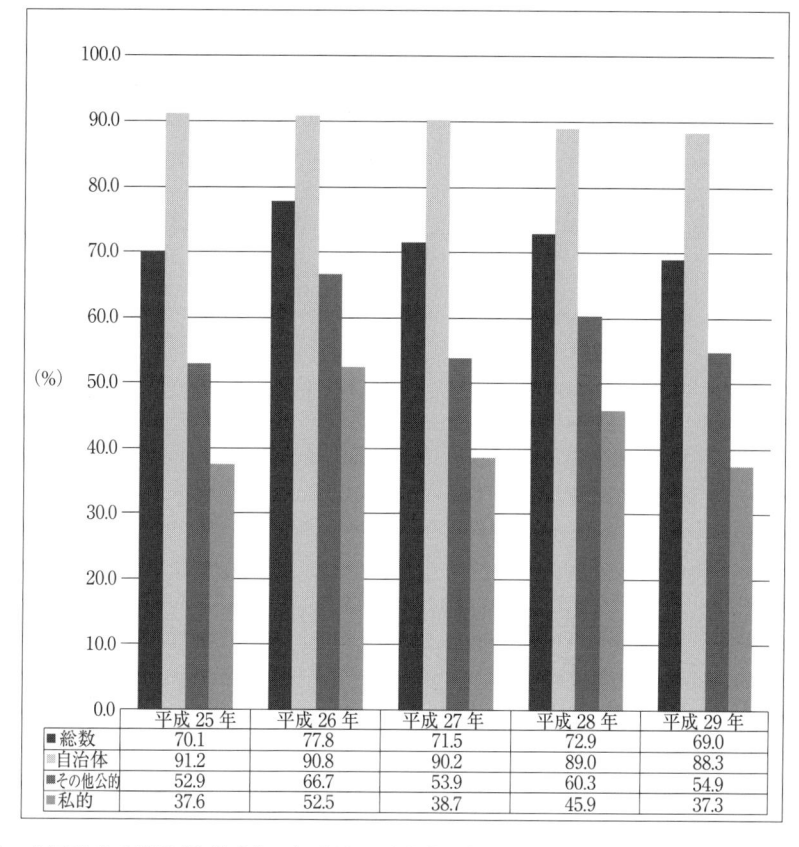

	平成 25 年	平成 26 年	平成 27 年	平成 28 年	平成 29 年
■総数	70.1	77.8	71.5	72.9	69.0
□自治体	91.2	90.8	90.2	89.0	88.3
■その他公的	52.9	66.7	53.9	60.3	54.9
■私的	37.6	52.5	38.7	45.9	37.3

資料：全国公私病院連盟「平成29年病院運営実態分析調査の概要」2017年　p.48より作成

【引用文献】

1 ）厚生労働省『平成24年版厚生労働白書』　2012年　p.42

2 ）伊藤敦「厚生統計から見た診療所の地域偏在の変遷」『自由が丘産能短期大学紀要44』　2011
　　年　p.40

3 ）「保健医療2035」策定懇談会編「保健医療2035」2015年　p.21-22

4 ）川渕孝一『わかりやすい医療経済学』日本看護協会出版会　2003年　p.99

5 ）社会保障制度改革国民会議「社会保障制度改革国民会議 報告書」2013年　p.21

6 ）寺澤泰大・根岸隆史「医療提供体制及び介護保険制度改革の概要と論点─地域における医療
　　及び介護の総合的な確保を推進するための関係法律の整備等に関する法律案─」『立法と調
　　査』No.351　参議院事務局企画調整室編集・発行　2014年　p.39

第3章 介護事業経営の現状

❶ 介護事業所数・施設数の推移

「介護サービス施設・事業所調査の概況」から介護事業所数をみると、圧倒的に事業所数が多いのは訪問介護と通所介護であり、訪問介護が35,013事業所、通所介護が23,038事業所となっている（表3-1）。2016（平成28）年4月から地域密着型サービスに移行した地域密着型通所介護は21,063事業所となっている。

表3-1　介護事業所、介護施設数

		2006年	2012年	2013年	2014年	2015年	2016年
居宅サービス事業所	訪問介護	17274	31 075	32 761	33 911	34 823	35 013
	訪問入浴介護	2406	2 410	2 344	2 262	2 190	2 077
	訪問看護ステーション	5224	6 590	7 153	7 903	8 745	9 525
	通所介護	14725	34 107	38 127	41 660	43 406	23 038
	通所リハビリテーション	5869	7 023	7 047	7 284	7 515	7 638
	短期入所生活介護	5657	8 980	9 445	10 251	10 727	10 925
	短期入所療養介護	5821	5 490	5 377	5 382	5 348	5 331
	特定施設入居者生活介護	904	3 941	4 197	4 452	4 679	4 858
	福祉用具貸与	5391	7 644	7 864	7 961	8 056	8 030
	特定福祉用具販売		7 724	7 902	8 018	8 135	8 111
地域密着型サービス事業所	定期巡回・随時対応型訪問介護看護	－	76	281	471	616	735
	夜間対応型訪問介護	－	188	196	217	224	226
	地域密着型通所介護	－	－	－	－	－	21 063
	認知症対応型通所介護	－	4 158	4 193	4 253	4 308	4 239
	小規模多機能型居宅介護	－	3 885	4 230	4 630	4 969	5 125
	認知症対応型共同生活介護	5449	11 729	12 048	12 497	12 983	13 069
	地域密着型特定施設入居者生活介護	－	238	263	288	301	310
	複合型サービス（看護小規模多機能型居宅介護）	－	15	74	164	250	305
	地域密着型介護老人福祉施設	－	954	1 106	1 691	1 901	1 977
	居宅介護支援事業所	24331	35 885	37 540	38 837	40 127	40 686
介護保険施設	介護老人福祉施設	5291	6 590	6 754	7 249	7 551	7 705
	介護老人保健施設	3131	3 931	3 993	4 096	4 189	4 241
	介護療養型医療施設	3717	1 759	1 647	1 520	1 423	1 324

注：複数のサービスを提供している事業所は、各々に計上している。
資料：厚生労働省「介護サービス施設・事業所調査の概況」より作成

介護保険施設では、介護老人福祉施設が7,705施設、介護老人保健施設が4,241施設、介護療養型医療施設が1,324施設となっている（表3-1）。

介護事業所数の推移をみると、訪問介護は2006（平成18）年に17,274事業所であったが2012（平成24）年には31,075事業所となっており、6年間で約1.8倍に増加した。その後も増加傾向が続いており、2016（平成28）年には35,013事業所となっている。通所介護は2006（平成18）年に14,725事業所であったが、2015（平成27）年には43,406事業所となっており、約3倍に増加している。

一方、訪問入浴介護は2012（平成24）年の2,410事業所から2016（平成28）年の2,077事業所へと約24％減少している。訪問入浴介護は自宅の浴槽での入浴が困難な人に対して、浴槽を積んだ入浴車が利用者の居宅を訪問し、看護職員や介護職員が入浴の介護を行うサービスである。介護給付費実態調査（2015（平成27）年5月審査分）から要介護度別の利用者割合をみると、要介護4が26.8％、要介護5が50.8％となっており、重度の要介護者が多いことがわかる。

事業所数が減少している理由としては、他のサービスに比べて利用料が割高であること、通所介護や訪問介護で提供される入浴支援サービスと競合することがあげられる[1]。また、介護報酬のマイナス改定の影響も考えられる。基本報酬が2012（平成24）年は1,250単位／回であったが2015（平成27）年には1,234単位／回に引き下げられた。

❷ 開設主体別施設・事業所の構成割合

措置制度下においては行政から委託を受けた事業者や社会福祉法人、医療法人など特定の経営主体が介護サービスを提供していた。しかし、介護保険制度導入後は、多様な事業者の参入が認められるようになり、一定の条件を満たし、都道府県による指定を受ければ、指定事業者として介護サービスを提供することが可能となった。そのため、現在では株式会社をはじめとして、NPO法人、医療法人、社会福祉法人、社団・財団法人、協同組合などさまざまな経営主体が介護サービスを提供している。

居宅サービスについて、開設主体別の構成割合をみると、全体的傾向として「営利法人（会社）」の占める割合が高くなっていることがわかる（表3-2）。「営利法人（会社）」の割合が高いサービスは「訪問介護」65.5％、「訪問入浴介護」58.7％、「通所介護」47.3％、「訪問看護ステーション」47.2％、「特定施設入居者生活介護」67.7％、「福祉用具貸与」93.3％、「特定福祉用具販売」94.4％となっている。居宅サービスの内、医療系サービスについては、一部を除いて営利法人の参入が認められていないため、「医療法人」が占める割合が高くなっている。「医療法人」の割合が高いサービスは、「通所リハビリテーション」77.0％、「短期入所療養介護」77.4％となっている。

次に、地域密着型サービス事業所についてみると、「営利法人（会社）」や「社会福祉法人」の占める割合が高くなっていることがわかる。具体的にみると、「営利法人（会社）」の割合が高いサービスは「地域密着型通所介護」75.6％、「認知症対応型共同生活介護」

表3-2　開設（経営）主体別事業所数の構成割合

(単位：％)　　　　　　　　　　　　　　　　　　　　　　　　　　　　　　平成28年10月 1 日現在

	総数	地方公共団体	日本赤十字社・社会保険関係団体・独立行政法人	社会福祉法人*	医療法人	社団・財団法人	協同組合	営利法人（会社）	特定非営利活動法人(NPO)	その他
居宅サービス事業所										
（訪問系）										
訪問介護	100.0	0.3	…	18.7	6.2	1.3	2.3	65.5	5.2	0.4
訪問入浴介護	100.0	0.2	…	37.3	2.1	0.7	0.6	58.7	0.5	－
訪問看護ステーション	100.0	2.2	2.1	7.0	28.4	8.9	2.1	47.2	1.7	0.4
（通所系）										
通所介護	100.0	0.7	…	39.7	8.4	0.5	1.6	47.3	1.7	0.1
通所リハビリテーション	100.0	2.8	1.3	8.7	77.0	2.7	…	0.1	…	7.5
介護老人保健施設	100.0	3.6	2.0	16.5	74.0	2.9	…	－	…	0.9
医療施設	100.0	2.0	0.7	1.4	79.7	2.5	…	0.1	…	13.5
（その他）										
短期入所生活介護	100.0	1.9	…	83.0	3.6	0.1	0.4	10.4	0.4	0.2
短期入所療養介護	100.0	3.9	1.6	12.0	77.4	2.8	…	…	…	2.3
介護老人保健施設	100.0	3.6	1.9	15.6	75.0	2.9	…	…	…	1.0
医療施設	100.0	4.7	0.9	0.5	84.9	2.3	…	…	…	6.6
特定施設入居者生活介護	100.0	0.8	…	23.7	5.9	0.6	0.3	67.7	0.4	0.6
福祉用具貸与	100.0	0.0	…	2.3	1.2	0.4	1.7	93.3	0.7	0.4
特定福祉用具販売	100.0	－	…	1.7	0.9	0.3	1.7	94.4	0.7	0.3
地域密着型サービス事業所										
定期巡回・随時対応型訪問介護看護	100.0	－	…	31.6	17.3	1.8	2.4	45.2	1.3	0.5
夜間対応型訪問介護	100.0	0.5	…	36.3	8.2	2.2	0.5	50.5	1.6	－
地域密着型通所介護	100.0	0.3	…	11.5	3.8	0.9	1.1	75.6	6.3	0.5
認知症対応型通所介護	100.0	0.4	…	44.2	12.1	0.9	1.4	35.0	5.7	0.2
小規模多機能型居宅介護	100.0	0.1	…	31.7	12.9	0.8	2.0	46.2	6.0	0.3
認知症対応型共同生活介護	100.0	0.1	…	24.4	16.8	0.4	0.6	53.2	4.4	0.2
地域密着型特定施設入居者生活介護	100.0	－	…	32.9	15.9	0.7	0.7	47.4	2.1	0.3
複合型サービス（看護小規模多機能型居宅介護）	100.0	－	…	20.0	20.7	4.4	2.2	49.1	3.6	－
地域密着型介護老人福祉施設	100.0	4.5	－	95.5	・	・	・	・	・	－
介護予防支援事業所（地域包括支援センター）	100.0	25.6	…	54.1	13.5	3.5	1.0	1.4	0.6	0.2
居宅介護支援事業所	100.0	0.8	…	25.2	16.0	2.4	2.3	49.5	3.2	0.6

注：訪問看護ステーション、通所リハビリテーション、短期入所療養介護及び地域密着型介護老人福祉
　　施設については、開設主体であり、それ以外は、経営主体である。
　　＊「社会福祉法人」には社会福祉協議会を含む。
出典：厚生労働省「平成28年介護サービス施設・事業所調査の概況」2016年　p.6

53.2％、「夜間対応型訪問介護」50.5％となっている。「社会福祉法人」の割合が高いサービスは「地域密着型介護老人福祉施設」95.5％、「認知症対応型通所介護」で44.2％となっている。

　介護保険施設は介護保険導入後も依然として地方公共団体や社会福祉法人、医療法人等による設置・運営に限られている。介護保険施設の開設主体別の構成割合をみると、介護老人福祉施設は「社会福祉法人」が94.5％と最も多く、介護老人保健施設及び介護療養型

表3-3　開設主体別施設数の構成割合（詳細票）

（単位：％）　　　　　　　　　　　　　　　　　　　　　　　　　　　　　　　　平成28年10月１日現在

	総数	都道府県	市区町村	広域連合・一部事務組合	日本赤十字社・社会保険関係団体・独立行政法人	社会福祉協議会	社会福祉法人（社会福祉協議会以外）	医療法人	社団・財団法人	その他の法人	その他
介護保険施設											
介護老人福祉施設	100.0	0.6	3.3	1.4	0.1	0.2	94.5	・	・	0.0	・
介護老人保健施設	100.0	0.0	3.7	0.5	1.7	−	15.3	75.1	2.7	0.9	0.2
介護療養型医療施設	100.0	−	4.6	0.2	0.9	−	1.0	83.3	2.4	0.5	7.0

出典：厚生労働省「平成28年介護サービス施設・事業所調査の概況」2016年　p.5

医療施設では「医療法人」がそれぞれ75.1％、83.3％と最も多くなっている（表3-3）。

③　介護保険施設・事業所の収支状況

　厚生労働省の「介護事業経営実態調査」から介護事業の収支状況をみると、2016（平成28）年度決算の全サービスの平均収支差率は3.3％となっている（表3-4）。2014（平成26）年３月収支と比較すると、「定期巡回・随時対応型訪問介護看護」「福祉用具貸与」以外のすべてのサービスにおいて収支差率が低下している。「特定施設入居者生活介護」は12.2％から2.5％へと大幅に低下し、介護保険施設である「介護老人福祉施設」も8.7％から1.6％と低下している。これは、介護報酬改定が大きく影響している。2015（平成27）年度の改定では、ほぼすべてのサービスの基本報酬が引き下げられ、全体で2.27％のマイナス改定となった。2015（平成27）年度改定では、①中重度の要介護者や認知症高齢者への対応の更なる強化、②介護人材確保対策の推進、③サービス評価の適正化と効率的なサービス提供体制の構築の３つの視点から介護報酬の見直しが行われた。内訳としては、認知症・中重度への対応など介護サービスの充実がプラス0.56％、介護職員処遇改善加算の拡充がプラス1.65％、収支状況などを反映した適正化等がマイナス4.48％となっている。

　サービス別にみると、介護老人福祉施設（ユニット型個室）要介護４の場合、877単位／日から828単位／日へ引き下げられマイナス5.59％となった。通常規模型通所介護（７時間以上９時間未満の場合）要介護３の場合、944単位／日から898単位／日へ引き下げられ、マイナス4.88％となった。

④　事業所規模と収支との関連性

　一般に事業規模が拡大すればスケールメリットが生じ、収益性が高まるといわれているが、介護事業においても事業規模と収益性に相関はあるのだろうか。

　図3-1は、訪問介護の延べ訪問回数と収支差率の関係を示したものである。全体的な傾

表3-4　各介護サービスにおける収支差率

サービスの種類	分類	収支差率（%）		差分（平成29年度 − 平成26年）
		平成29年度実態調査（28年度決算）	平成26年実態調査（平成26年3月収支）	
認知症対応型共同生活介護	地域密着型サービス	5.1	11.2	▲ 6.1
通所リハビリテーション	居宅サービス	5.1	7.6	▲ 2.5
小規模多機能型居宅介護	地域密着型サービス	5.1	6.1	▲ 1.0
認知症対応型通所介護	地域密着型サービス	4.9	7.3	▲ 2.4
通所介護	居宅サービス	4.9	10.6	▲ 5.7
訪問介護	居宅サービス	4.8	7.4	▲ 2.6
定期巡回・随時対応型訪問介護看護	地域密着型サービス	4.8	0.9	3.9
看護小規模多機能型居宅介護	地域密着型サービス	4.6	−	−
福祉用具貸与	居宅サービス	4.5	3.3	1.2
短期入所生活介護	居宅サービス	3.8	7.3	▲ 3.5
訪問看護	居宅サービス	3.7	5.0	▲ 1.3
訪問リハビリテーション	居宅サービス	3.5	5.3	▲ 1.8
介護老人保健施設	施設サービス	3.4	5.6	▲ 2.2
介護療養型医療施設	施設サービス	3.3	8.2	▲ 4.9
地域密着型特定施設入居者生活介護	地域密着型サービス	3.2	6.8	▲ 3.6
訪問入浴介護	居宅サービス	2.8	5.4	▲ 2.6
特定施設入居者生活介護	居宅サービス	2.5	12.2	▲ 9.7
地域密着型通所介護	地域密着型サービス	2.0	−	−
介護老人福祉施設	施設サービス	1.6	8.7	▲ 7.1
夜間対応型訪問介護	地域密着型サービス	1.5	3.8	▲ 2.3
地域密着型介護老人福祉施設	地域密着型サービス	0.5	8.0	▲ 7.5
居宅介護支援	居宅サービス	▲ 1.4	▲ 1.0	▲ 0.4
全サービス平均（平成28年度）		3.3		

資料：厚生労働省「介護事業経営実態調査」（平成29年度・平成26年度）より作成

向として、１月あたりの延べ訪問回数が増加するほど、収支差率が高くなっていることがわかる。１月当たりの延べ訪問回数が400回を下回るとマイナスになっており、黒字化するためには最低でも一月当たり401回以上のサービス提供が必要となる。

　つまり、黒字経営を実現するためには、利用者を多く確保するとともに、訪問効率を高めることが重要であるといえる。しかしながら、訪問介護は利用者宅を一軒一軒訪問し、マンツーマンでサービスを提供するため、１人のヘルパーが１日に訪問できる回数には限界がある。特に過疎地域では移動時間に時間がかかるため、訪問効率が低下し、収益性が

図3-1　延べ訪問回数別　収支差率

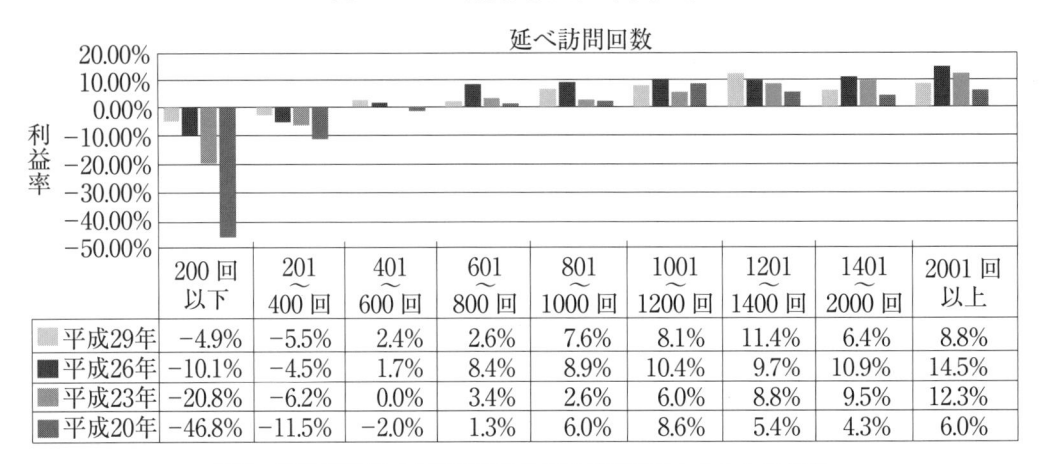

	200回以下	201～400回	401～600回	601～800回	801～1000回	1001～1200回	1201～1400回	1401～2000回	2001回以上
平成29年	−4.9%	−5.5%	2.4%	2.6%	7.6%	8.1%	11.4%	6.4%	8.8%
平成26年	−10.1%	−4.5%	1.7%	8.4%	8.9%	10.4%	9.7%	10.9%	14.5%
平成23年	−20.8%	−6.2%	0.0%	3.4%	2.6%	6.0%	8.8%	9.5%	12.3%
平成20年	−46.8%	−11.5%	−2.0%	1.3%	6.0%	8.6%	5.4%	4.3%	6.0%

資料：厚生労働省「介護事業経営実態調査結果」をもとに作成

低下する可能性が高い。都市部では利用者が比較的一つのエリアに集中しているため訪問効率を高めることができるが、都市部においては参入する事業者も多いため、競争が激しく、利用者をいかに確保するかが課題となる。

　こうした問題を打開するために、訪問看護の分野では、訪問看護ステーションの経営基盤の安定化に向けた「大規模化」に関するモデル事業が実施されている[2]。本モデル事業は、同法人内の訪問看護事業所の統合または1事業所内の大規模化を図り、統合のプロセスや方法、統合前後の収支状況、利用者数・職員負担等の変化、統合による利用者へのメリット・デメリット等を調査したものである。本モデル事業の成果は、訪問介護等の介護系事業者に対しても有効な示唆を与えると思われるため、以下でその成果を紹介することとする。

　本モデル事業では、宮城県及び北海等における同法人の事業所間での大規模化の例として4事例のヒヤリングが行われている。大規模化に向けたプロセスは図3-2のとおりである。宮城県のケースでは、看護職員の人員確保の困難、利用者の重症化への対応困難、利用者の減少等の課題を解決することを統合の目的とし、統合にあたっては、経営母体の理事、訪問看護ステーション室、ステーション所長等による会議を3～7回もち意見交換を行い、また、職員、利用者、行政、関係機関への説明を経て統合にいたった。いずれも市町等の行政から要請されて市町の公的な場所を借りてステーションを設立した経緯があったため、行政に対しての説明や手続きも経て統合を行った。統合の方針を決定してから4、5カ月で統合に至った。

　大規模化による効果としては、①4事例のうち、3事例では大規模化後に利用者数の増加が確認された。②経費節減は4事例全てで確認された。2事例では収支が改善された。③4事例に共通したメリットとして「24時間体制が強化された」「スタッフの待機に対する負担が解消された」「職員を流動的に配置しやすくなった」「スタッフに活気がでた」があげられている。

図3-2　大規模化のプロセス

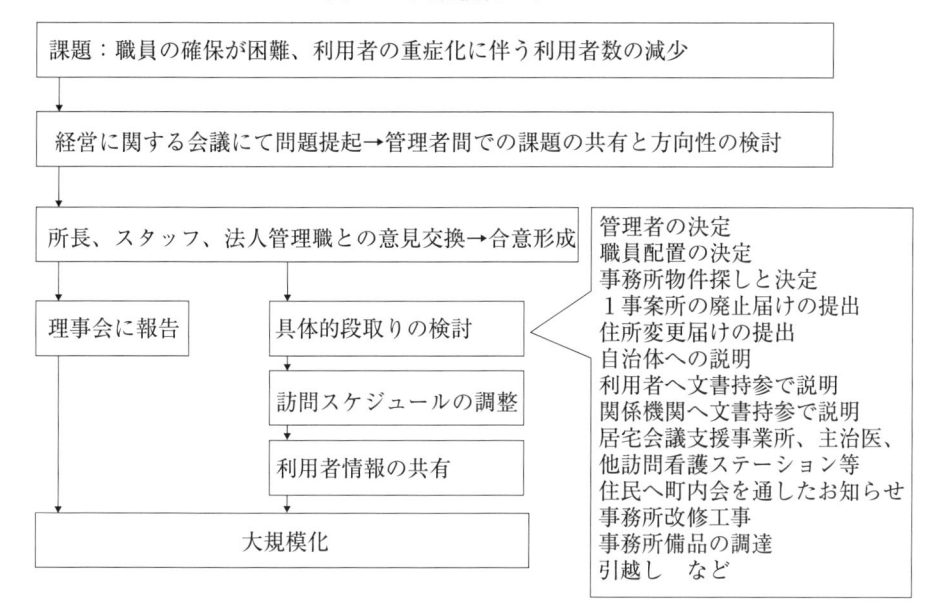

課題：職員の確保が困難、利用者の重症化に伴う利用者数の減少

経営に関する会議にて問題提起→管理者間での課題の共有と方向性の検討

所長、スタッフ、法人管理職との意見交換→合意形成

理事会に報告　　具体的段取りの検討

訪問スケジュールの調整

利用者情報の共有

大規模化

管理者の決定
職員配置の決定
事務所物件探しと決定
１事案所の廃止届けの提出
住所変更届けの提出
自治体への説明
利用者へ文書持参で説明
関係機関へ文書持参で説明
居宅会議支援事業所、主治医、
他訪問看護ステーション等
住民へ町内会を通したお知らせ
事務所改修工事
事務所備品の調達
引越し　など

出典：全国訪問看護事業協会『訪問看護事業所の機能集約及び基盤強化促進に関する調査研究事業報告書』2009年　p.161

　デメリットとしては、比較的離れた事業所間での事例では、大規模化したことで事業所と利用者宅との距離が離れてしまい、移動にかかる支出が30％増加したことがあげられている。大規模化検討のためのポイントとしては、①同一法人内であっても、当事者である職員の合意を得ながら進めることが重要であること、②サテライト事業所の設置を有効に活用し、一つの事業所ではあるが、拠点を複数にするなどして、移動にかかるコストの節約も検討する必要があるとしている。

❺ ICT による生産性の向上

　介護現場ではサービスに係る記録や書類の電子化が進んでおらず、行政側も指導監査に際し紙媒体で記録の提出を求めることもあるなど、介護分野ではICT 機器やソフトウェアの活用による業務効率化が大きな課題となっている[3]。

　厚生労働省は、介護サービスの生産性向上等を図るため、「平成28年度居宅サービス事業所における業務効率（ペーパーレス）化促進モデル事業」を実施した。この事業は、居宅サービス事業所における記録の作成、事業所内の情報共有等の業務を対象として、ICT 活用による業務効率化の効果を検証するとともに、ICT の活用を普及させるために必要な課題を整理することを目的として行われた。

　訪問介護及び通所介護の２サービスを対象にICT 機器・ソフトウェア（タブレット機器及びアプリケーション）を導入した結果、次の効果が確認された。訪問介護事業所では、①サービス提供記録が電子化されることによって、介護報酬請求時にサービス提供責任者

が実施している実績確認の業務時間が6法人で減少した。②事業所及び従事者からは、申し送りや職員間での情報共有の負担が軽減する、事業所に立寄らなくても情報共有が可能になる等の効果が報告された。通所介護では、①記録業務については、ICT活用によって複数の帳票間で転記が不要となる等によって6法人全てで時間が減少した。②事業所及び従事者からは、利用者にケアを提供する時間の増加や帳票間の転記ミスの減少、申し送りやケアマネジャーへの情報共有の負担が軽減する等の効果が報告された。

⑥ 介護事業者の収入構造

介護事業者の収入は介護保険収入（介護報酬及び利用者負担分）、保険外収入（居住費収入、食費収入など）、補助金収入などで構成される。「平成29年介護事業経営実態調査結果」から介護事業者の収入構造についてみると、4事業すべてにおいて「介護料収入」の割合が高くなっており、特に訪問介護では、「介護料収入」が98.5％と非常に高くなっている（表3-5）。

こうした収入構造下において収入を最大化するためのポイントとして、第1に「入居・利用率の向上」があげられる。診療報酬では、診察や検査、投薬、注射、手術、処置、リハビリなどの医療行為の積み上げで診療報酬の総額が計算される「出来高払い方式」を基本としているため、外来の患者数や手術件数等により日々収入が変動する。一方、介護報酬では一部を除いて、「1回につき」、「1月につき」といった定額による「包括的評価」を基本としており、1日あたりの利用定員や入所定員が決まっているため、収入を向上させるためには、稼働率管理を行い、高稼働率を維持することが最も重要となる。

施設系サービスの場合、稼働率が低下する要因としては、入居者の入院や居宅外泊があげられる。介護老人福祉施設の場合、入居者が病院等へ入院した場合及び居宅などへ外泊を認めた場合外泊日の算定ができるが（福祉施設外泊時費用1日246単位）、1月に6日が限度となっている。外泊期間中の空きベットは、原則他のサービスに使用することはできないが、入居者の同意を得れば、短期入所生活介護等のベッドとして使用することができるため、そうした運営上の工夫を行い、稼働率を向上させる必要がある。

第2に、「各種加算の取得に向けた体制整備の必要性」があげられる。介護報酬は、全国共通の単位数と地域単価によって算出されるが、質向上に向けた介護報酬上のインセン

表3-5　4事業の収入構造（％）

	介護老人福祉施設	訪問介護	通所介護	認知症対応型共同生活介護訪問介護
介護料収入	77.6	98.5	93.4	71.9
保険外の利用料	22.1	1.4	6.5	28.0
補助金収入	0.4	0.2	0.1	0.1

資料：厚生労働省「平成29年介護事業経営実態調査結果」2017年をもとに作成

ティブとして、事業所の人員配置体制や果たしている機能などによって、介護報酬による加算・減算が決められている。収入を最大化するためには、なるべく多くの加算を取得できるように体制を整備し、加算の積み上げを行う努力が必要となる。

　表3-6は介護サービスにおける介護報酬上の質の評価について、ドナベディアンの3要素の評価フレーム（構造、プロセス、アウトカム）で分類・整理したものである。現行では主に人的配置等の「構造」や事業者と利用者間の相互作用等の「プロセス」に着目した評価が行われている。サービスによりもたらされた利用者の状態変化等の「アウトカム評価」については、アウトカム指標の設定が難しいこと、事業者がアウトカムの改善が見込まれる高齢者を選別する「クリームスキミング」が起こる可能性があることなどが指摘されており、限定的な導入となっている。

　しかし、日本公衆衛生協会「介護サービスの質の評価のあり方に係る検討に向けた事業報告書」2010（平成22）年3月においては、「医療や介護などのヒューマン・サービスについては、プロセスの標準化が困難な分野であり、質の確保を図る上で、プロセス面を評価するだけでは不十分であり、アウトカム評価が重要である」「更なる質の向上を図るためには、諸外国の取組や評価指標などを参照して、わが国においてもアウトカム評価を積極的に推進すべき」などアウトカム評価の重要性が指摘されている。

　2018（平成30）年度介護報酬改定では、通所介護事業所において自立支援・重度化防止の観点から、一定期間内に当該事業所を利用した者のうち、ADL（日常生活動作）の維持又は改善の度合いが一定の水準を超えた場合を新たに評価する「ADL維持等加算」が新設された。また、介護予防通所リハビリテーションに設けられているアウトカム評価（事業所評価加算：要支援状態の維持・改善率を評価）が介護予防訪問リハビリテーションにも新たに設けられた（事業所評価加算120単位・月）。今後、アウトカムに応じて介護報酬を加算する仕組みが積極的に導入される可能性もあり、そうした動向を注視していく必要があるだろう。

　収入を最大化するための第3の方策として、「介護保険適応外のサービスによる収入増加」があげられる。例えば、調理した食事を配達する配食サービスや日用品等の配達サービス、訪問理美容サービス、冠婚葬祭の付き添いなど移動をサポートする外出援助サービス、衣服や布団等のクリーニングや大掃除や庭の手入れなどのハウスクリーニングサービス、財産管理サービスなどがある。

❼　介護事業者の支出構造

　「平成29年介護事業経営実態調査結果」から4事業の支出構造についてみていきたい。表3-7のとおり、5事業すべてにおいて「給与費」の割合が高くなっており、特に訪問介護では、76.1％と非常に高くなっていることがわかる。また、介護老人福祉施設では、開設時に施設建設や用地確保などの初期投資が必要となるため、訪問・通所系と比べると、減価償却費の割合が高くなっている。

表3-6　主な介護サービスにおける介護報酬上の質の評価項目（概略）

	ストラクチャー評価	プロセス評価	アウトカム評価
全サービス共通	・サービス提供体制強化加算	・要介護度別の基本報酬	
訪問介護		・生活機能向上連携加算（見直し・拡充）	
訪問リハビリテーション		・短期集中リハビリテーション実施加算 ・リハビリテーションマネジメント加算（見直し・拡充）	・社会参加支援加算
介護予防 訪問リハビリテーション		・短期集中リハビリテーション実施加算 ・リハビリテーションマネジメント加算（新規）	・事業所評価加算（新規）
通所介護	・中重度者ケア体制加算	・生活機能向上連携加算（新規） ・個別機能訓練加算、栄養改善加算、口腔機能向上加算	・ADL等維持加算（新規）
通所リハビリテーション	・中重度者ケア体制加算 ・リハビリテーション提供体制加算（新規）	・リハビリテーションマネジメント加算（見直し・拡充） ・短期集中個別リハビリテーション実施加算 ・生活行為向上リハビリテーション実施加算 ・栄養改善加算、口腔機能向上加算	・社会参加支援加算
介護予防 通所リハビリテーション		・リハビリテーションマネジメント加算（新規） ・生活行為向上リハビリテーション実施加算（新規） ・運動器機能向上加算、栄養改善加算、口腔機能向上加算	・事業所評価加算
特定施設入居者生活介護	・夜間看護体制加算 ・入居継続支援加算（新規） ・口腔衛生管理体制加算（新規） ・身体拘束未実施減算（見直し）	・生活機能向上連携加算（新親） ・個別機能訓練加算 ・看取り介護加算	
小規模多機能型居宅介護	・看護職員配置加算	・総合マネジメント体制強化加算 ・生活機能向上連携加算（新規）　・看取り連携体制加算	
介護老人福祉施設	・看護体制加算、夜勤職員配置加算 ・口腔衛生管理体制加算 ・身体拘束未実施減算（見直し）	・日常生活継続支援加算　・生活機能向上連携加算（新規） ・個別機能訓練加算　・低栄養リスク改善加算（新規） ・経口移行加算、経口維持加算、口腔衛生管理加算 ・看取り介護加算　・褥瘡マネジメント加算（新規）　・排泄支援加算（新規）	
介護老人保健施設	・夜勤職員配置加算 ・口腔衛生管理体制加算 ・身体拘束未実施減算（見直し）	・短期集中リハビリテーション実施加算 ・低栄養リスク改善加算（新規） ・経口移行加算、経口維持加算　・ターミナルケア加算 ・褥瘡マネジメント加算（新規）　・排泄支援加算（新規）	・在宅復帰・在宅療養支援機能加算
介護療養施設 介護医療院	・夜勤職員配置加算 ・口腔衛生管理体制加算 ・身体拘束未実施減算（見直し）	・褥瘡対策指導管理・感染対策指導管理 ・低栄養リスク改善加算（新規） ・経口移行加算、経口維持加算・排泄支援加算（新規）	

・ドナベディアンの質の評価モデルに基づき、主な介護報酬の分類例を提示。複数の要素を算定要件としている場合は、加算の趣旨に基づき、主たるものに分類。認知症関連は除く

出典：厚生労働省老健局「2018年介護報酬改定について〜2018年介護報酬改定の主要改定項目〜」第57回月例社会保障研究会　2018年

表3-7　4事業の収入に対する支出割合（％）

	介護老人福祉施設	訪問介護	通所介護	認知症対応型共同生活介護訪問介護
給与費	64.6	76.1	64.2	62.7
減価償却費	8.5	1.2	3.9	4.5
その他	27.7	15.3	25.8	26.6
うち　委託費	6.7	1.1	3.7	2.4

※比率は収入に対する割合
資料：厚生労働省「平成29年介護事業経営実態調査結果」2017年をもとに筆者作成

　次に、やや古いデータであるが介護老人福祉施設等収支状況等調査から黒字施設と赤字施設の支出構造の違いについてみてみる（表3-8）。まず、人件費についてみると、黒字施設における人件費率は60.2％であるが赤字施設では67.3％となっており、赤字施設は7.1ポイント人件費の割合が高くなっていることがわかる。次に、職員配置についてみると、黒字施設における介護職員一人当たりの利用者数は2.04人、赤字施設では1.89人となっており、赤字施設の人員配置が過度に厚くなっている状況は確認できない。また、非常勤職員割合も黒字施設が22.4％、赤字施設が22.2％とほとんど差がないことから、常勤職員の給与支給額が高いか、介護職員以外の職員数が多い施設で経営状況が悪化しているものと推察される。

　続いて人件費以外の費用比率についてみてみる。表3-8が示すように、赤字施設の方が給食業務委託率、派遣職員委託率、清掃業務委託率、宿直業務委託率が高くなっていることがわかる。このことは、赤字施設では本来はアウトソーシングによって人件費が削減されていなければならないものが効果的に運用されていない状況がみてとれる。

　施設長や事務長をはじめ主要な役職にある者は介護事業経営実態調査や各種経営指標を把握し、常に自身が運営する施設の経営状況と対比させながら、効率的な施設経営を行っていく必要がある。

　上述したように、支出の大部分を占める人件費率の適正化は重要な経営課題の一つであるが、人件費の行き過ぎた削減は定着率の低下やモチベーション低下につながるため、人件費以外のコスト削減の取り組みも重要である。例えば、利用者一人1日あたりの光熱水費は黒字施設（422円）と赤字施設（489円）では67円の差が生じており、50名定員の場合で年間約122万円、100名定員の場合で約244万円の差となる。収入が伸び悩む中、地道な経営努力の積み重ねが施設の安定的経営につながると考えられる。

⑧　介護サービス主要企業の経営状況

　介護サービス主要企業の業績をみると、売上高が最も高いのはニチイ学館で1,439億円

表3-8　民設民営施設の収支状況（黒字・赤字の施設別）

		平均	民設民営のみ		単位
			黒字施設	赤字施設	
収支差額比率	事業活動収入対計上収支差額比率	7.8	9.9	-3.2	%
	同（補助金を除く）	6.9	9.1	-5.0	%
費用比率	人件費比率	61.4	60.2	67.3	%
	同（給食業務委託あり施設のみ）	58.7	57.4	65.1	%
	同（給食業務委託なし施設のみ）	64.2	63.2	70.4	%
	委託費比率	5.5	5.3	6.6	%
	同（給食業務委託あり施設のみ）	8.5	8.3	9.2	%
	同（給食業務委託なし施設のみ）	2.4	2.3	3.0	%
	経費比率	26.9	26.3	30.2	%
	直接介護費比率	15.5	15.3	16.4	%
	一般管理費比率	11.4	11.0	13.9	%
	光熱水費比率	3.8	3.7	4.2	%
	利用者一人あたり1日の光熱水費	433	422	489	円
	修繕費率	1.1	1.0	1.6	%
	減価償却比率	8.9	8.6	10.3	%
	同（正味）	4.1	3.9	5.1	%
給食関連収支	給食業務委託率	50.3	49.4	55.1	%
	利用者一人1日あたり給食材料費	759	756	771	円
	利用者一人1日あたり調理員人件費及び給食業務委託費	630	617	698	円
業務委託の状況	給食業務委託率（再掲）	50.3	49.4	55.1	%
	派遣職員委託率	30.8	29.7	37.0	%
	清掃業務委託率	73.1	72.3	77.4	%
	宿直業務委託率	31.0	30.9	31.2	%
事業収入の状況	利用者一人1日あたり事業活動収入	11,488	11,460	11,640	円
	利用率	95.8	96.0	94.7	%
	平均要介護度	3.11	3.11	3.12	
職員配置	介護職員一人あたり利用者数	2.01	2.04	1.89	人
	非常勤職員割合	22.4	22.4	22.2	%

資料：「介護老人福祉施設等平成21年度収支状況等調査報告書」2009年より作成

であり、介護関連事業の売り上げ高比率は52.0％となっている（図3-3, 図3-4）。ニチイ学館は、2007（平成19）年にサービスブランド名称を「ニチイ」に統合し、訪問介護、通所介護等の在宅系介護サービスをはじめとして、サービス付き高齢者向け住宅や認知症高齢

者グループホーム、有料老人ホームなど、幅広く事業を展開している。介護事業以外では、全国9,000件の医療機関に提供している医事業務受託サービスや医療用器材の消毒・滅菌、薬剤・物品などの物流管理業務を中心に、医療事務講座や介護職員初任者研修、語学スクール（COCO塾・Gabaマンツーマン英会話）等の教育事業、保育所の運営などの事業も行っている。また、高い経済成長と急速な高齢化の進展が予想される中国やアジア地域においても介護事業を開始している。

2位のSOMPOホールディングスは損害保険事業や生命保険事業を中心に行う保険・金融グループである。介護事業を本業としない異業種からの参入であり、現時点では、介護関連事業の売り上げ高比率は3.5％に止まっている。しかし、介護事業を今後の成長分野と位置付けて、有料老人ホーム「レストヴィラ」を中心に展開するワタミの介護や有料老人ホーム「アミーユ」などの運営を行うメッセージを子会社化し、2位の規模に急成長している。2017（平成29）年3月末時点で有料老人ホーム299施設、サービス付き高齢者向け住宅132棟、在宅サービス694事業所、通所介護事業所62事業所を運営している。シニアリビング居室数は約26,400室であり、国内第1位の規模となっている。介護事業は中小零細企業や社会福祉法人による小規模での運営が主流であり、現時点では寡占化が進んで

図3-3　介護サービス企業の介護関連事業売上高（2016年度）

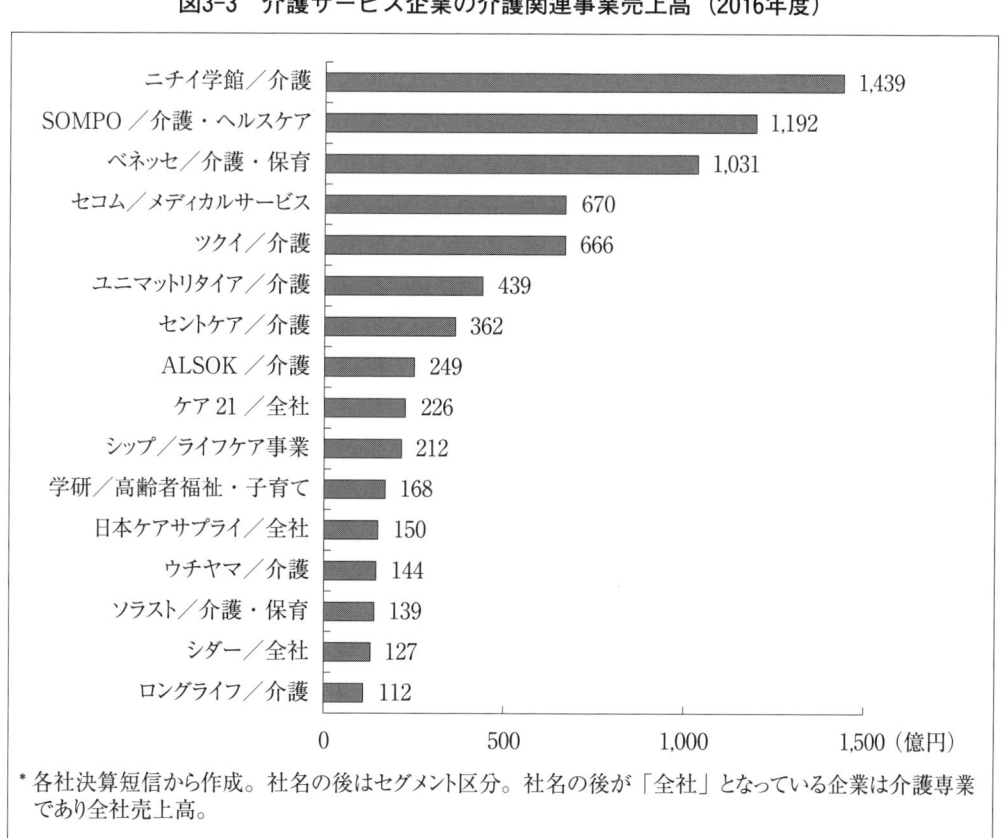

企業	売上高（億円）
ニチイ学館／介護	1,439
SOMPO／介護・ヘルスケア	1,192
ベネッセ／介護・保育	1,031
セコム／メディカルサービス	670
ツクイ／介護	666
ユニマットリタイア／介護	439
セントケア／介護	362
ALSOK／介護	249
ケア21／全社	226
シップ／ライフケア事業	212
学研／高齢者福祉・子育て	168
日本ケアサプライ／全社	150
ウチヤマ／介護	144
ソラスト／介護・保育	139
シダー／全社	127
ロングライフ／介護	112

＊各社決算短信から作成。社名の後はセグメント区分。社名の後が「全社」となっている企業は介護専業であり全社売上高。

出典：前田由美子「日医総研ワーキングペーパー　介護サービス企業の2016年度決算」日本医師会総合政策研究機構　2017年　p.13

図3-4　介護サービス兼業企業の介護関連事業売上高比率（2016年度）

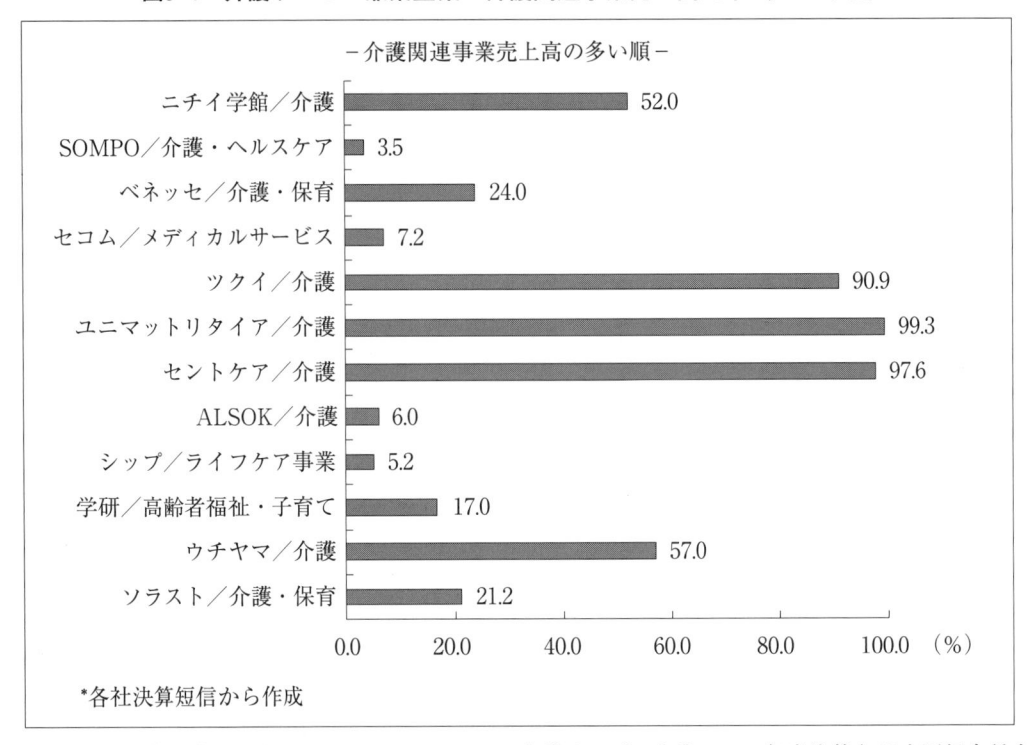

－介護関連事業売上高の多い順－

企業／事業	比率(%)
ニチイ学館／介護	52.0
SOMPO／介護・ヘルスケア	3.5
ベネッセ／介護・保育	24.0
セコム／メディカルサービス	7.2
ツクイ／介護	90.9
ユニマットリタイア／介護	99.3
セントケア／介護	97.6
ALSOK／介護	6.0
シップ／ライフケア事業	5.2
学研／高齢者福祉・子育て	17.0
ウチヤマ／介護	57.0
ソラスト／介護・保育	21.2

*各社決算短信から作成

出典：前田由美子「日医総研ワーキングペーパー　介護サービス企業の2016年度決算」日本医師会総合政策研究機構　2017年　p.14を一部修正

図3-5　ニチイの居住系サービス

価格帯
中
低

介護付有料老人ホーム
ニチイホーム

サービス付き高齢者向け住宅
アイリスガーデン（※1）

介護付有料老人ホーム
ニチイのきらめき（※2）

グループホーム
ニチイのほほえみ

自立　要支援　要介護（軽）　要介護（重）

介護度

（※1）アイリスガーデンはサービス付き高齢者向け住宅です。介護保険の適合施設ではありません。

（※2）ニチイのきらめきには、住宅型有料老人ホームもございます。

出典：ニチイホームページ www.nichiigakkan.co.jp/service/care/institution/matrix.html アクセス日：2018年2月12日

いないが、近年こうした企業による M&A のケースが増加しており、企業グループや医療法人グループなどを中心に寡占化が進む可能性がある。

　3 位のベネッセは『進研ゼミ』や『こどもちゃれんじ』など教育・生活事業を全国に展開するグループで、介護事業では（株）ベネッセスタイルケアが介護付有料老人ホームを中心として、住宅型有料老人ホームやサービス付き高齢者向け住宅、訪問介護、通所介護、保育園運営、学童クラブ運営などを行っている。介護付有料老人ホーム等の居住系サービスは 7 つのシリーズがあり、最も施設数が多いのは「グラニー & グランダ」である（図3-6）。「グラニー & グランダ」のコンセプトは「個性あふれるホームで過ごす彩りある豊かな暮らし」で職員体制は2.5：1 以上、看護職員は日中配置、入居金260万円〜5,785万円（平均1,739万円）月額利用料14.5万円〜58.5万円となっている（2017（平成29）年 6 月現在）。最高グレードの「アリア」のコンセプトは「24時間介護・看護を備えたゆとりある上質な暮らし」で港区・渋谷区・世田谷区・目黒区・杉並区・中野区・文京区で展開されている。職員体制は 2：1 以上、看護職員24時間配置、入居金1,850万円〜10,585万円（平均4,745万円）月額利用料23.6万円〜59.9万円となっている。

　ツクイは売上高 5 位となっているが、介護関連事業の売上高比率は90.9％と高くなっており、介護専業型の企業といえる。従業員はグループ全体で19,700人であり、事業所数も図3-7のとおり増加傾向にある。ツクイの中核となる主力事業は通所介護であり、それ以外にも訪問介護、訪問入浴などの在宅介護事業のほか、有料老人ホーム事業、サービス付き高齢者向け住宅事業、人材開発事業などの事業を行っている。

図3-6　ベネッセスタイルケア　シリーズマップ

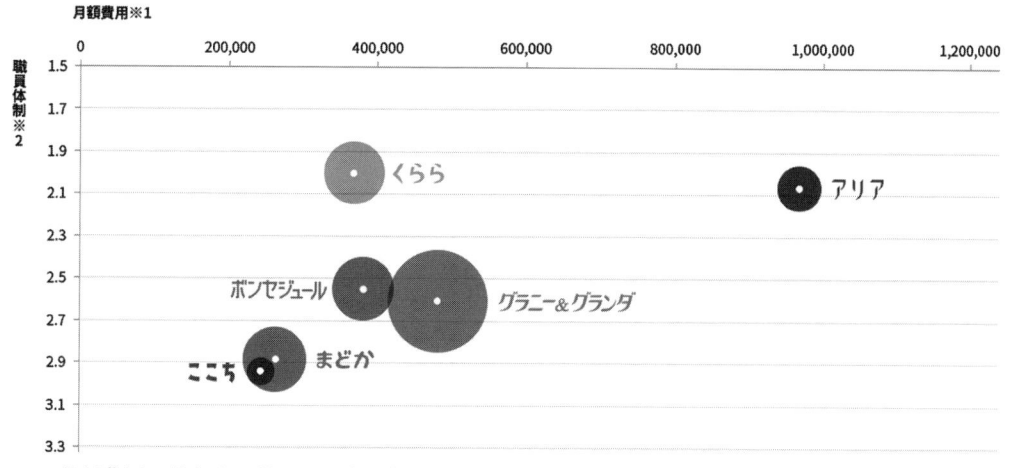

※ 1　月額費用は月額利用料に入居金1/60を加えた金額の平均値です。
※ 2　職員体制は、1 職員（介護職員・看護職員）あたりの要介護者および要支援者の人数を示しています。
出典：ベネッセスタイルケアホームページ https://kaigo.benesse-style-care.co.jp/series_select　アクセス日：2018年 2 月12日

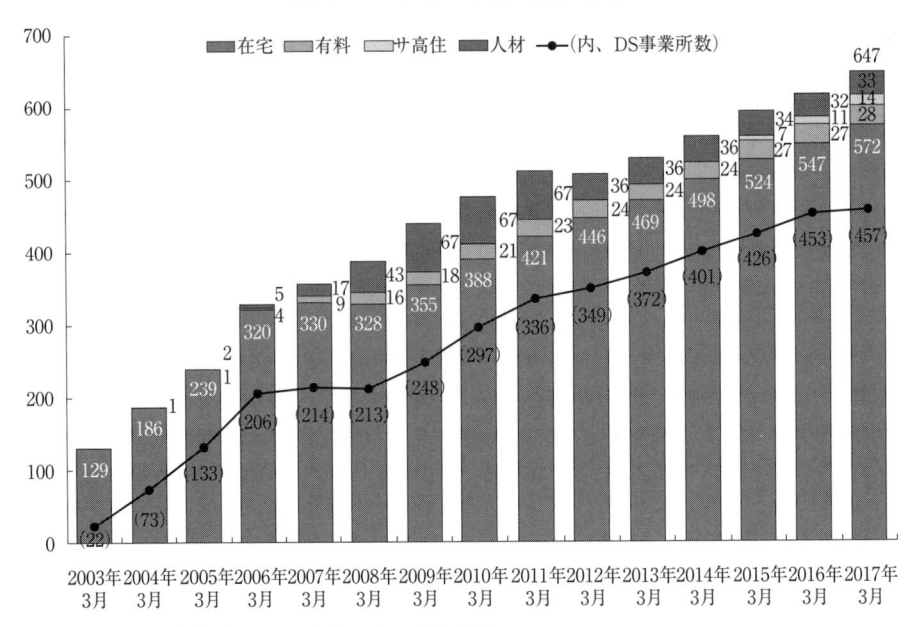

図3-7　ツクイの事業所数の推移

※上記グラフのカッコ内数値は、デイサービス事業所数
出典：株式会社ツクイホームページ https://www.tsukui.net/ir/individual/results.html　アクセス日：
2018年2月15日

⑨　介護事業におけるドミナント戦略

　介護保険制度施行後、特定の地域内に集中して事業所を開設し、シェア拡大を図るドミナント戦略を展開する法人が散見されるようになっている。ドミナント（dominant）とは、「支配的であること」「優勢であること」という意味を持ち、小本はドミナント出店について「店舗を集中させることによって、高い市場シェアの獲得を狙う出店戦略」と定義している[4]。また、「特定地域における自社店舗の集中度」と「集中出店した地域で獲得する市場シェア」の2つの指標を高めることを目的とした、「面」的出店を特徴とする出店戦略で高い値の獲得を狙った出店戦略としている[5]。

　ドミナント戦略については、これまで小売業を中心に研究が行われてきており、ドミナント戦略の有効性や経済効果が確認されている。小本は、チェーンストアにおけるドミナント出店の経済効果について次の5点を指摘している[6]。①コスト削減効果（店舗の集積によって削減されるコストとして、物流コスト、広告コスト、店舗開発コスト、店舗巡回コストなどがある）②販売促進効果（特定地域で多店舗展開すると、企業名が消費者の目に留まることも多く、知名度の向上やブランドイメージの確立につながりやすい。消費者のストア・ロイヤリティの向上に寄与し、最終的には集客力や売上の増加につながる）③独占的利益効果（高いシェアを有していると、独占力の行使によって高い販売価格の設定が可能となり利益の増加を図ることが可能となる）④労務管理効果（店舗集中による地域における知名度の向上やブランドイメージの確立は、従業員のモラールアップや優秀な従

業員を採用することができる）⑤新規参入阻止効果（他の企業に先行してドミナント出店を行い高密度の店舗網を達成すると、当該地域における1店舗当たり期待売上高の低下とコスト面での自社の優位性が相まって、その後ライバル企業が近隣に出店しようとしても採算に乗らないことがありうる）

　上記の経済効果はあくまで小売業におけるドミナント戦略の有効性を示したもので、介護事業においてもドミナント戦略が有効に機能するかどうかは、今後、研究成果を蓄積し検証する必要がある。

⑩　ドミナント戦略の事例—株式会社ツクイ

　デイサービス事業を中心にドミナント戦略を推進し事業拡大を志向している介護系企業の事例を紹介する。

（1）　会社概要

社名：株式会社ツクイ

設立：1969年6月

本社所在地：横浜市港南区上大岡西1丁目6番1号

資本金：33億4,220万円

従業員：19,700人（グループ全体）

事業内容：在宅介護事業（デイサービス、訪問介護サービス、訪問入浴サービス、グループホーム、居宅介護支援、小規模多機能型居宅介護、訪問看護サービス、介護予防サービス、障がい者総合支援サービス、保険外自費サービス　47都道府県で600事業所を展開）、有料老人ホーム事業（「ツクイ・サンシャイン」のブランドで13都道府県27か所の介護付有料老人ホームを展開）、調剤薬局（2015（平成27）年3月に調剤薬局を開業し、医薬品の調剤及び販売を開始）、サービス付き高齢者向け住宅事業（「ツクイ・サンフォレスト」のブランドで5都道府県14か所を展開）、人材開発事業（株式会社ツクイスタッフが介護、医療に特化した有料職業紹介、労働者派遣を31都道府県36支店で展開）その他（インターネット通販事業、リース事業）

（2）　経営理念

　ツクイは、地域に根付いた真心のこもったサービスを提供し、誠意ある行動で責任をもって、お客様と社会に貢献します。

（3）　沿革

　1969（昭和44）年に創業者津久井督六氏が横浜市港南区に津久井土木株式会社を設立した。1978（昭和53）年同区下永谷に新社屋移転、津久井産業株式会社へ社名変更した。土木建設業は高度経済成長の波に乗り、経営は順調であったが、創業者の実母が認知症を患

写真提供：株式会社　ツクイ

い、介護する家族の苦労を初めて知り、津久井産業株式会社の事業の一つとして、福祉事業への参入を決意した。1983（昭和58）年福祉事業部を設立し、訪問入浴サービスを開始した。母のような認知症の方が入れる施設を建てたいと考え、1987（昭和62）年に社会福祉法人ひまわり福祉会を設立、特別養護老人ホーム野庭苑が開設された。介護ニーズが増大する中、1992（平成4）年に訪問介護サービスを開始した。厚生省（当時）がデイサービスの民間委託を認め、金沢市からデイサービスの委託を打診され、1998（平成10）年にデイサービスを開始した。1999（平成11）年に株式会社ツクイに社名を変更し、建設業を廃業し福祉事業に専念することとした。介護保険施行後は、2003（平成15）年にグループホーム、ショートステイ、有料老人ホーム事業を開始した。2004（平成16）年にジャスダック証券取引所に上場、その後、2011（平成23）年東京証券取引所市場第二部上場、2012（平成24）年同第一部指定を果たした。

（4）　業績

　売上高は図3-8に示すとおり増加傾向であり2017（平成29）年3月期の売上高は732億9,500万円である。経常利益は38億7,700万円となっている。ツクイの主力事業は通所介護を中心とする「在宅介護事業」であり、デイサービス、訪問介護、訪問入浴、グループホーム等の売上が全体の75.3％を占めている（2017年3月実績）。在宅介護事業の事業所数は2017年3月現在572事業所となっており、その内デイサービスが457事業所であり、デイサービスの事業所数は国内第1位となっている。

（5）　経営戦略
デイサービスの事業戦略

　デイサービス事業においては、より専門性の高いデイサービスに進化させ、他事業者との差別化を図る。具体的には、❶デイサービスで喀痰吸引や経管栄養等の医療的行為が受けられるようにする、❷中重度の要介護者でも安心して利用できるようにハード・ソフト共に整備し、積極的に受け入れを行う、❸デイサービスを中心としたネットワークでターミナルケアを実施する、❹理学療法士等の専門職による機能訓練の取り組みを強化（PT・

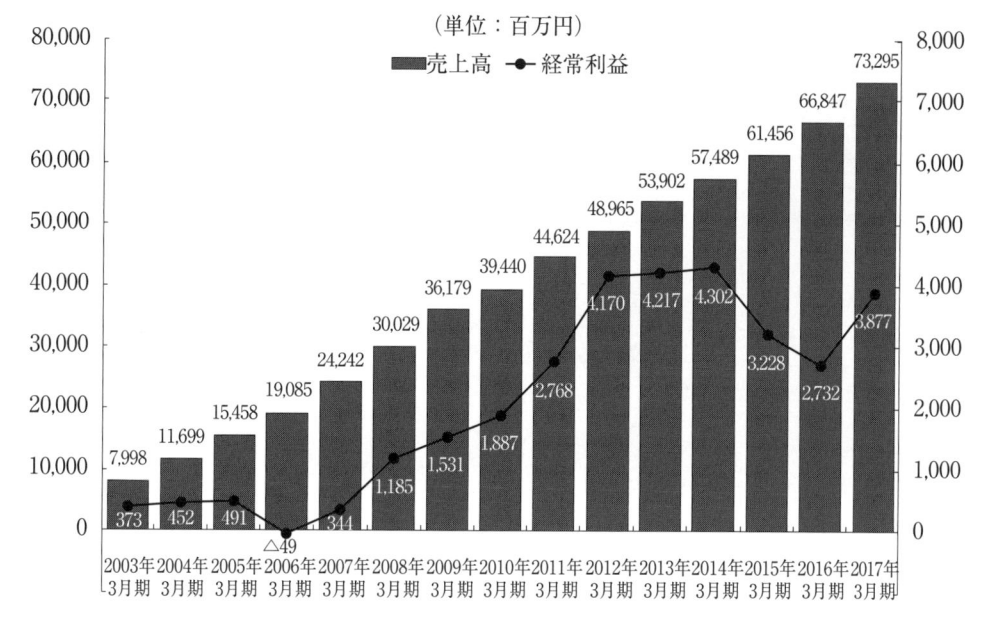

図3-8 売上高・経常利益の推移

（単位：百万円）

出典：株式会社ツクイ　ホームページより作成 https://corp.tsukui.net/outline/business/

OT・ST は2017（平成29）年12月現在440名）❺認知症予防の運動プログラムとして国立長寿医療研究センターが推奨しているコグニサイズの考えをベースにしたコグニバイク等の最先端運動プログラムの導入、❻歯科との連携により口腔機能改善などの取り組みを行い、集客・リピート率向上を図る。

　地域のニーズに応じて、定員区分やサービス区分、時間区分を変えて出店し、収益力を高める。また、サービス体制強化加算や個別機能訓練加算、中重度者ケア体制加算の取得を積極的に行う。こうした取り組みにより、今後市場シェア（金額シェア）を2015（平成27）年の2％から2025年4％へと倍増させ、経常利益率も2015年の5.1％から2025年9.2％へと増加させる計画である。

ドミナント戦略の推進

　今後の戦略としては、需要が見込め、ツクイの強みが発揮できる重点エリア（市区町村）を80か所程度選定し、そのエリアにおいてドミナント戦略を推進する。具体的には1エリアにつき、3か所以上のデイサービス、1か所以上の在宅、1か所以上のサービス付き高齢者住宅、または有料老人ホームを展開し、サービス間での相互送客（お客様のニーズに応じた他サービスの新規利用・併用のご提案）やドミナント形成によって「統合ケア」を実現し、地域での存在感の引き上げや医療介護連携の中心的役割を担う（表3-9）。こうした戦略を遂行することにより集客を加速化させ1エリアにつき平均的売上4.5億円を目指す。重点エリアでは、切れ目のないサービスを提供するため、ツクイの地域包括ケアの仕組み整備を担うエリアサービスコーディネーターを育成・配置する。

表3-9　ドミナント戦略

	出店戦略	売上高成長分に占める比率
重点エリア （約80市区町村） 首部圏：約7割 近畿圏：約1割 中京圏：約1割 地方中核都市：約1割	1エリアにつき ・3か所以上のDS、 ・1か所以上の在宅、 ・1か所以上のサ高住、 　または有料老人ホーム 　で平均的売上4.5億円 ※居住系は地域特性を踏まえて出店する	40％強 （日本の4％のエリアで40％の売上を作る）
上記以外のエリア （約1,800市区町村）	各エリアの需要に応じて、DSを順次出店	60％弱

出典：株式会社ツクイ「第一次中期経営計画」『ツクイビジョン2025』2015年

（6）　人事労務管理、人材育成

　2016（平成28）年度における離職率は、介護業界全体で15.1％であるのに対し、ツクイは12.3％となっている。表3-10に示すように、従業員を幸せにするための取り組みとして、人材育成、処遇改善、機会提供、対外イメージの向上を行う。処遇改善としては、業界トップ水準の処遇の維持や福利厚生制度の拡充、ライフステージに応じた働きやすい環境の提供などの取り組みを行う。機会提供としては、従業員が自分の住んでいるエリアで、様々な事業を経験できるようにし、成長を求める人材に、機会とやりがいを提供する。特定のエリアで一定の事業規模を構築することにより、キャリアパスを設計しやすくなるというメリットもある。

表3-10　従業員の幸せのために実施する取り組み

育成	・従業員を組織的に育成しやすく、孤立させない仕組みの構築 ・従業員の技術向上を目的とした研修メニューの充実化 ・各種資格取得の支援
処遇改善	・業界トップ水準の処遇の維持 ・従業員と家族の幸せに資する福利厚生制度の拡充 ・ライフステージに応じた働きやすい環境の提供
機会提供	・キャリアパスの充実（成長を求める人材に、機会とやりがいを提供。 エリア戦略推進を通じて、従業員が自分の住んでいるエリアで、様々な事業へのローテーションを通じて、幅広い経験を蓄積し、より成長できる機会を提供） ・意欲溢れる人材の新事業への積極的登用の促進
対外イメージ	・若者たち、子供たちへのボランティア活動や職業体験等を通じた、介護という職への憧れの醸成、理解促進 ・CSR活動を通じた、ツクイ及び介護業界のイメージアップ

出典：株式会社ツクイ「第一次中期経営計画」『ツクイビジョン2025』2015年

【引用文献】
1）宣賢奎「介護保険サービス事業の市場性」『共栄大学研究論集』　第7号　2009年　p.79
2）全国訪問看護事業協会『訪問看護事業所の機能集約及び基盤強化促進に関する調査研究事業報告書』2009年　p.160-162
3）厚生労働省老健局振興課「居宅サービス事業所におけるICT機器・ソフトウェア導入に関する手引き」Ver.1.1　p.2
4）小本恵照「チェーンストアにおけるドミナント出店戦略の経済分析」ニッセイ基礎研所報 Vol.3 Autumn 1997年　p.51
5）小本恵照『小売業店舗戦略の経済分析』NTT出版　2000年　p.178
6）前掲5）　p.54-56

第4章 | 医療・福祉事業を取り巻くリスクと管理

❶ リスクとは何か

　リスクという言葉は広範な領域で用いられ、学問領域によってさまざまな定義が存在する。日本リスク研究学会「リスク学事典」では次のように定義している[1]。リスクの定義の違いの眼目は、望ましくない事象の発生頻度が、確率（分布）で与えられるか否かにあり、与えられるものは狭義のリスクであり、その定義の最大公約数は、「生命の安全や健康、資産や環境に、危険や障害など望ましくない事象を発生させる確率、ないし機会損失」と表現できる。一方、確率（分布）で与えられないものは広義のリスクであり、その定義は、上述の定義の後半部分が、「危険や障害など望ましくない事象をもたらす可能性（不確実性：Uncertainty）」というやや曖昧な表現になる。

❷ 医療・福祉事業を取り巻くリスクの種類

　医療機関や介護施設が事業を遂行する上で直面するリスクにはどのようなものがあるであろうか。以下では、❶サービス提供に係るリスク、❷労務関連リスク、❸制度・政策リスク、❹コンプライアンスリスク、❺競合リスク、❻自然災害、人災リスクの6つに分類し（表4-1）、リスクの内容とその具体的管理方法について整理する。

（1）　サービス提供に係るリスク

　医療行為は、患者に対して処置や手術、投薬、注射などを行うため、多かれ少なかれ侵襲性や危険性が伴う。疾病や障害、加齢などによって、さまざま危険をもつ患者に、診断や治療のためにあえて危険を伴う医療行為を行わなければならないという医療の特殊性から、最善を尽くしてもときに予期せぬ不幸な結果、すなわち不可抗力の事故が発生することがある[2]。一方で、医療機関側の間違いや不適切な行為が原因で患者が被害を被ってしまう事故も多く発生している。医療事故は医療従事者のヒューマンエラーだけでなく、医薬品、医療機器、医療機関の安全体制などさまざまな要因が複雑に関係して発生しており、医療機関においては組織的、体系的な医療安全対策に取り組む必要がある。

　介護サービスを利用する高齢者は複数の疾患を抱えている場合も多く、介護サービスの提供過程にも常に転倒や転落等の事故の危険性をはらんでいる。また、インフルエンザやノロウイルス、MRSA、疥癬などに感染するリスクも高い。そのため、介護施設においてはリスクマネジメントシステムを構築し、事故を限りなくゼロに近づけるための取り組み

表4-1　医療・福祉事業を取り巻くリスク

サービス提供に係るリスク（医療事故、介護事故）	投薬、注射、点滴、処置、手術、麻酔、放射線治療、ドレーン、チューブ類、検査（採血、撮影など）、療養上の世話（転倒、転落、誤飲、誤嚥など） 自傷行為、異食行為、施設外への徘徊、利用者間のトラブル、食中毒、感染症、送迎中の交通事故、利用者の私有物の破損、職員の不適切な行動（言葉使い、放置、対応遅れなど）、身体拘束、初期対応の遅れ・失敗など
労務関連リスク	労働災害の発生、マンパワーの不足、メンタルヘルス不全による労働損失、患者や利用者からの暴言、暴力、職場内の人間関係の悪化、職員のモチベーションの低下、コンプライアンス意識の欠如、職員の不祥事、集団離職、パワーハラスメント、セクシャルハラスメントなど
制度・政策リスク	診療報酬・介護報酬の改定、制度改正・制度改変への対応遅れ
コンプライアンスリスク	診療報酬・介護報酬の不正請求、指定基準（人員基準・運営基準・設備基準）の重大な違反、個人情報の漏洩、利用者に対する虐待行為、職員の不正・不法行為、脱税や重大な申告漏れなど
競合リスク	他病院・事業者との競争激化による収益の減少
自然災害、人災リスク	地震、台風、洪水、火災など

出典：三田寺裕治「介護事業経営とリスクマネジメント」『福祉労働とキャリア形成』染谷俶子編著　ミネルヴァ書房　2007年　p.110を修正

を継続して行っていかなければならない。

（2）　労務関連リスク

　医療・福祉サービスは、極めて労働集約性の高い事業であり、提供されるサービスの品質は、サービスを提供する職員の能力水準やモチベーションによって大きく変動する。マンパワーの質がサービスの質に直結するだけに、人材の採用や教育・訓練、モチベーション管理、人事考課、労使関係調整など、人事管理施策を構築・運用し、職員の能力向上や職員満足度、ロイヤリティの向上を図る努力が求められる。

　労務に関連する重要なリスクとしては、労働災害の発生、マンパワーの不足、メンタルヘルス不全や職場内の人間関係悪化による労働損失、職員のモチベーション低下、コンプライアンス意識の欠如、職員の不祥事、集団離職などをあげることができる。

　近年では、職場のいじめや嫌がらせが社会問題化しており、パワーハラスメントやセクシャルハラスメントも重要な労務関連リスクである。厚生労働省のワーキング・グループ報告では、職場のパワーハラスメントを次のように定義している。「同じ職場で働く者に対して、職務上の地位や人間関係などの職場内の優位性を背景に、業務の適正な範囲を超えて、精神的・身体的苦痛を与える又は職場環境を悪化させる行為」[3]をいう。

　また、同報告では職場のパワーハラスメントの行為類型として次の6類型が示されてい

る。❶暴行・傷害（身体的な攻撃）、❷脅迫・名誉毀損・侮辱・ひどい暴言（精神的な攻撃）、❸隔離・仲間外し・無視（人間関係からの切り離し）、❹業務上明らかに不要なことや遂行不可能なことの強制、仕事の妨害（過大な要求）、❺業務上の合理性なく、能力や経験とかけ離れた程度の低い仕事を命じることや仕事を与えないこと（過小な要求）、❻私的なことに過度に立ち入ること（個の侵害）。

　セクシャル・ハラスメントとは、職場において労働者の意に反する性的な言動が行われ、それを労働者が拒否したり抵抗することにより、仕事上の不利益を受けたり、就業環境が悪化することをいう。労働者の意に反する性的な言動に対する労働者の対応（拒否や抵抗）により、その労働者が解雇、降格、減給、労働契約の更新拒否、昇進・昇格の対象からの除外、客観的に見て不利益な配置転換などの不利益を受けることを「対価型セクシュアルハラスメント」という。例えば「事業主が性的な関係を要求したが拒否されたので解雇すること」「職場内での性的な発言に対し抗議した者を配置転換すること」などが該当する。

　労働者の意に反する性的な言動により労働者の就業環境が不快なものとなったため、能力の発揮に重大な悪影響が生じるなど、その労働者が就業する上で看過できない程度の支障が生じることを「環境型セクシュアルハラスメント」という。例としては「性的な話題をしばしば口にすること」「恋愛経験を執ように尋ねること」などがあげられる。

（3）　制度・政策リスク

　医療・福祉事業は、政府によるさまざまな規制や管理・統制が存在する。第1には、政府による需要面でのコントロールがある。例えば、軽度の要介護者に対する入所制限や患者の自己負担割合の引き上げによる利用抑制の発生などが考えられる。

　第2には、政府による供給面でのコントロールがあげられる。介護サービスにおける端的な例としては「総量規制」があげられる。介護事業者の急増による介護保険財政の悪化や施設の地域的な偏在が懸念される中、介護保険事業計画に定めた施設定員が既に達しているなど、必要量を超過する場合には都道府県知事・市町村長が指定を拒否することができる。医療サービスにおいても、病床の地域的偏在の拡大を防止するため、2次医療圏ごとに計画で定めた基準病床数を既存病床数が上回る「病床過剰地域」においては、新規病院の開設や増床が原則として認められない。

　第3には、診療報酬、介護報酬による価格コントロールが指摘できる。一般に物やサービスの「価格」はコスト（費用）、需要、競争の三つの要素で決定され、さまざまな顧客層に対応するために「低価格帯」「高価格帯」といった複数の価格帯が準備される。しかし、医療保険や介護保険は完全な自由市場とは異なり、サービスの単価が公定価格で定められており、自由に価格を設定することができない。医療機関や介護施設は収入の大半を診療報酬や介護報酬に依存しているため、報酬改定は事業収益に大きな影響を与えることとなる。診療報酬は2年に1回、介護報酬は3年に1回改定される。報酬改定では国が政策的に誘導したい部分に手厚い評価がなされ、点数の引上げや加算の新設などにより政策

誘導が行われる。医療機関や介護施設は報酬改定等の動向や関連する法制度（政令、省令、通知・告示等）を常に注視し、将来起こりうる変化を予測しながら経営を行う必要がある。

（4）　コンプライアンスリスク

　コンプライアンスリスクとは、業務遂行プロセスや従業員の行動が、法令、あるいは事前に定められた規則を遵守しないことから生じる損失の可能性のことを指す。医療機関や介護施設におけるコンプライアンスリスクとしては、診療報酬・介護報酬の不正請求、指定基準の重大な違反、個人情報の漏洩、利用者に対する虐待行為、職員の不正・不法行為、脱税や重大な申告漏れなどがあげられる。

　介護保険制度施行後、介護報酬の不正請求や不適切なサービス提供などにより指定取消を受ける悪質な事業者は年々増加している。厚生労働省によると、何らかの不正によって指定取消・効力の停止処分を受けた介護施設・事業所は2016（平成28）年度の１年間で244件となっている（図4-1）。内訳をみると、指定の取り消しが141件、指定の効力停止が103件であり、処分を受けた法人の種類では、営利法人が206件と全体の約８割を占め、サービスの種類では訪問介護が84件と最も多くなっている。指定取消事由としては、「介護給付費の請求に関して不正があった」が最も多くなっている。

　介護報酬の不正請求は、意図的なものと、入力・チェックミス等によるものの二つに分

図4-1　指定取消・効力の停止処分のあった介護保険施設・事業所等内訳【年度別】（平成12年度〜28年度）

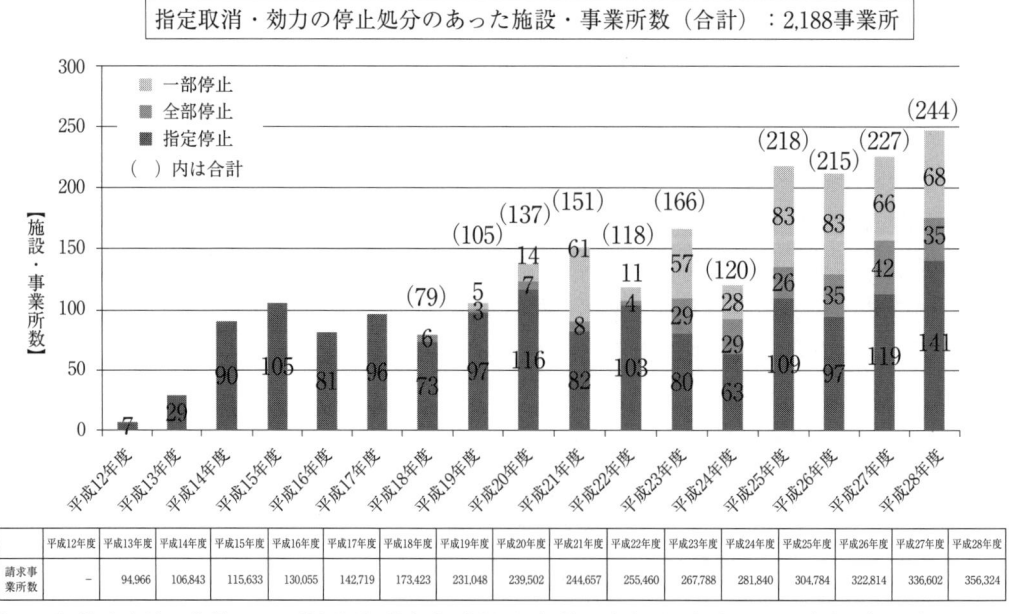

指定取消・効力の停止処分のあった施設・事業所数（合計）：2,188事業所

	平成12年度	平成13年度	平成14年度	平成15年度	平成16年度	平成17年度	平成18年度	平成19年度	平成20年度	平成21年度	平成22年度	平成23年度	平成24年度	平成25年度	平成26年度	平成27年度	平成28年度
請求事業所数	－	94,966	106,843	115,633	130,055	142,719	173,423	231,048	239,502	244,657	255,460	267,788	281,840	304,784	322,814	336,602	356,324

注：1）指定取消の件数には、聴聞通知後廃止（聴聞通知後に廃止届が提出された事業所）を含む。
　　2）効力の停止処分は、平成18年度から施行された。
　　3）請求事業所数は、「介護給付費実態調査報告」の各年５月審査分による。
出典：厚生労働省「介護サービス事業所に対する指導・監査結果の状況及び介護サービス事業者の業務管理体制の整備に関する届出・確認検査の状況」2016年

けることができる。意図的な不正請求は論外であるが、悪意や不正の意図はなくても、単なるデータ入力の誤りや制度をあまり理解していないために誤った請求をしてしまう場合も考えられる。こうしたコンプライアンス違反行為は、事業価値を毀損させるだけでなく、組織の存続そのものを脅かしかねない事態に発展する可能性がある。そのため事業者においては、不正や違法行為等が行われないように、内部統制システムを構築する必要がある。

　個人情報の漏洩も重要なコンプライアンスリスクの一つである。医療・介護関係事業者は、患者・利用者やその家族に関する個人情報を詳細に知りうる立場にあり、個人情報の適正な取扱いが求められる。

　個人情報とは、生存する個人に関する情報であって、特定の個人を識別できるものである。具体的には、❶氏名、生年月日、住所、顔写真などにより特定の個人を識別できるもの、❷個人識別符号が含まれるもの（顔、指紋・掌紋、虹彩、手指の静脈、声紋、DNAなど特定の個人の身体の一部の特徴を電子的に利用するために変換した符号、マイナンバー、旅券番号、免許証番号、基礎年金番号、住民票コード、各種保険証の記号番号など、サービス利用や書類において対象者ごとに割り振られる公的な番号）があげられる。また、個人に関する情報の中でも、人種、信条、病歴など不当な差別・偏見が生じる可能性がある個人情報は、「要配慮個人情報」として、その取扱いについて特別な規定が設けられている。医療・介護関係事業者が取り扱う「要配慮個人情報」としては、診療記録や介護関係記録に記載された病歴、診療や調剤の過程で、患者の身体状況、病状、治療等について、医療従事者が知り得た診療情報や調剤情報、健康診断の結果及び保健指導の内容、障害（身体障害、知的障害、精神障害等）の事実、犯罪により害を被った事実などがある。

　改正前の個人情報保護法では、取り扱う個人情報が5,000件以下の中小企業・小規模事業者は、個人情報取扱事業者としての義務等は課せられないこととなっていたが、2017（平成29）年5月30日に「改正個人情報保護法」が施行され、取り扱う個人データの数にかかわらず、個人情報データベース等を事業のために反復継続して利用する全ての個人情報取扱事業者が個人情報保護法の対象となった。

　最近では、パソコン内部の個人情報などをユーザーに気づかれることなく、インターネット経由で情報を外部へ送信する「スパイウェア」が猛威を振るっている。また、ファイル交換ソフト「Winny（ウィニー）」による個人情報の大規模流出も相次いでいる。情報漏えいを防ぐためには、職員の情報モラル教育が重要となるが、それだけでは情報漏えいを防ぐことはできない。事業者においては、アクセス制御システムやセキュリティ・ポリシーを整備し、情報セキュリティの強化及び個人情報の保護に努めることが重要となる。

（5）　競合リスク

　介護サービス市場の規模の拡大に伴って、介護サービスを提供する指定事業者の数も、介護保険施行後、急速に増加している。特に、新規参入コストの低い在宅サービスを中心として、民間事業者による指定事業所の増加が顕著であり、一部の地域では、供給過剰のため、事業所を開設しても、入居者や利用者を確保できない事業者も散見されるように

なっている。

　こうした厳しい事業環境の中で、安定的に利用者を確保し、利益を獲得していくためには、事業者自らが提供しているサービス内容や水準、提供方法などを自己点検するとともに、第三者評価機関による評価を積極的に受け、サービスの品質向上に努めることが重要である。

　また、深刻な競合環境の下では、こうしたサービス品質の管理に加え、事業者の認知度を高めるためのプロモーション戦略や商圏分析など、さまざまなマーケティング要素を戦略的に組み合わせたマーケティング活動が必要であるといえよう。

（6）　自然災害・人災リスク

火災リスク

　火災リスクは、他のリスクと比して発生頻度の低いリスクであるが、病院や介護施設の入所者は、緊急時に自力で非難することができない者が多く、職員が手薄となる夜間に火災が発生した場合、多大な被害が生じる可能性が高い。火災の発生を防止するためには、火災感知器、防火シャッター、スプリンクラーの設置、カーテン・内装等の不燃化といったハード（設備）面の整備を行うとともに、消化避難訓練等のソフト（管理）面の対策にも力を入れることが重要である。以下では、診療所、高齢者福祉施設で発生した火災の事例を紹介する。

診療所における火災

　2013（平成25）年10月11日（金）福岡県福岡市の有床診療所おいて、死者10名、負傷者5名の被害を伴う火災が発生した。この火災の概要は表4-2のとおりである。

　この火災においては、死傷者の多くが自力での避難が困難な状態にあったと考えられ、避難のために患者の介助が必要な有床診療所・病院においては、人力のみに頼ることなく、自動的に初期消火、119番通報、延焼防止等を行える体制を整える必要があることが指摘され、病院・診療所等に係る消防関係法令が改正された（平成28年4月1日施行）。この改正では、病院・有床診療所等におけるスプリンクラー設備の設置を行わなければならない施設の範囲を拡大するとともに、消火器具、屋内消火栓設備、火災通報装置の設置及び維持に関する技術上の基準等の整備が行われた。

高齢者福祉施設における火災

　2006（平成18）年1月、長崎県大村市の認知症高齢者グループホームで火災が発生し、入居者9人のうち7人が死亡した。この火災を受けて2009（平成21）年4月には火災発生時に自力で避難することが困難な者が入所する社会福祉施設等について、自動火災報知設備、火災通報装置、消火器などの消防用設備の設置が義務付けられ、またスプリンクラー設備の設置を行わなければならない施設の範囲が延べ面積1000m²以上から275m²以上へと拡大された。

　また、2013（平成25）年2月8日長崎県長崎市の認知症高齢者グループホームにおいて、死者5名、負傷者7名の被害を伴う火災が発生した。この火災の概要は表4-3のとおりで

表4-2　福岡県福岡市の有床診療所火災の概要

発生日時	出火時刻　平成25年10月11日（金） 覚知時刻（警察からの入電）　２時22分 鎮火時刻　４時56分
建物概要・焼損状況	所在地　福岡県福岡市 構造・階数　鉄骨造及び鉄筋コンクリート造・地下１階地上４階建て 用途　診療所（令別表１（６）項イ） 建築面積　219.43㎡ 延べ面積　681.71㎡ 各階の用途 地下１階（42.77㎡）休憩室、倉庫 １階（219.43㎡）処置室、リハビリ室、病室 ２階（197.42㎡）病室、厨房 ３階（152.40㎡）名誉院長自宅 ４階（69.69㎡）看護師寮 焼損状況　全焼（焼損床面積282㎡）
死傷者	死者　10人（男性３人　女性７人） 重症　４人（男性２人　女性２人） 中等症１人（女性１人） 合計15人（男性５人、女性10人）
火災の状況	①出火当時の状況　出火当時の在館者は17名（入院患者12名、当直の看護師１名、寮に居住していた看護師２名、自宅に居住していた名誉院長夫妻）。自動火災報知設備のベルの鳴動を受け、当直の看護師等が火災の確認を行い、１階処置室内に火災を発見。当直の看護師は、避難口確保のため施錠された１階玄関ドアの鍵を地下１階の休憩室に取りに行き解錠、火災が拡大したため、通りかかったタクシー運転手に通報を依頼し、依頼されたタクシー運転手が110番通報。初期消火、早期の消防機関への通報・避難誘導は行われていない。 ②出火場所　１階処置室北東付近 ③出火原因　１階処置室内の北東角付近にある電気機器の電源プラグ周辺から、接触部過熱又はショートにより火災が発生した可能性が考えられる。 ④延焼拡大及び煙の伝播状況　１階処置室から出火した火災は、北側階段室、その他上階へ通じる空間を経由して火炎や煙が上階へ伝播するとともに延焼拡大した。北側階段室には防火戸が設置されていたが３階の１箇所を除き閉鎖されなかった。 ⑤消防用設備等の状況　自動火災報知設備については鳴動。その他の消防用設備等については使用されていない。 ⑥避難の状況　17名の在館者のうち10名（入院患者８名、名誉院長夫妻）が死亡し、５名が負傷（入院患者３名、寮に居住していた看護師２名）した。入院患者には、高齢、介護認定を受けたものが多く、自力避難が困難であったと考えられる。死者10名はすべて高齢者で内７名が要介護認定を受けている。高齢者以外の者は負傷に留まっている。

出典：有床診療所・病院火災対策検討部会『有床診療所・病院火災対策報告書』2014年　p.3-5をもとに一部修正

ある。

表4-3　長崎県長崎市の認知症高齢者グループホーム火災の概要

発生日時	出火時刻　平成25年2月8日（金）時刻については調査中 消防機関の覚知時刻　19時43分 鎮圧時刻　21時09分 鎮火時刻　21時49分
建物概要・焼損状況	所在地　長崎県長崎市 構造・階数　鉄骨造一部木造・地上4階建て 用途　複合用途（グループホーム、事務所、共同住宅（消防法施行令別表第1（16）項イ）） 建築面積　164.55㎡ 延べ面積　581.85㎡ （うちグループホーム部分の面積は259.64㎡） 各階の用途　1階・2階：グループホーム 3階・4階：事務所・共同住宅 焼損状況　部分焼（焼損床面積51.5㎡）
死傷者	死者5人（女性5人） 重症1人（男性1人） 中等症4人（女性4人） 軽症2人（男性1人、女性1人） 合計12人（男性2人、女性10人）
出火、火炎の延焼及び煙の伝播状況	2階10号室の加湿器（火災の発生のおそれがあるとしてリコールの対象となっていたもの）から出火したものと推定。火炎の延焼及び煙の伝播状況のルートとしては、以下のように推測される。 （ア）火炎の延焼 2階10号室北側中央付近から出火した炎は、洋たんすに延焼し、その後天井、内壁へと燃え広がった。居室内を延焼後は、開放されていた居室出入口や隣室との開口部を介して他室へ延焼した。 （イ）煙の伝播状況 出火室内で発生した煙は、開放されていた居室出入口や開口部から流れ、防火区画が不完全な階段室、埋戻しが不完全なパイプスペースを介し建物全体へ拡大した。

出所：認知症高齢者グループホーム等火災対策検討部会『認知症高齢者グループホーム等火災対策報告書』2013年　p.2-3をもとに一部修正

地震リスク

　地震も重大な自然災害リスクの一つである。2011（平成23）年3月11日に発生した東日本大震災では、津波や建物の倒壊等で多くの方が犠牲となった。介護施設においても、電気、水道、ガス等のライフラインが遮断され、また、紙おむつや食材の調達が困難となるなど、厳しい状況下でのケアが何日も続いた。

　こうした地震に対する防災対策としては、食料や水、紙おむつなどの生活用品、応急医薬品等の必需品の備蓄が重要となる。また、施設の倒壊や津波・火災などに備えて、避難所と避難経路を確認することが必要となる。さらに、日頃から防災の観点からの施設整備の点検や防災訓練、研修会等の実施により職員の防災知識の向上を図ることも重要である。

　以上のように、医療・福祉の事業活動に付随するリスクは広範囲に渡りため、職種や部門ごとにばらばらにリスク対策を講じるのではなく、横断的にリスクを監視・評価する統合的なリスクマネジメントシステムを構築し、事業の継続性を脅かす多種多様なリスクについて的確に対応していくことが求められる。

【引用文献】
1）木下冨雄「不確実性・不安そしてリスク」日本リスク研究学会編『リスク学辞典』阪急コミュニケーションズ　2000年　p.13
2）川村治子『医療安全』医学書院　2014年　p.8
3）厚生労働省「職場のいじめ・嫌がらせ問題に関する円卓会議ワーキング・グループ報告」2012年　p.5

第5章 │ セーフティマネジメント

❶ 重大医療事故の発生と医療安全に関する主な取り組み

　1999（平成11）年1月に心臓と肺の手術をする予定であった2人の男性患者を取り違えて手術し、手術が終わるまで間違いに気がつかなかったという患者取り違え手術事故が発生した。同年2月には、看護師が消毒液とヘパリン加生理食塩水を取り違えて静脈内に投与し、患者が死亡するという事故が発生した。こうした重大事故を契機に、国民の医療に対する不信感が高まり、医療機関においては医療安全管理体制の整備が強く求められるようになった。

　2001（平成13）年4月に厚生労働省医政局内に医療安全推進室が設置された。また、同年5月には医療安全対策検討会議が発足し、今後の医療安全対策の目指すべき方向性と緊急に取り組むべき課題について検討が行われ、2002（平成14）年4月には日本の医療安全対策の基本となる「医療安全推進総合対策」が策定された。医療安全推進総合対策では、医療安全の確保は、関係者が一丸となって努力していかなければならないが、このための環境を整備することは国の責務であるとの考え方が示された。また、今後の医療安全対策の方針として、医療安全対策は医療政策の最重要課題であり、医療の安全と信頼を高めるため、行政をはじめ、全ての関係者が積極的に取り組むことが必要であり、また、医療安全対策を医療従事者個人の問題ではなく、医療システム全体の問題として捉え、体系的に実施することが重要であるとの考え方が示された[1]。

　そして、2002（平成14）年8月に医療法施行規則が一部改正され、すべての病院および有床診療所の管理者に対し、医療の安全管理体制の確保を義務付けた。具体的には、❶医療に係る安全管理のための指針の整備、❷医療に係る安全管理のための委員会の開催、❸医療に係る安全管理のための職員研修の実施、❹医療機関内における事故報告等の医療に係る安全の確保を目的とした改善のための方策を講ずることが定められた。また、特定機能病院に対しては2003（平成15）年4月から上記の4項目に加え、❶専任の安全管理者の配置、❷安全に関する管理を行う部門の設置、❸医療機関内に患者からの相談に適切に応じる体制の確保について義務付けた[2]。さらに、患者や家族からの相談や苦情に対応するため、各都道府県に患者相談窓口として医療安全支援センターが設置された。

　2005（平成17）年6月には医療安全対策検討会議から厚生労働省に「今後の医療安全対策について」（ワーキンググループ報告書）が提出された。この報告書では、さらに医療安全対策の推進を図るためには、これまでの「医療安全推進総合対策」の考え方に加え、医療の安全と両輪をなすべき「医療の質の向上」という観点を一層重視し、施策を充実し

ていくことが求められるとしている。また、医療の質の向上を実現していくためには、これまでの医療機関、医療従事者による取組だけでなく、患者、国民の主体的参加を促進することが重要であるとしている。そして、❶医療の質と安全性の向上、❷医療事故等事例の原因究明・分析に基づく再発防止対策の徹底、❸患者、国民との情報共有と患者、国民の主体的参加の促進の3つの柱を重点項目として掲げ、その実現に向けて早急に対応するべき課題と施策を示した[3]。

また、医療安全対策を推進するため、組織的な医療安全対策を実施している保険医療機関に対して、医療安全対策加算、感染防止対策加算、病棟薬剤業務実施加算など診療報酬上の評価が行われることとなった。

2004（平成16）年10月には医療事故等の有害事象を恒常的に収集し分析する医療事故情報収集等事業がスタートした。本事業は、医療機関から報告された医療事故情報やヒヤリ・ハット事例を収集、分析し提供することにより、広く医療機関が医療安全対策に有用な情報を共有するとともに、国民に対して情報を公開することを通じて、医療安全対策の一層の推進を図ることを目的としている[4]。

2006（平成18年）年には医療法及び薬事法が改正され、無床診療所、助産所を含むすべての医療機関及び薬局に対し、医療安全対策が義務づけられた。

2014（平成26）年6月には医療法が改正され「医療事故調査制度」が制度化された（2015（平成27）年10月施行）。医療事故調査制度は医療事故が発生した医療機関において院内調査を行い、その調査報告を民間の第三者機関（医療事故調査・支援センター）が収集・分析することで再発防止につなげるための医療事故調査の仕組みである（図5-1）。

図5-1　医療事故調査の流れ

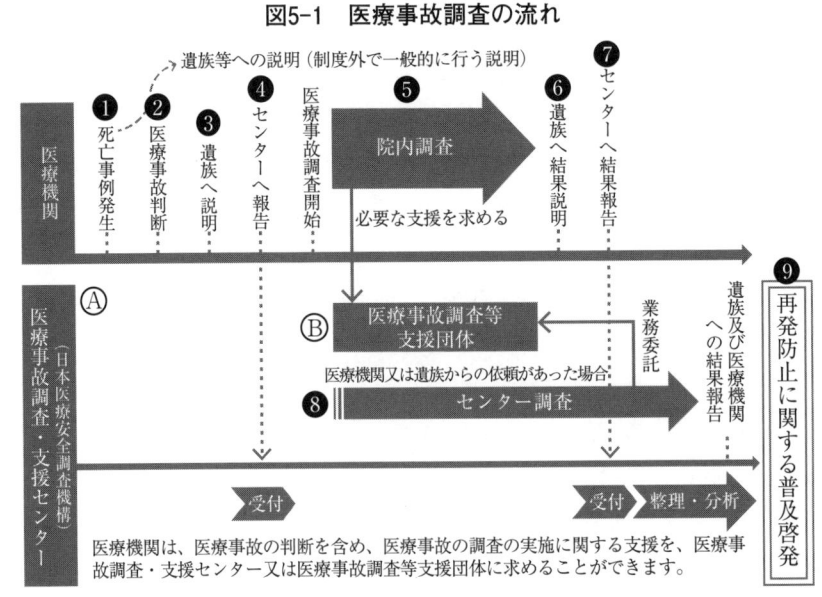

出典：日本医療安全調査機構ホームページ　http://www.medsafe.or.jp　アクセス日：2018年8月11日

表5-1　主な医療安全関連の経緯

年月		関連事項
平成11年	1 月	横浜市立大学事件 ・肺手術と心臓手術の患者を取り違えて手術。この事件を契機に医療安全についての社会的関心が高まる。(その後、医師 4 名と看護師 2 名が業務上過失傷害容疑で起訴された。)
	2 月	都立広尾病院事件 ・看護師が消毒液とヘパリン加生理食塩水を取り違えて静脈内に投与し、患者が死亡。この事件等を契機に医療事故の警察への届出が増加。(その後、医師が医師法21条違反容疑で起訴される等した。)
平成12年	9 月	特定機能病院や医療関係団体への大臣メッセージ
平成13年	3 月	「患者安全推進年」とし、「患者の安全を守るための医療関係者の共同行動(Patient Safety Action。PSA と略す。)」を推進。
	4 月	医療安全推進室設置
	5 月	医療安全対策検討会議の発足
	6 月	ヒューマンエラー部会及び医薬品・医療用具等対策部会の設置
	10月	医療安全対策ネットワーク整備事業(ヒヤリ・ハット事例収集等事業)開始
平成14年	4 月	「医療安全推進総合対策」策定(医療安全対策検討会議)
	7 月	ヒヤリ・ハット事例検討作業部会設置(至平成16年 3 月)
		医療に係る事故事例情報の取扱いに関する検討部会設置
平成15年	4 月	特定機能病院及び臨床研修病院における安全管理体制の強化 (医療法施行規則改正　平成15年 4 月 1 日施行)
		「医療安全支援センター」の設置開始
	7 月	医療に係る事故事例情報の取扱いに関する検討部会の下に「医療に係る事故報告範囲検討委員会」設置
	9 月	東京慈恵医大付属青戸病院事件 ・泌尿器科手術により患者が死亡。(その後、医師 3 名が業務上過失致死容疑で逮捕、起訴された。)
	12月	厚生労働大臣医療事故対策緊急アピール
平成16年	4 月	都立広尾病院に関する最高裁判所判決 ・自己の診療していた患者であっても、異状死であれば医師法21条の届出義務を負う。 ・上記は、憲法38条 1 項(自己に不利益な供述の強要禁止)に違反するものではない。
		事例検討作業部会の設置(ヒヤリ・ハット事例検討作業部会の改組)
		ヒヤリ・ハット事例収集の全国展開等
	9 月	日本医学会加盟の基本領域19学会の共同声明

		・「診療行為に関連して患者死亡が発生したすべての場合について、中立的専門機関に届出を行う制度を可及的速やかに確立すべき。」
	10月	医療事故事例等の収集を開始
平成17年	4月	ヒューマンエラー部会の改組（事例検討作業部会との再編）
		ヒヤリ・ハット事例の収集方法等の改善・定点化等
	6月	医療安全対策検討会議から厚生労働省に「今後の医療安全対策について」（ワーキンググループ報告書）を提出
	9月	「診療行為に関連した死亡の調査分析モデル事業」 ・日本内科学会を中心として、モデル事業が開始される。 （平成22年4月より日本医療安全調査機構へ事業移管）
		「周産期医療施設オープン病院化モデル事業」開始（平成19年度まで実施）
平成18年	1月	「集中治療室（ICU）における安全管理指針検討作業部会」設置（至平成19年1月）
	2月	福島県立大野病院事件 ・帝王切開中の出血により妊婦が死亡（平成16年12月）した事例において、産科医が業務上過失致死・医師法第21条違反容疑で逮捕。（その後、起訴され、平成20年9月の地裁判決が確定。）
	6月	第164回通常国会において「良質な医療を提供する体制の確立を図るための医療法等の一部を改正する法律案」が成立 ・医療法において医療安全の確保にかかる医療機関の管理者の義務を規定することにより医療安全の確保という施策の方向性を明示。 ・都道府県等が設置する医療安全支援センターについて医療法に位置づける参議院厚生労働委員会附帯決議・衆議院厚生労働委員会決議 ・第三者機関による医療事故の調査等について検討を求める。
	8月	「新医師確保総合対策」の策定
	9月	「医療安全管理者の質の向上に関する検討作業部会」設置（至平成19年3月）
平成19年	2月	「産科医療補償制度運営組織準備委員会」発足 （公益財団法人日本医療機能評価機構）
	3月	試案「診療行為に関連した死亡に係る死因究明等のあり方に関する課題と検討の方向性」厚労省より公表。（意見募集を実施）
		「集中治療室（ICU）における安全管理指針検討作業部会」より報告書提出
		「医療安全管理者の質の向上に関する検討作業部会」において、「医療安全管理者の業務指針および養成のための研修プログラム作成指針」をとりまとめ。
	4月	医療機関における安全管理体制の確保 （医療法施行規則改正　平成19年4月1日施行）
		厚労省「診療行為に関連した死亡に係る死因究明等の在り方に関する検討会」を設置
	5月	「緊急医師確保対策について」（政府・与党決定）

		・「産科医補償制度の早期実現や、診療行為に係る死因究明制度（医療事故調査会）の構築等、医療リスクに対する支援体制を整備する。」
	6月	「経済財政改革の基本方針2007」（閣議決定） ・上記対策が盛り込まれる。
	8月	厚労省検討会「これまでの議論の整理」とりまとめ
	10月	「診療行為に関連した死亡の死因究明等の在り方に関する試案　－第二次試案－」 ・これまでの様々な議論を踏まえ、改めて厚労省としての考え方をとりまとめたもの。（意見募集を実施）
平成20年	3月	「周産期医療施設オープン病院化モデル事業の3年間の取組」をとりまとめ。
	4月	「医療の安全の確保に向けた医療事故による死亡の原因究明・再発防止等の在り方に関する試案－第三次試案－」 ・第二次試案以降の様々な議論を踏まえ、厚労省としての考え方を取りまとめたもの。（意見募集を実施） ・平成20年5月16日までに寄せられたご意見 ・平成20年5月17日から平成20年6月13日までに寄せられたご意見
	6月	「医療安全調査委員会設置法案（仮称）大綱案」 ・第三次試案及び第三次試案に対して寄せられた意見を踏まえ、厚労省としてとりまとめ。（意見募集を実施）
	10月	「第三次試案及び大綱案に寄せられた主な御意見と現時点における厚生労働省の考え」をとりまとめ。
平成21年	1月	「産科医療補償制度」運用開始
	5月	「内服薬処方せんの記載方法の在り方に関する検討会」設置
平成22年	1月	「内服薬処方せんの記載方法の在り方に関する検討会」より報告書提出
	3月	「医療裁判外紛争解決（ADR）機関連絡調整会議」設置
	6月	「死因究明に資する死亡時画像診断の活用に関する検討会」設置
平成23年	7月	「死因究明に資する死亡時画像診断の活用に関する検討会」より報告書提出
	8月	「医療の質の向上に資する無過失補償制度等のあり方に関する検討会」設置
平成24年	2月	「医療事故に係る調査の仕組み等のあり方に関する検討部会」設置
平成25年	5月	「医療事故に係る調査の仕組み等のあり方に関する検討部会」とりまとめ
平成26年	6月	第186回通常国会において「医療事故調査制度」の創設を含む医療法の改正を盛り込んだ「地域における医療及び介護の総合的な確保を推進するための関係法律の整備等に関する法律」成立
平成27年	1月	「産科医療補償制度」の見直し
	4月	「大学附属病院等の医療安全確保に関するタスクフォース」設置
	5月	医療事故調査制度にかかる医療法施行規則の一部改正（平成27年10月1日施行）

	10月	「医療事故調査制度」施行
平成28年	2月	「大学附属病院等の医療安全確保に関するタスクフォース等を踏まえた特定機能病院の承認要件の見直しについて」報告書とりまとめ
	6月	特定機能病院の承認要件の見直し
		「医療事故調査制度」の見直し

出典：厚生労働省ホームページ「主な医療安全関連の経緯」 https://www.mhlw.go.jp/stf/seisakunitsuite/bunya/kenkou_iryou/iryou/i-anzen/keii/index.html　アクセス日：2018年8月21日

❷ 医療事故情報収集等事業による医療事故報告の現況

　日本医療機能評価機構は、医療事故防止と医療安全の推進を目的として医療機関で発生した事故やヒヤリ・ハット事例を収集・分析する「医療事故情報収集等事業」を実施している。報告義務対象医療機関は、国立高度研究開発法人及び国立ハンセン病療養所、独立行政法人国立病院機構の開設する病院、学校教育法に基づく大学の附属施設である病院（病院分院を除く）、特定機能病院であり、参加登録申請医療機関は、報告義務対象医療機関以外の医療事故情報収集・分析・提供事業に参加を希望する医療機関である。

　報告の対象となる医療事故情報は、❶誤った医療または管理を行ったことが明らかであり、その行った医療または管理に起因して、患者が死亡、もしくは患者に心身の障害が残った事例または予期しなかった、もしくは予期していたものを上回る処置その他の治療を要した事例。❷誤った医療または管理を行ったことは明らかでないが、行った医療または管理に起因して、患者が死亡し、もしくは患者に心身の障害が残った事例または予期しなかった、もしくは予期していたものを上回る処置その他の治療を要した事例（行った医療または管理に起因すると疑われるものを含み、当該事例の発生を予期しなかったものに限る）。❸　❶及び❷に掲げるもののほか、医療機関内における事故の発生の予防及び再発の防止に資する事例としている。

　「医療事故情報収集等事業　平成28年年報」から医療事故の状況を見ると、2016（平成28）年1月1日から同年12月31日までに参加登録医療機関（報告義務対象医療機関及び参加登録申請医療機関）において報告された医療事故は合計で3,882件であり、事故の程度別に見ると、「障害残存の可能性がある（低い）」が1,101件（28.4％）と最も多く、「障害残存の可能性なし」が1,008件（26.0％）と続いている。「死亡」は338件で事故事例の8.7％となっている（表5-2）。

　医療事故の内容で最も多いのは「療養上の世話」で1,430件（36.8％）、次いで「治療・処置」1,168件（30.1％）、「薬剤」が270件（7.0％）、「ドレーン・チューブ」266件（6.9％）となっている（表5-3）。

　当事者の職種（複数回答）は、看護師が2,409件、医師2,280件となっている。また、事故の発生要因（複数回答）を見てみると、「確認を怠った」が1,167件（11.3％）と最も多く、次いで「患者側の要因」が1,164件（11.2％）、「観察を怠った」1,090件（10.5％）、「判

断を誤った」995件（9.6％）と続いている。確認や観察の怠り、判断の誤り、連携ができていなかった、患者への説明が不十分であったなど、「当事者側の行動に起因する事例」は、事故全体の43.2％を占めている（表5-4）。

表5-2　事故の程度

事故の程度	件数	％
死亡	338	8.7
障害残存の可能性がある（高い）	398	10.3
障害残存の可能性がある（低い）	1,101	28.4
障害残存の可能性なし	1,008	26.0
障害なし	882	22.7
不明	155	4.0
合　　　計	3,882	100.0

※事故の発生及び事故の過失の有無と事故の程度とは必ずしも因果関係が認められるものではない。
※「不明」には、報告期日（2週間以内）までに患者の転帰が確定していない事例が含まれる。
※割合については、小数点第2位を四捨五入したものであり、合計が100.0にならないことがある。
出典：日本医療機能評価機構医療事故防止事業部『医療事故情報収集等事業平成28年年報』2016年　p.69

表5-3　事故の概要

事故の概要	件数	％
薬剤	270	7.0
輸血	9	0.2
治療・処置	1,168	30.1
医療機器等	105	2.7
ドレーン・チューブ	266	6.9
検査	155	4.0
療養上の世話	1,430	36.8
その他	479	12.3
合　　　計	3,882	100.0

※割合については、小数点第2位を四捨五入したものであり、合計が100.0にならないことがある。
出典：日本医療機能評価機構医療事故防止事業部『医療事故情報収集等事業平成28年年報』2016年　p.69

表5-4　発生要因

発生要因		報告数	%
当事者の行動に関わる要因			
	確認を怠った	1,167	11.3
	観察を怠った	1,090	10.5
	報告が遅れた（怠った）	105	1.0
	記録などに不備があった	87	0.8
	連携ができていなかった	542	5.2
	患者への説明が不十分であった（怠った）	496	4.8
	判断を誤った	995	9.6
ヒューマンファクター			
	知識が不足していた	610	5.9
	技術・手技が未熟だった	667	6.4
	勤務状況が繁忙だった	402	3.9
	通常とは異なる身体的条件下にあった	53	0.5
	通常とは異なる心理的条件下にあった	93	0.9
	その他	310	3.0
環境・設備機器			
	コンピュータシステム	54	0.5
	医薬品	104	1.0
	医療機器	172	1.7
	施設・設備	153	1.5
	諸物品	86	0.8
	患者側	1,164	11.2
	その他	164	1.6
その他			
	教育・訓練	730	7.0
	仕組み	174	1.7
	ルールの不備	265	2.6
	その他	678	6.5
合　　計		10,361	100.0

※発生要因は複数回答が可能である。
※割合については、小数点第2位を四捨五入したものであり、合計が100.0にならないことがある。
出典：日本医療機能評価機構医療事故防止事業部『医療事故情報収集等事業平成28年年報』2016年　p.71

❸ 福祉サービスにおける事故と主な取り組み

　福祉サービスの提供過程にも転倒や転落、誤飲、誤嚥等の事故の危険性が孕んでいる。福祉サービスの利用が措置から契約に基づく制度へと移行するなか、福祉サービスにおける事故やトラブルが訴訟にまで発展するケースが増加している。

　2002（平成14）年3月には、厚生労働省社会・援護局福祉基盤課内に福祉サービスにおける危機管理に関する検討会が設置され、「福祉サービスにおける危機管理（リスクマネジメント）に関する取り組み指針」が取りまとめられた。この指針では、福祉サービスにおける危機管理の基本的な視点や経営者の役割や責任、危機管理を進める体制整備、事故を未然に防ぐ諸方策に関する指針、事故が起こってしまったときの対応指針などが示されている。2006（平成18）年4月には改正介護保険法が施行され、施設サービス共通の指定基準改正事項として、❶事故発生防止のための指針の整備、❷事故等の報告、分析を通じた改善策の周知徹底のための体制整備、❸事故防止委員会及び従事者への研修を実施することが新たに設けられ、事故発生防止等に関するリスクマネジメントの意識付けとその具体的な対応が制度上に位置付けられた[5]。

❹　介護保険施設における介護事故の発生状況

（1）　レベル別事故発生件数および事故の種類

　筆者が行った調査[6]から介護事故の発生状況についてみると、収集した事例のうち、発生件数が最も多いのはレベル1の「施設内の職員による対応のみ」で1,852件となっており、全体の92.6%を占めている。次いで、レベル2「傷害等により、医療機関を受診した事例」は137件（6.8%）、レベル3の「傷害等により、入院した事例」は12件（0.6%）となっている。

　発生件数の多い事故の種類についてみると、最も多いのは「転倒」で644件となっており、次いで「ずり落ち」が298件、「転落」が282件と続いている。「原因のはっきりしない利用者の受傷」が149件、「誤薬・配薬ミス、服薬忘れ」も123件と多くなっている（図5-2）。

　次に、「職員による対応後、受診したケース」に限定してみると、最も多いのは、「転倒」で61件、次いで「転落」28件、「ずり落ち」11件となっている。「医療機関に入院したケース」の事故の種類をみると、最も多いのは、「転倒」で8件、次いで「原因のはっきりしない利用者の受傷」2件、「転落」「のどのつまり、窒息」がそれぞれ1件となっている。

（2）　介護事故の発生場面

　発生頻度の高い上位4種類の事故の発生場面についてみると、「転倒」事故の発生場面で最も割合が多いのは、「自力歩行・移動中（徘徊含む）」で36.1%となっている（表5-5）。次いで「ベッドと車椅子間の移乗中」12.1%、「椅子・車椅子等からの立ち上がり時」10.5%、「ベッドからの離床時」9.6%件と続いている。次に「ずり落ち」の発生場面をみると、最も割合が多いのは「ベッドと車椅子間の移乗中」で16.1%、次いで「車椅子座位中」が14.7%、「ベッドからの離床時」14.0%、「臥床中」12.4%となっている。

　「転落」事故の発生場面についてみると、最も割合が多いのは、「ベッドからの離床時」

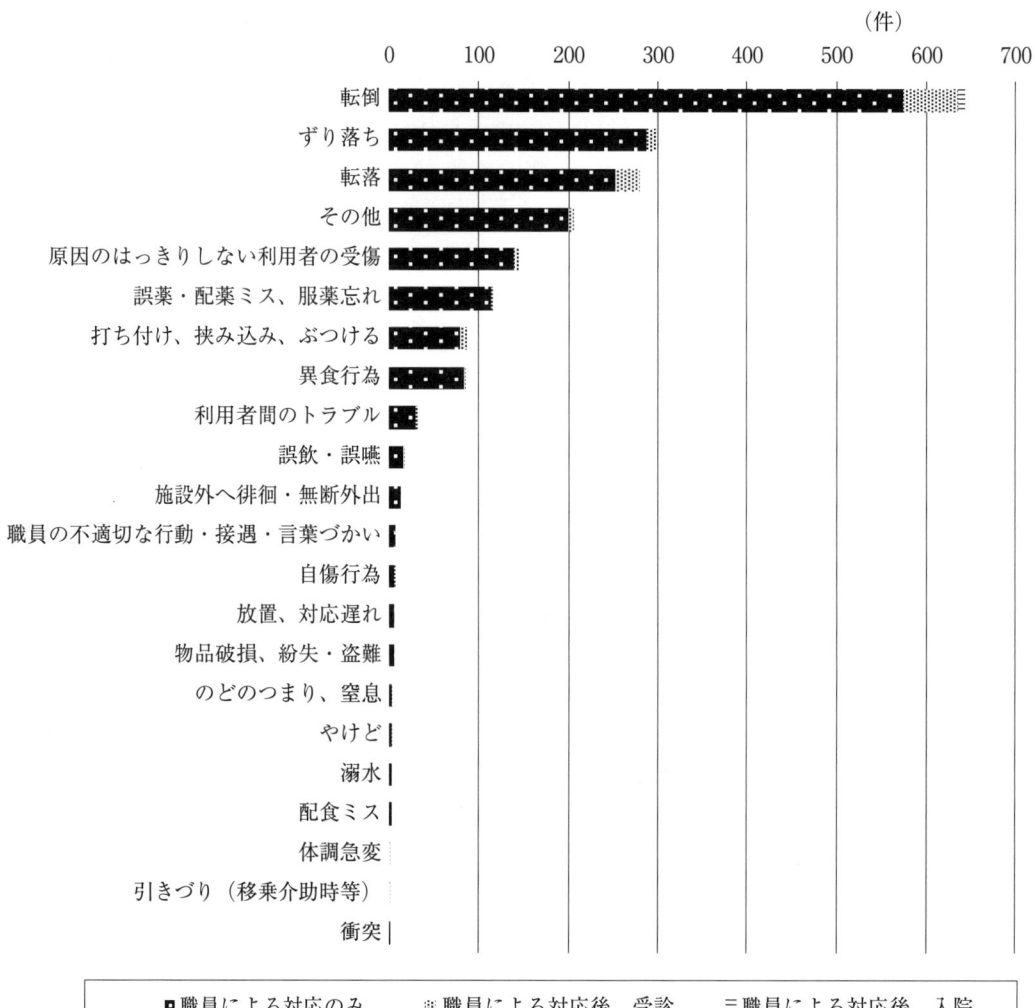

図5-2　レベル別事故発生件数および事故内容

凡例：
■ 職員による対応のみ　　※ 職員による対応後、受診　　≡ 職員による対応後、入院

で28.6％であり、続いて「臥床中」20.8％、「その他」10.2％、「車椅子座位中」9.9％、「ベッドと車椅子間の移乗中」8.5％となっている。

　「原因のはっきりしない利用者の受傷」の発生場面についてみると、最も割合が多いのは、「不明」であり58.7％と高くなっている。次いで「臥床中」10.0％、「衣類着脱中」6.0％、「排泄中」4.0％、「入浴・洗身中」3.3％となっている。

（3）　傷害の種類

　発生頻度の高い上位４種類の事故の傷害の種類についてみると、「転倒」事故で最も多いのは「打撲」で103件、次いで「その他」40件、「裂傷・皮膚剥離」「内出血・あざ」が29件となっている（表5-6）。「ずり落ち」事故で最も多いのは、「打撲」で24件、次いで「その他」８件、「擦り傷」６件となっている。「転落」事故で最も多いのは「打撲」で34件、次いで「内出血・あざ」「その他」が16件、「裂傷・皮膚剥離」「擦り傷」が14件と

なっている。「原因のはっきりしない利用者の受傷」では、「内出血・あざ」が90件と約6割を占めており、次いで「裂傷・皮膚剥離」が37件となっている。

表5-5　介護事故の発生場面（上位 5 位）

	1 位	2 位	3 位	4 位	5 位
転倒（N＝644）	自力歩行・移動中（徘徊含む）36.1%	ベッドと車椅子間の移乗中12.1%	椅子・車椅子等からの立ち上がり時10.5%	ベッドからの離床時9.6%	車椅子と便座間の移乗中4.0%
ずり落ち（N－298）	ベッドと車椅子間の移乗中16.1%	車椅子座位中14.7%	ベッドからの離床時14.0%	臥床中12.4%	車椅子での移動中9.0%
転落（N＝282）	ベッドからの離床時28.6%	臥床中20.8%	その他10.2%	車椅子座位中9.9%	ベッドと車椅子間の移乗中8.5%
原因のはっきりしない利用者の受傷（N＝149）	不明58.7%	臥床中10.0%	衣類着脱中6.0%	排泄中4.0%	入浴・洗身中3.3%

表5-6　傷害の種類

	捻挫	骨折	擦り傷	内出血・あざ	裂傷・皮膚剥離	打撲	意識レベル低下	その他	計
転倒	1(0.4)	15(6.2)	23(9.5)	29(12.0)	29(12.0)	103(42.7)	1(0.4)	40(16.6)	241(100.0)
ずり落ち	0(0.0)	2(4.3)	6(13.0)	2(4.3)	4(8.7)	24(52.2)	0(0.0)	8(17.4)	46(100.0)
転落	0(0.0)	5(5.1)	14(14.1)	16(16.2)	14(14.1)	34(34.3)	0(0.0)	16(16.2)	99(100.0)
原因のはっきりしない利用者の受傷	0(0.0)	5(3.4)	7(4.7)	90(60.4)	37(24.8)	4(2.7)	0(0.0)	6(4.0)	149(100.0)

（4）　事故発生時における介助行為の有無

　事故発生時における介助行為の有無についてみると、図5-3が示すように、介助行為や見守りを行っていない状況下で事故が多く発生していることがわかる。事故の種類別にみると、「施設外へ徘徊・無断外出」が93.3%、「異食行為」86%、「転落」85.5%、「ずり落ち」84.9%、「転倒」83.3%、「利用者間のトラブル」では79.4%が介助行為や見守りを行っていない状況下で事故が発生している。

（5）　介護事故と要介護者の基本属性の関連

　「転倒」は要介護度が低く、日常生活の自立度が高い利用者で多く発生している。「原因のはっきりしない利用者の受傷」は「性別」では女性の方が多く（p<0.001）、「年齢」では80歳以上において高くなっている（p<0.001）。「要介護度」では「要介護5」が22.6%と高値を示した（p<0.001）。「障害高齢者の日常生活自立度」では「Cランク」が25.5%と最も高くなっており（p<0.001）、「認知症高齢者の日常生活自立度」では、「Ⅳ・Mランク」が15.5%と最も高くなっている（p<0.001）。

図5-3　事故発生時における介助行為の有無

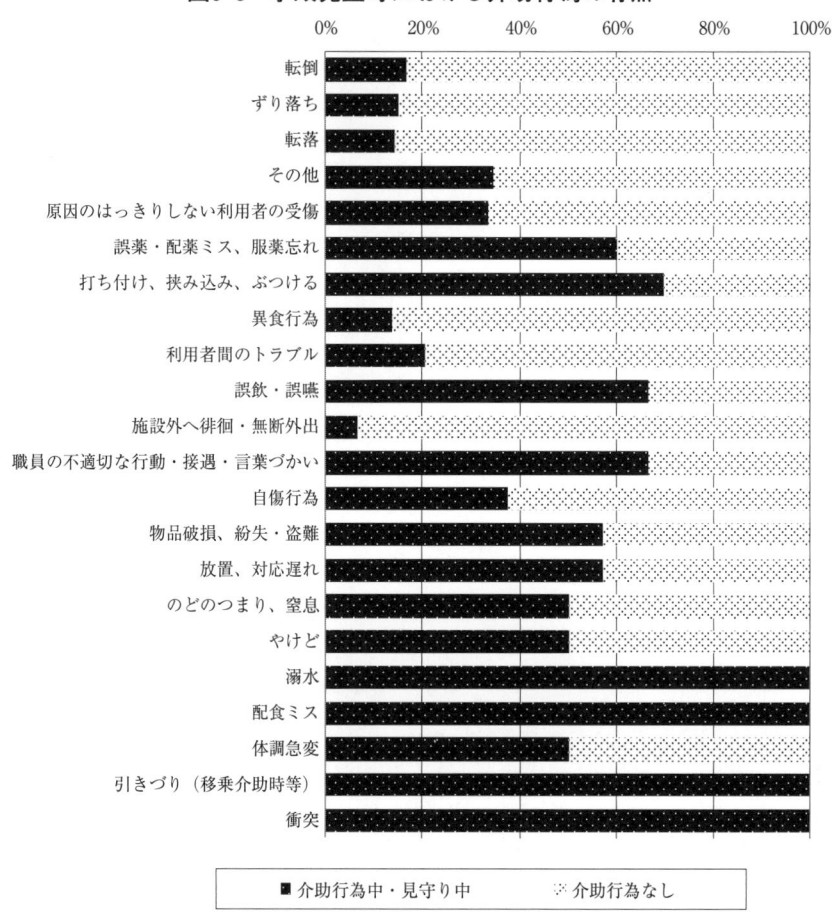

⑤　判例紹介

　医療事故のうち、医療従事者や医療機関の過失により発生したものを医療過誤という。過失とは注意義務に違反することをいい、具体的には、❶注意をすれば結果を予見しえたのに予見しなかったこと（結果予見義務違反）及び、❷結果を回避しえたのに回避する方策をとらなかったこと（結果回避義務違反）である。過失及び結果との因果関係が立証された場合は、民事責任（債務不履行責任、不法行為責任）や刑事責任（業務上過失致死傷罪など）、行政上の責任（業務停止や免許の取消しなど）が問われる可能性がある。過失の有無は医療行為等が行われた時点での医療水準に照らし判断される。以下では、高齢患者の誤嚥による窒息死亡事故について判例を紹介する。

高齢患者の誤嚥による窒息死亡事故
（判例時報1988号 p.56-57より引用）

（損害賠償請求事件、福岡地裁平一八
(ワ)五六六号、平19・6・26民三部判
決、一部認容、一部棄却（確定）)

> 　一　訴外A（大正12年生）は、平成15年12月2日から、Y_1の経営するB病院に入院していたところ、平成16年1月12日、おにぎりを誤嚥して窒息するという本件事故に遭い、意識が回復しないまま、同年10月10日、B病院において、呼吸不全により死亡した。
>
> 　そこで、Aの二男であるXは、Aの看護を担当していた看護師であるY_2が、Aの食事中に食物の誤嚥がないかを見守るべき注意義務を怠ったなどと主張し、Y_2に対しては不法行為に基づき、Y_1に対しては使用者責任又は債務不履行責任に基づき、総額4,050万9,500円の損害賠償を請求した。
>
> 　これに対し、Yらは、Aは当時、主食のおにぎりを食べても特に問題がないほど嚥下状態は改善していたし、看護師Y_2は、夕食を与えた後、摂食の様子を十分に確認した上で、しかも約五分おきにAの状態を確認していたのであるから、Y_2には過失はないなどと主張した。
>
> 　二　本判決は、担当看護師であるY_2としては、Aが誤嚥して窒息する危険を回避するため、介助して食事を食べさせる場合はもちろん、Aが自分で摂食する場合でも、一口ごとに食物を咀しゃくして飲み込んだか否かを確認するなどして、Aが誤嚥することがないように注意深く見守るとともに、誤嚥した場合には即時に対応すべき注意義務があり、仮に他の患者の世話などのためにAの許を離れる場合でも、頻回に見回って摂食状況を見守るべき注意義務があったというべきであるとした上、しかるにY_2は、これを怠り、Aの摂食・嚥下の状況を見守らずに、約30分間も病室を離れていたため、Aがおにぎりを誤嚥して窒息したことに気づくのが遅れたのであるから、Y_2にはこの点に過失があると判断し、Y_2の不法行為責任とY_1の使用者責任を肯認した。
>
> 　その上、本判決は、A本人の慰謝料1,600万円、Xの固有の慰謝料100万円、Aの逸失利益731万9,113円、入院雑費40万9,500円、葬儀費用150万円、弁護士費用260万円などを認め、Yらに対して、連帯して2,882万8,613円の支払を求める限度で、本訴請求を認容したものである。

❻　リスクマネジメントシステム構築の手順

　一般的に、リスクマネジメントは❶リスクの発見・把握、❷リスクの評価・分析、❸リスクの処理、❹結果の検証、再評価の4つの段階にわけて実施することが多い（図5-4）。以下ではインターリスク総研編『実践リスクマネジメント』[7]を参考にしながら、リスクマネジメントのプロセスについて詳しく説明していく。

（1）　リスクの発見・把握

インシデント事例の収集

　まず、サービス提供上のリスクを洗い出すことから始める。「ハインリッヒの法則」は、米国のハインリッヒ氏が労働災害の事例分析により導出した法則であるが、一つの重大事故の背景には、重大事故に至らない29の事故があり、さらにその背後には事故にならないニアミスが300あるとされている（図5-5）。

図5-4　リスクマネジメントの基本的プロセス

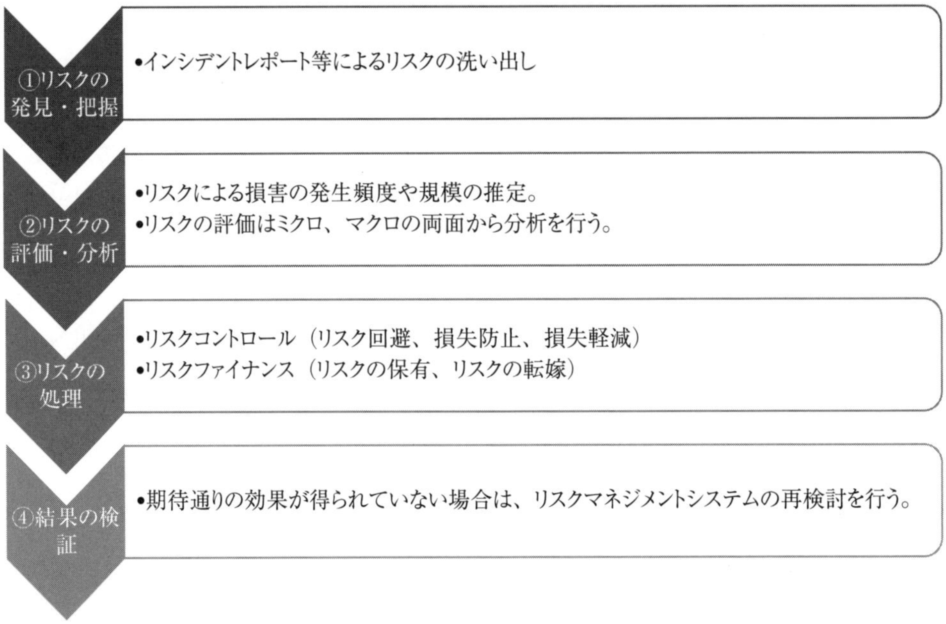

①リスクの発見・把握	●インシデントレポート等によるリスクの洗い出し
②リスクの評価・分析	●リスクによる損害の発生頻度や規模の推定。 ●リスクの評価はミクロ、マクロの両面から分析を行う。
③リスクの処理	●リスクコントロール（リスク回避、損失防止、損失軽減） ●リスクファイナンス（リスクの保有、リスクの転嫁）
④結果の検証	●期待通りの効果が得られていない場合は、リスクマネジメントシステムの再検討を行う。

出典：インターリスク総研編『実践リスクマネジメント　事例に学ぶ企業リスクのすべて』経済法令研究会　2002年　p.7を参考に筆者作成

　介護サービスにおいても、介護事故を防止するためには、入院が必要な事故や死亡事故などの重大事故を把握するだけでなく、事故につながりそうになった軽微なインシデント事例についても積極的に収集することが重要となる。リスクの把握方法としては、「フォーカスト・オカレンス・レポーティングシステム」や「オカレンス・スクリーニング・システム」などがあるが、一般的にはインシデントレポートを用いてデータを収集する「インシデント・レポーティング・システム」を採用しているところが多い。

　インシデントレポートのフォーマットは介護施設・事業所によって異なっており、チェック式を中心としたものや、記述式を中心としたもの、両方併用したものなどなどさまざまなフォーマットが存在する。インシデント・レポーティング・システムによるリスクの洗い出しは重要な作業であるといえるが、インシデントレポートは、職員の自発的な報告を待つものであるため、過少報告となる可能性が十分に考えられる。

過少報告となる理由

　過少報告となる理由として、第1には、報告した結果が現場職員にフィードバックされず、インシデント報告のモチベーションが低下してしまうケースである。忙しい業務の中、インシデントレポートを提出しても、インシデントの分析結果や介護事故防止に関する有益な情報が現場職員にフィードバックされない場合、報告制度自体が形骸化し、過少報告となる可能性が高い。インシデント事例の報告率を高めるためには、自施設の介護事故の傾向や職員の工夫により事故を未然に防止できた事例などを、速やかに現場職員にフィードバックする必要がある。

図5-5　ハインリッヒの法則

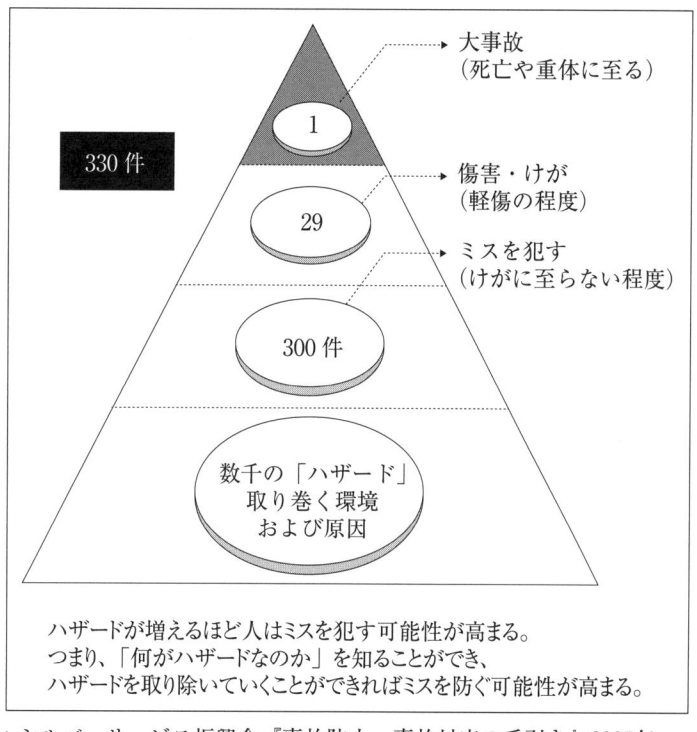

出典：シルバーサービス振興会『事故防止・事故対応の手引き』2005年　p.56

　第2に報告基準や報告ルートが明確でないため、過少報告となるケースである。インシデントデータの収集率を高めるためには、どのような事象をインシデントとして報告するのかを明示するとともに、報告ルートや報告期限なども職員に対して周知することが重要である。

　第3に責任追及を恐れて、報告しないケースが考えられる。報告者に対して過度な責任追及を行うと、事故の原因究明に支障をきたす恐れがあり、繰り返し同様の事故が発生する可能性がある。過少報告を回避するためには、事実を記入するサービス提供者が個人的不利益を被ることのないように、報告しやすい組織風土を整備していくことが非常に重要である。具体的には、「報告を奨励し、インシデント報告したこと自体を評価するようにする」「インシデントや事故の体験について、上下関係や職種に関係なく、率直に話し合える雰囲気をつくる」「事故防止に役立つアイディアを積極的に取り入れる雰囲気をつくる」ことなどがあげられる。

　第4は、業務が多忙のため、インシデント報告が負担となり、過少報告となるケースである。紙ベースで報告する場合、A4　1枚（両面）が限界であり、要介護者や介助者等の細かな情報まで記入することは不可能である。また、手書きの場合、記入する時間もかなりの時間を要する。短時間で質の高いインシデント報告を行うためには、PCや携帯端末など、IT技術を積極的に活用することが重要であると思われる。

図5-6 データ入力画面（報告者情報）

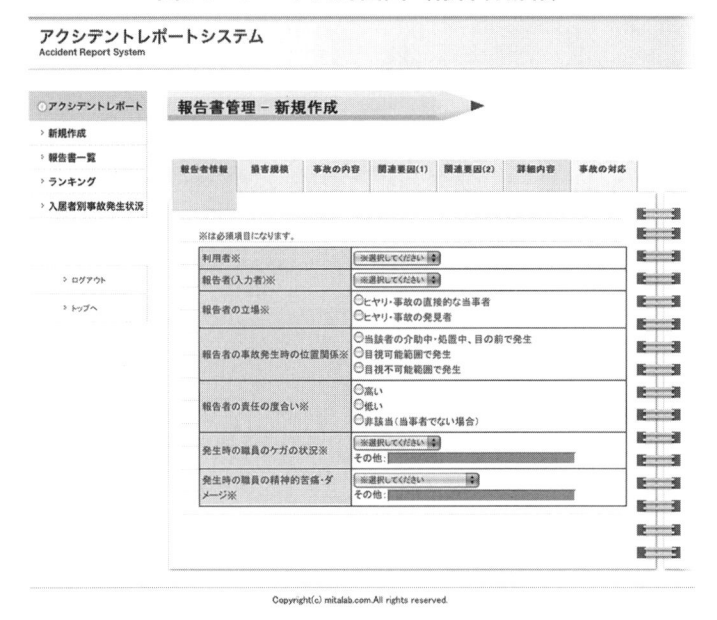

ITを活用したインシデントデータ収集

　図5-6は筆者が開発したアクシデントレポートシステムである。施設内の複数のPC端末からインシデントデータが入力できるように、Webブラウザ型のレポートシステムを開発した。

　多忙な業務の中、短時間でデータ入力が完了できるように、インシデントの入力画面はチェックボックスやプルダウンを多用し、ユーザーフレンドリーな設計にした。インシデントデータの入力画面では、複数のタブが上部に表示され、タブをクリックすると、それぞれに関連する項目が表示される。「報告者情報」では「利用者名」「報告者（入力者）」「報告者の立場」「報告者の事故発生時の位置関係」「報告者の責任の度合い」「発生時の職員のケガの状況」「発生時の職員の精神的苦痛・ダメージ」について入力する。「利用者名」は短時間で選択できるように、プルダウンメニューで「行（50音順）」別に表示するようにした。

　「損害規模」のタブでは、「発生・発見区分」「事故発生・発見日」「損害規模」「ヒヤリ・事故発生後の対応」「治療を行った医療機関」「担当医氏名」「診断名」「治療内容」について入力する。「損害規模」については、「レベル1～5」「ヒヤリ・ハット1、2」「その他」の8ランクに区分した。また、損害規模において、「ヒヤリ・ハット1」または「その他」を選択した場合は、その後の入力項目が簡略化され、短時間で入力が終了するように設計した。

　「事故の内容」のタブでは、「事故内容」「発生場面（不明な場合は想定される発生場面を記載）」「発生場所（発生場所がわかる場合)」「発見場所（発生場所が不明な場合)」「損害種別」「傷害部位」を入力する。関連要因については、事故の要因分析で頻繁に用いら

れる「4M-4E マトリックス」を参考に項目を作成した。「関連要因1」のタブでは、「職員の要因」及び「設備・機器の要因」についてチェックボックスに入力する。「関連要因2」のタブでは、「物的・人的な環境要因」「管理の要因についてチェックボックスに入力する。「詳細内容」のタブでは、コード化情報で補えないヒヤリ・ハットまたは事故の詳細内容や事故が発生した要因についてテキスト入力する。「事故の対応」のタブでは、再発防止に向けての今後の対応についてテキスト入力する。

インシデントデータ入力画面は、上述したインシデントデータの入力以外にも「報告書一覧」「ランキング」「入居者別事故発生状況」のメニューがある。「報告書一覧」では、過去に報告されたインシデントレポートが表示され、利用者名、報告者、承認ステータス、登録日が表示される。また、印刷ボタンを押すと、インシデントレポートをA4 1枚（裏表）で印刷ができるようになっている。

「ランキング」機能では、インシデント、アクシデントの発生頻度が高い順にランキングで表示され、自施設で発生している事故が他の施設と比べてどの程度多いのか、比較することができる。こうしたベンチマーク機能の付加は、施設間で安全水準を比較できるだけでなく、インシデントデータの収集率を高く維持する効果をもつ。

「入居者別事故発生状況」のメニューでは、入居者別にインシデント、アクシデントの回数や事故発生確率がリアルタイムに表示され、頻繁にインシデントやアクシデントが発生している利用者は赤で表示されるようにした。

リスクマネジャー用の管理画面は、「職員管理」「利用者管理」「報告書承認」「集計機能」「CSV ダウンロード」のメニューから構成される（図5-7）。「報告書承認」は、報告事例の精度・質を担保するためのリスクマネジャーによる決裁機能である。リスクマネジャーは報告されたインシデントレポートを確認し、報告内容や改善策の内容に不備や問題がある場合は、「非承認」とし、入力者は再度、加筆・修正する設計となっている。「集計」機能では、事故の発生状況（事故内容や損害規模、発生場所、発生時間など）が自動的に集計されて表示される。また「CSV ダウンロード」メニューを設置し、入力したインシデントデータをCSV データとしてダウンロードできるようにした。

（2）　リスクの評価・分析

リスクの評価・分析とは、リスクの洗い出しによって発見・確認されたリスクについて、そのリスクによる損害の発生頻度や規模を推定することである。一般的な手法では、図5-8のように、損害の発生頻度および発生強度を2段階に格付けして、リスクの影響度を評価する。また、すべてのリスクに対して対応することは現実的でないため、リスクが現実化する発生頻度、その場合の損害の規模の2つの観点から相対的な評価を実施し、事業者として対応すべき優先順位を明確にする。

また、インシデントレポートや事故報告書によって収集されたインシデント・アクシデントデータをミクロ・マクロ両面から分析し、リスクが顕在化したり規模が拡大する直接の原因とその誘因・素因を解明する作業を行う。

図5-7　リスクマネジャー用管理画面

図5-7　リスクマネジャー用管理画面

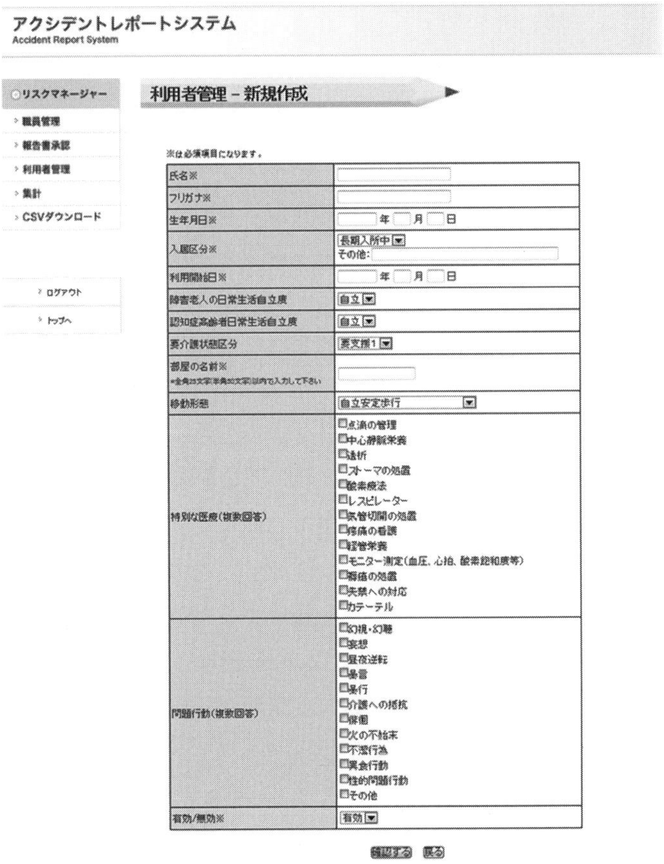

図5-8　リスクの評価例

	損害の発生頻度	
	高	低
損害の程度　大	A	B
損害の程度　小	C	D

A 評価のリスク：
　リスクコントロールを徹底的に実施し、B または C 評価へ転換する。

B 評価のリスク：
　リスク強度の軽減をはかり D 評価への転換をはかるとともに、保険を中心としたリスク処理を実施する。

C 評価のリスク：
　リスク頻度の軽減をはかり D 評価への転換をはかるとともに、リスクの保有を基本的な処理手法としつつ、必要に応じ保険との組み合わせを検討する。

D 評価のリスク：
　基本的にはリスクを保有する。

出典：インターリスク総研編『実践リスクマネジメント』経済法令研究会　2010年　p.9

　マクロ的分析（定量分析）では、発生頻度の高い事故の内容や発生場面、傷害の状況、発生場所、発生時間、関連要因（要介護者の要因、介助者の要因、環境要因等）などを多角的に分析し、自施設における事故の傾向や事故発生要因を把握するものである。紙ベースでインシデントデータを収集した場合、一旦、エクセルや統計解析ソフトにデータを入力して、データ分析を行う必要があるが、市販されているソフトウェアを利用し、最初からPC上でインシデント情報を入力すれば、ソフトウェアには集計プログラムが装備されているため、比較的簡単に、事故の傾向を分析し、レポート化することができる。近年では、ASP型の使いやすいシステムも販売されており、比較的コストをかけずに、インシデント情報を収集・分析することができるようになっている。

　他方、ミクロ的分析では、定性的な分析を通して実際に発生した事故の背景や発生要因について多面的に検討するものである。一つの事例ごとに、丹念に検討することで、事故が発生した根本的原因がはっきりし、どの部分のエラーやミスを修正すれば、効果的に事故を防止できるかが明らかとなる。ミクロ的分析では、「SHEL モデル」（図5-9）、「4M-4E 方式」、「ルートコーズ分析（根本原因分析法）」、「イベントツリー分析」、「故障モード影響解析（FMEA）」などの情報分析ツールを用いることが多い。

　頻繁に用いられる「4M-4E 方式」について簡単に説明すると、「4M-4E 方式」は、アメリカの国家航空宇宙局をはじめとしてさまざまな産業分野で用いられているものであり、4つの M ❶ Man（人間）、❷ Machine（物・機械）、❸ Media（環境）、❹ Management（管理）で事故の要因分析を行い、4つの E ❶ Education（教育・訓練）、❷ Engineering（技術・工学）、❸ Enforcement（強化・徹底）、❹ Examples（模範）から対応策を考えるものである（表5-7）。こうした定性的な分析を繰り返し丹念に行うことにより、事故を

図5-9　SHEL モデル

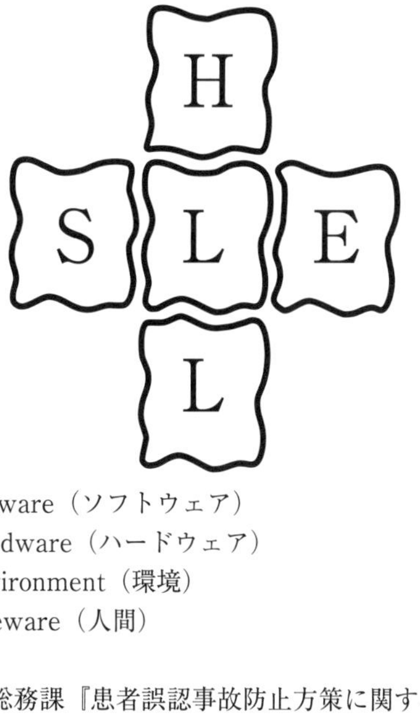

S = Software（ソフトウェア）
H = Hardware（ハードウェア）
E = Environment（環境）
L = Liveware（人間）

出典：厚生省健康政策局総務課『患者誤認事故防止方策に関する検討会報告書』1999年

表5-7 4M-4E マトリックス表による分析例

（手術室交換ホールにおいて患者を誤認したことについての分析例）

		MAN（人間） 身体的状況、心理的・精神的状況、技量、知識など	MACHINE（物、機械） 強度、機能、配置、品質など	MEDIA（環境） 気象、地形、施設、設備、マニュアル、チェックリスト、労働条件、勤務時間など	MANAGEMENT（管理） 組織、管理規定、作業計画、教育・訓練方法など
	具体的要因（4M）	○患者受け渡し時に患者の確認が不十分であった。	○患者を引き渡すハッチウェイとカルテの窓口が別々であった。	（1）患者を識別できるものがなかった。 （2）患者の名前を呼びかけたところ他人の名前であるのにもかかわらず患者がうなずいた。	○看護師が同時に2人の患者を移送した。
対応策	EDUCATION（教育・訓練）<例> 知識、実技、意識、管理など	○患者受け渡し時の手順を定め、職員への研修を行う。		（2）患者によっては、他人の名前に応答することもあり得ることを研修等により、職員に周知する。	○患者の移送は1人ずつ行うこととし、職員に周知する。
	ENGINEERING（技術・工学）<例> 機器の改善、表示・警報、使用材料変更、自動化、表示・警報、多重化、品質改善など		○カルテの受け渡しは、カルテの窓口を使用せず、ハッチウェイを介して患者と同時行う。		
	ENFORCEMENT（強化・徹底）<例> 規定化、手順の設定、注意喚起、キャンペーンなど	○患者受け渡し時の手順をマニュアルに盛り込む。	○交換ホールでの患者及びカルテの受け渡しの手順をマニュアルに盛り込む。	（1）各患者にバンドを装着する。 （1）足の裏にマジックで名前を書く。 （2）患者の名前を呼びかけるのではなく、患者に名前を応答してもらう。 （2）病棟スタッフと手術室スタッフが、患者の名前を復唱するようにする。	○患者の移送は1人ずつ行うことをマニュアルに盛り込む。
	EXAMPLE（模範・事例）<例> 模範を示す、事例紹介など	○改訂したマニュアルを配布し周知・徹底する。	○改訂したマニュアルを配布し周知・徹底する。	（1）（2）改訂したマニュアルを配布し周知・徹底する。	○改訂したマニュアルを配布し周知・徹底する。

出典：厚生省健康政策局総務課　監修「患者誤認事故防止方策に関する検討会報告書」1999年を一部修正

予知する力、つまり、職員のリスクセンスが磨かれることとなる。

（3）リスクの処理

　リスク処理の手段は、大きく「リスクコントロール」と「リスクファイナンス」に分類される。

リスクコントロール

　リスクコントロールとは、損失の発生を事前に防止し、また、仮に損失が発生したとしてもその拡大を抑えて、損失の規模を最小限にするための重要なリスクマネジメント手法として位置づけられる。リスクコントロールは、以下のような手法に分類することができる。

　a）リスクの回避

　リスクの原因となる活動を見合わせ、リスクの発生そのものを回避する手法であるが、介護事業の場合、介護サービス提供過程上の事故を恐れて完全にリスクを回避すると、サービス提供そのものが行えなくなってしまうため、この方法を選択することは現実的でないといえる。

　b）損失防止

　「損失防止」とは、損失の発生を未然に防止するための対策、つまり、予防措置を講じて、事故の発生頻度を低減する手法・対策のことをいう。一般的に「事故防止対策」といわれているものであり、リスクマネジメントにおいて最も重要な取り組みの一つである。予防措置や事故防止対策の検討は、上述した「リスクの評価・分析」で導出された結果に基づき行う。介護事故防止対策の例としては次のようなものがあげられる。

・食事の準備やトイレ誘導など職員が手薄になりがちな時間帯には職員配置を強化するなど、メリハリのある職員配置を行う。

・食事摂取時の誤嚥・誤飲等の事故の防止策としては、なるべく、覚醒時に利用者の病状に合わせたペースで食事介助を行う。1回に口に入れる量が多すぎると誤嚥する可能性が高くなるため、1回の量に配慮する。飲み込みにくいものや詰まりやすいものは、刻んだり、とろみやペースト状にするなど、利用者の病状に合わせて食事形態に配慮する。

・ベッド周りでの転倒・転落事故の予防として離床センサーを設置する。

・入浴中の転倒事故を防止するために、手すりや滑り止めマット等を設置する。

　事故の危険性は利用者の特性によって異なるため、介護事故を未然に防止するためには、収集したインシデントデータからリスクファクターを抽出し、「リスクアセスメントシート」を作成・活用することも重要である。また、利用者の心身の状況や生活の状況は日々変動するため、入居時だけでなく、定期的に利用者のリスクアセスメントを実施し、利用者個々のケアプランに反映させることも事故を予防するためには重要であるといえる。

　c）損失軽減

　「損失の低減」は損害の規模を低減する手法をいう。事故発生を未然に防ぐための予防対策を講じていても、介護サービスの場合、事故のリスクをゼロにすることは難しく、万が一事故が発生した場合には、被害の拡大を防止し、損害を最小限に抑えることが重要である。

　介護事故が発生した際の対応で最も重要なのは、事故発生時における適切な救急処置である。介護事故が発生した場合は、利用者に対して可能な限りの応急措置、緊急処置を直ちに行うことが重要である。看護職員や医師にも速やかに連絡し、重篤なケースでは救急

車の手配などを速やか行い、最善の処置を行う。

そうした緊急処置が終了したら、出来るだけ速やかに利用者や家族等に誠意を持って事故について説明し、家族からの問い合わせや申し出についても誠実に対応することが重要である。また、速やかに介護事故報告書を作成し、重大な介護事故や利用者が死亡するなど重大な事態が発生した場合、速やかに行政機関へ報告を行う。死亡事故等のケースでは、警察署への報告も必要となる。介護事故により、施設が賠償責任を負った場合は、加入している損害保険により利用者及び家族に補償をするために手続きを直ちに行う。

また、紛争や訴訟に発展させないためには、普段から家族と連絡を取り、利用者の生活状況等を伝えておくこと、「家族会」などで家族や利用者からサービスに対する要望や意見、不満などを話してもらい、良好な信頼関係を構築しておくことも重要である。

上記以外にもさまざまな損失軽減策が考えられる。例えば、転倒した際のダメージを軽減するためにクッション性の高い床材を使用することや、ベッドから転落してもけがをしないように、ベッドの高さを低くしておくこと、転倒・転落による大腿骨頸部骨折の予防のため、ヒッププロテクターを使用することなどがあげられる。

リスクファイナンス

リスクファイナンスとは、事故が発生し、損害が生じてしまう場合に必要な資金繰り等を予め計画して準備しておくことである。リスクファイナンスは、「リスクの保有」と「リスクの転嫁」に大別されるが、「リスクの保有」とは、リスクが事故として顕在化した時のために、予め準備金や資金等を保有し、発生する損失を法人自体の財務力でカバーする方法をいう。「リスクの転嫁」とは、リスクが発生した場合の損害を第三者に転嫁する手段のことであり、主に、損害保険の活用などが該当する。損害保険は、介護事故によって生じた損害に対する賠償請求や訴訟に備えるものであり、介護施設は、賠償資力の確保が義務づけられている。

賠償責任保険への加入は、事業者にとって賠償金の支払いや訴訟・示談に要する費用等を予め備えることができるだけでなく、「事故を起こすのではないか」という介護職員の不安や過度の萎縮を防ぐという効果がある。しかし、賠償責任保険の存在は、一方で「事故が発生しても、どうせ保険でカバーされる」というモラルハザードの問題を引き起こし、積極的なリスクマネジメントを推進する方向に作用しない可能性もある[8]。いずれにしても、重要なことは、「事故を起こさない」ということであり、事業者においては、事故予防対策に重点をおいたリスクマネジメントシステムを構築し、リスクをできる限り軽減・回避していくことが求められる。

結果の検証

リスクマネジメント・プロセスは、前述したように、❶リスクの発見・把握、❷リスクの評価・分析、❸リスクの処理へと段階的に進められるが、実際に選択実施した手法が十分な効果をもたらし、リスクマネジメントの目的が果たされているのかどうかを随時モニタリングする必要がある。期待通りの効果が得られていない場合は、安全管理委員会を中心に、インシデントデータの収集方法や事故予防・対応マニュアルの見直し、事故発生時

の対応手順の見直しなど、リスクマネジメントシステムの再検討を行う必要がある。

❼ 安全管理のための組織体制の整備

（1）　トップによるリーダーシップ

　実効性のあるリスク管理体制を構築するためには、施設管理者の強いリーダーシップが重要となる。なぜなら、新たな体制の構築やルールの導入に対しては、難色を示したり、抵抗したりする職員も少なからず存在するからである。リスクマネジメントを推進するためには、施設管理者が、まず、安全管理に関する理念や方針を明確に示し、施設管理者自らが率先してリスクマネジメント構築に向けて取り組まなければならない。特に、安全管理体制、安全文化が未成熟な組織では、施設管理者を中心とするトップダウンによるシステム構築が重要となる。

（2）　安全管理体制の構築

　リスクマネジメントは、一時的に行えば良いというものではなく、長期間にわたって安定的に維持・運用される体制や仕組みづくりを行わなければ意味がない。また、安全管理は管理者のみならず、職員全員が安全管理の重要性を認識し、組織全体で取り組んでいかなければならない。

　図5-10は医療機関における安全管理体制の例である。2006（平成18）年の医療法の改正により、医療機関においては医療安全管理責任者、感染管理責任者、医薬品安全管理責任者、医療機器安全管理責任者を配置することが定められた。また、医療機関の管理者は、医療安全推進のための委員会を設置する必要がある。

　介護施設や介護事業所においても組織内に介護事故発生防止のための委員会を設置し、リスクマネジメントを推進するための体制整備を行う必要がある。委員会ではインシデント収集を通したリスクの洗い出しや事故要因分析の検討、警鐘事例の現場職員への周知、事故防止マニュアルの作成、職員教育などを行う。委員会のメンバーには、施設長をはじめとして、各部門からリーダーを選出し、委員長はリスクオフィサーとして、施設全体のリスクマネジメントを統括・管理する。

（3）　安全文化の形成と組織改革

　事故の発生には、「慣れからくる不注意・思い込み」「うっかりミス」「観察・予測力の不足」など、いわゆるヒューマンエラーが関係しているといわれているが、事故はそうした個人レベルの要因だけでなく、安全文化などの組織的要因も強く関与している。

　安全文化とは「組織の安全問題にその重要性に相当した注意を払うことを最優先のこととして確立する、組織および個人の特質と態度の集合である」[9]、「安全に関して組織成員が共有している態度、信念、認識および価値である」[10]と定義されている。

　安全文化が脆弱な組織では、組織に所属する職員の不安全な行動を誘発し、事故リスク

図5-10　医療機関における安全管理体制の例

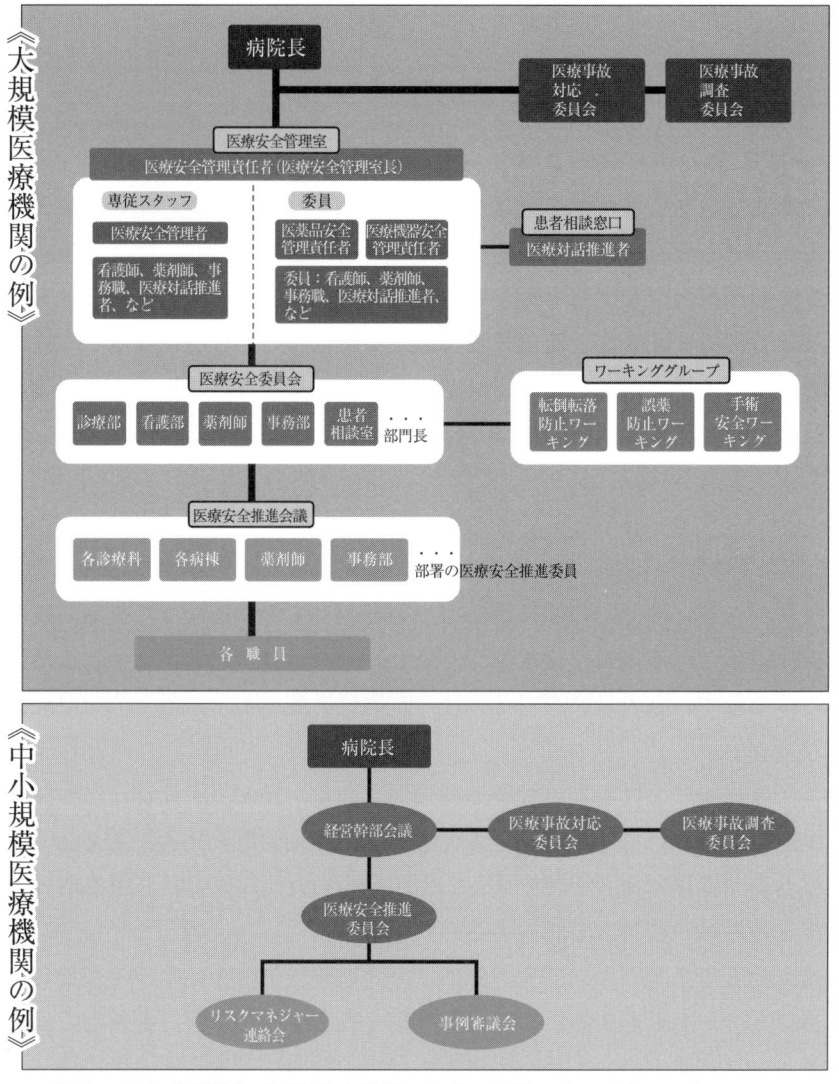

出典：日本看護協会『医療安全推進のための標準テキスト』2013年　p.11

を増大させる可能性がある。原子力や航空、鉄道、医療分野では、既に安全文化の醸成・定着の重要性が認識され、安全文化に関する包括的な研究が行われている。医療・福祉分野においても、職員個人のスキルやリスクセンスを向上させるとともに、いかに安全文化を醸成・定着させるかが重要な課題であるといえる。

【引用文献】
1）医療安全対策検討会議『医療安全推進総合対策〜医療事故を未然に防止するために』2002年
2）厚生労働省「医療安全対策のための医療法施行規則一部改正について」https://www.mhlw.go.jp/topics/bukyoku/isei/i-anzen/2/kaisei/　アクセス日：2018年8月3日
3）医療安全対策検討ワーキンググループ「今後の医療安全対策について」2005年　p.2

4）日本医療機能評価機構医療事故防止事業部「医療事故情報収集等事業」 2017年 p.1

5）社会福祉法人全国社会福祉協議会・全国社会福祉施設経営者協議会「指定介護老人福祉施設における介護事故発生防止等に向けた指針策定にあたって（全国経営協版）」2006年 p.2

6）三田寺裕治・赤澤宏平「介護保険施設における介護事故の発生状況に関する分析」『社会医学研究』30(2) 2013年 p.123-130

7）インターリスク総研編『実践リスクマネジメント』経済法令研究会 2002年 p.6-15

8）長沼健一郎「介護事故と賠償責任保険の役割」『週刊社会保障』57 (2219) 2003年 p.22-25

9）IAEA, Safety culture：A Report by the International Nuclear Safety Advisory Group, Safety Series. No.75 — INSAG — 4, International Atomic Energy Agency, Vienna (1991)
細田聡「ヒューマンファクターに基づく安全マネジメント」『安全工学』46巻4号 2007年 p.208

10）Cox, S. and Cox, T.：The Structure of Employee Attitudes to Safety：an European Example, 5(2), p.93—106, Work and Stress (1991)
藤澤由和「医療安全文化論－医療組織における安全文化概念－」『保健医療科学』51(3) 2002年 p.139

第6章 サービスの質の確保と評価システム

❶ サービス評価の視点と方法

　ドナベディアン（Donabedian,A.）は、ケアの質を評価する方法として、構造（structure）、過程（process）、成果（outcome）の3つのアプローチを提示している[1]。

　構造（structure）とは、サービスの提供に際して投入される資源の量や組織体制を示し、建物や施設設備、職員体制、人材育成のための投資規模、施設アメニティのための投資規模といった外形的な要素を評価する。過程（process）とは、サービスの提供過程やそこで展開される方法を評価するもので、サービスを提供する際に、利用者やその家族の意向を尊重しているか、プライバシーや人権を尊重しているか、安全管理、衛生管理のための取り組みを行っているかなどが評価される。成果（outcome）とは、サービスの目標として設定されたニーズ充足や問題解決がどの程度実現されたのか、あるいはサービス実施の結果として、利用者本人や家族などにどのような便益をもたらしたかを評価するものである[2]。

　医療サービスにおいては、臨床指標（Clinical Indicator）等を用いて、医療の「結果・成果」を客観的に評価する試みが行われている。福祉サービスにおいても、介護者の負担軽減効果など、サービスの効果を評価する試みが行われているが、福祉サービスは積極的な改善、発達などが期待できない、あるいは非常にそれらが微小である人を対象としているため、効果が潜在的・間接的・長期的にしかあらわれないことが多く、方法的に大きな困難が伴うこと、また、最も科学的な評価方法である実験デザインを適用することに倫理的、技術的双方から困難が伴うことが指摘されている[3]。

❷ 評価の主体による区分

　福祉サービスの質の評価は、評価を行う主体によって、自己評価、利用者評価、第三者評価の3つに区分することができる。

（1）　自己評価

　自己評価とは、事業者自身による評価を指し、事業者自らが提供するサービスの質の評価を行うことにより、主体的にサービスの提供状況を見直し、その質の向上に向けて努めるものである。社会福祉法第78条では、「社会福祉事業の経営者は、自らその提供する福祉サービスの質の評価を行うことその他の措置を講ずることにより、常に福祉サービスを

受ける者の立場に立って良質かつ適切な福祉サービスを提供するよう努めなければならない」と事業者の自己評価について努力義務を規定している。また、介護保険法第73条においても、「指定居宅サービス事業者は（中略）自らその提供する指定居宅サービスの質の評価を行うことその他の措置を講ずることにより常に指定居宅サービスを受ける者の立場に立ってこれを提供するように努めなければならない」とされている。

　自己評価は、提供しているサービスの内容や水準、提供方法などを自己点検することで、サービス向上へのインセンティブになるが、評価の方法によっては不都合な事実については評価を行わないという選択が可能なため、改善点の洗い出しが不十分になりやすいというデメリットがある[4]。客観性や公平性を確保した、より精度の高い評価システムを構築するためには、利用者評価、第三者評価などを組み合わせる工夫が必要となる。

（2）　利用者評価

　利用者評価とは、事業者が提供しているサービスに対する利用者の評価である。利用者主体の福祉システムを確立するためには、事業者が積極的に利用者の意見や苦情、満足度等を収集・分析し、サービス改善に反映させていくことが必要である。しかしながら、利用者の要望や意向は潜在化しやすいため、調査を実施する際には、事業者でない第三者が調査を実施する、あるいは職員がいない場所でヒアリングを行うなど、利用者が意見を出しやすい環境づくりが必要となる。また、利用者による評価では、提供されるケア技術の専門性の高さを客観的に評価することは困難であり、接遇や環境面に偏りがちになることが問題点として挙げられる[5]。さらに、利用者による主観的な評価は、評価者のサービスに関する情報量や利用経験、要求水準によってその結果が大きく左右されてしまうため、サービス評価を行ううえでは、自己評価、第三者評価など、いくつかの評価の視点を組み合わせて、その精度を高めていくことが必要である。

（3）　第三者評価

　第三者評価とは、当事者（事業者および利用者）以外の公正・中立な第三者機関が、専門的かつ客観的な立場から事業者の提供するサービスの質を評価することである。個々の事業者は客観的な評価を受けることによって、事業運営における具体的な問題点を把握することができ、サービスの質の向上に結びつけることができる。また、評価結果を広く公開することにより、利用者の福祉サービスの選択に資することができる。しかし、良質な外部評価を実施するためには、高い専門性や経験を有する評価機関・評価者を一定程度確保し、評価機関・評価者の質が均質化されていることや、QI・QMのような量的尺度の確立が前提となる[6]。

❸ 福祉サービス第三者評価事業の沿革

　多くの福祉サービスが、行政による措置から利用者の選択による契約へと移行されるな

か、サービス利用者と提供者の対等な関係を確立し、利用者が安心してサービスを主体的に選択できるようにするためには、サービスの質に関する情報の提供とサービスの質を適正に査定するためのサービス評価システムの構築が不可欠となる。

我が国では、1992（平成4）年に、施設利用者の希望に沿った質の高いサービス提供に向けて、特別養護老人ホーム・老人保健施設のサービス評価基準が策定され、1993（平成5）年からサービス評価事業が開始されている。この事業の実施主体は都道府県であり、都道府県においては、幅広い観点からサービス評価を行うため、保健・医療・福祉関係者、有識者、住民等により構成する「特別養護老人ホーム・老人保健施設サービス評価委員会」を設置するものとした。また、事業の実施にあたっては、特別養護老人ホーム・老人保健施設サービス評価委員会の委員が一日程度施設に出向いて実地視察を行い、施設におけるサービス水準の評価を行うとともに、施設の関係者と改善方法について意見交換を行い、サービス水準の向上に向けた必要な助言を行うものとした。在宅福祉サービスにおいても、在宅福祉サービスの水準の向上、効率化、適正化に向けて、全国社会福祉協議会が高齢者在宅福祉サービス事業評価基準を策定し、1996（平成8）年からサービス評価事業が実施されている。

1998（平成10）年には、「社会福祉基礎構造改革について（中間まとめ）」のなかで示された社会福祉基礎構造改革の基本的方向のひとつである「信頼と納得が得られるサービスの質と効率性の向上」を受け、厚生労働省に社会・援護局長の私的懇談会として福祉サービスの質に関する検討会が設置され、評価基準や評価機関及び評価者の要件などについて検討が行われた。また、1999（平成11）年には「福祉サービスの質の向上に関する基本方針」が、2001（平成13）年には、福祉サービスにおける第三者評価事業に関する報告書がとりまとめられた。そして、同年5月に厚生労働省から「福祉サービスの第三者評価事業の実施要領について（指針）」が発出された。

こうした厚生労働省社会・援護局での取り組みと並行して、個別分野においても第三者評価事業が検討・実施されており、保育所・児童分野では、2000（平成12）年に雇用均等・児童家庭局に児童福祉施設等評価基準検討委員会が設置され、2002（平成14）年に児童福祉施設における福祉サービスの第三者評価基準等に関する報告書がとりまとめられ、それに基づいて雇用均等・児童家庭局から「児童福祉施設における福祉サービスの第三者評価事業の指針について（通知）」が発出されている。障害者児分野では、1998（平成10）年に障害者・児施設のサービス評価基準検討委員会が設置され、2000（平成12）年に厚生労働省障害保健福祉部が障害者・児施設のサービス共通評価基準を策定している。

厚生労働省は福祉サービス第三者評価事業のさらなる普及促進を図るため、福祉サービス共通の第三者評価基準の策定等を行い、2004（平成16）年に「福祉サービス第三者評価事業に関する指針」を発出している。これにより、第三者評価事業の新しい推進体制が整備され、第三者評価事業が本格的に実施されることとなった。具体的には、全国の推進組織（全国社会福祉協議会）と都道府県の推進組織が設置されることになり、全国の推進組織では、評価事業普及協議会、評価基準等委員会を設置し、福祉サービス第三者評価事業

表6-1　福祉サービス第三者評価のこれまでの主な流れ

時期	国
1993年度	特別養護老人ホーム・老人保健施設サービス評価事業実施要綱策定
1996年度	在宅福祉サービス評価事業実施要綱策定
1997年 4 月	病院機能評価開始
1997年11月	「社会福祉の基礎構造改革について（主な論点）」（社会福祉事業等の在り方に関する検討会） ●サービスの選択を可能にする情報公開と質の評価制度の導入
1998年 5 月 　　　 6 月	「社会福祉基礎構造改革について（中間のまとめ）」（中央社会福祉審議会社会福祉基礎構造改革分科会） ●サービスの提供過程、評価などの基準を設け、専門的な第三者機関によるサービスの評価の導入
11月	「福祉サービスの質に関する検討会」設置
12月	「社会福祉基礎構造改革を進めるに当たって（追加意見）」（中央社会福祉審議会社会福祉基礎構造改革分科会） ●利用者本位の利用制度への転換に伴って導入される、権利擁護、サービスの質の確保、情報開示など利用者のサービス利用を支援するための仕組みについては、効果的かつ適切な運用が行われるものとすること
1 月	「障害者・児施設のサービス評価基準検討委員会」設置
1999年 3 月	「福祉サービスの質の向上に関する基本方針」（福祉サービスの質に関する検討会）
2000年 6 月	「福祉サービスの第三者評価に関する中間のまとめ」 「障害者・児施設のサービス共通評価基準」
8 月	平成12年度「評価調査者養成研修」実施
9 月	「児童福祉施設等評価基準検討委員会」設置 保育所、乳児院、母子生活支援施設、児童養護施設
11月	「介護保険サービス選択のための評価のあり方に関する検討会」設置 「児童福祉施設等評価基準試行事業」実施
2001年 3 月	「指定痴呆対応型共同生活介護（痴呆性グループホーム）の適正な普及について」通知 サービス評価義務化 「福祉サービスにおける第三者評価事業に関する報告書」（福祉サービスの質に関する検討会）
5 月	「福祉サービスの第三者評価事業の実施要領について（指針）」（社会・援護局長通知）
7 月	平成13年度版「障害者・児施設のサービス共通評価基準」公表
8 月	「児童福祉施設における福祉サービスの第三者評価基準（試案）」公表 平成13年度「評価調査者養成研修」実施
2002年 3 月	「児童福祉施設における福祉サービスの第三者評価基準等に関する報告書」
4 月	「児童福祉施設における福祉サービスの第三者評価事業の指針について（通知)」
2003年 5 月	「児童福祉施設（児童自立支援施設・情緒障害児短期治療施設）における福祉サービスの第三者評価の指針について（通知)」
9 月	「第三者評価基準及び評価機関の認証のあり方に関する研究会」設置
2004年 5 月	「福祉サービス第三者評価事業に関する指針について」
2006年 4 月	「介護サービス情報の公表」制度の開始
2012年 4 月	社会的養護関係施設の第三者評価の受審義務化
2014年 4 月	「福祉サービス第三者評価事業に関する指針について」の全部改正

出典：國光登志子「サービス評価の視点と方法」『新社会福祉援助の共通基盤（下）』中央法規出版　2004年　p.153を一部修正

の推進及び都道府県推進組織に対する支援を行うとした。都道府県の推進組織においては、第三者評価事業の公正・中立性及び専門性を確保する観点から、第三者評価機関認証委員会及び第三者評価基準等委員会を設置するものとし、第三者評価機関の認証をはじめ、第三者評価基準や第三者評価の手法の策定、第三者評価事業に関する情報公開及び普及・啓発などを行うとした。

　第三者評価事業は、社会福祉事業の事業者が任意で受ける仕組みであるが、社会的養護関係施設（児童養護施設、乳児院、児童心理治療施設、児童自立支援施設及び母子生活支援施設）については措置制度等であり、被虐待児等が増加し、施設運営の質の向上が必要であるため、2012年（平成24）年より３年に１回以上の第三者評価の受審が義務付けられた。

　2014（平成26）年４月には厚生労働省より「『福祉サービス第三者評価事業に関する指針について』の全部改正について」が発出された。この通知では、次の内容を課題として指摘している。①サービスの種別にかかわらず共通的に取り組む項目（共通評価項目）に、ばらつきがみられる、②福祉サービス第三者評価事業の目的・趣旨が他制度との違いが明確でない等の要因により広く認識されていない、③第三者評価機関や評価調査者により、評価結果のばらつきがみられる、④受審件数が少ない。

　こうした現状を踏まえ、施設・事業所が主体的にかつ継続的に質の向上に取り組めるよう、共通評価基準ガイドラインを見直すとともに、同ガイドラインの趣旨・目的及び評価内容の理解が促進されるよう、判断基準のガイドラインの見直しがなされた。また、利用者への適切な情報提供及び施設・事業所が質の向上・改善に取り組めるよう、評価結果の報告・公表様式が見直された。具体的には、評価結果を公表する意義を明確化し、従前からの特に評価すべき事項等に加え、施設・事業所の概要、特徴的な取り組みを記載できるよう項目を追加した。また、評価結果の判定理由のコメントについて、評価対象毎から評価細目毎に詳細なコメントを付することができるよう変更した。

❹ 第三者評価事業の概要

（１）　評価基準について

　福祉サービス第三者評価は、国が示した「福祉サービス第三者評価事業に関する指針」をもとに都道府県が実施する事業である。国が示している「福祉サービス第三者評価基準ガイドライン」は、「共通評価基準（45項目）」と「内容評価基準（20項目程度）」で構成されている（図6-1）。

（２）　福祉サービス第三者評価の標準的な流れ

　福祉サービス事業者は、都道府県の推進組織に認証されている評価機関の中から、希望する評価機関に受審を申し込む。評価には事前評価（自己評価）、書面調査、訪問調査があり、事前評価（自己評価）では、第三者評価の前に、事業者自身による自己評価を行い、

図6-1　共通評価基準と内容評価基準

45
項目

20
項目程度

共 通 評 価 基 準	内 容 評 価 基 準
全ての福祉施設・事業所に共通の項目	種別ごとの項目

共通評価基準の内容：

I. 福祉サービスの基本方針と組織
1. 理念・基本方針
2. 経営状況の把握
3. 事業計画の策定
4. 福祉サービスの質の向上への組織的・
　計画的な取り組み

II. 組織の運営管理
1. 管理者の責任とリーダーシップ
2. 福祉人材の確保・育成
3. 運営の透明性の確保
4. 地域との交流、地域貢献

III. 適切な福祉サービスの実施
1. 利用者本位の福祉サービス
　（利用者の尊重、説明と同意、利用者
　満足、利用者の意見、リスクマネジメント）
2. 福祉サービスの質の確保
　（標準的実施方法、アセスメントにもとづ
　く計画の策定、記録）

＋

内容評価基準の内容：

福祉施設・事業所の特性や専門性を踏まえたサービス・支援内容を評価する

（評価項目の一部）
【保育所】
・生活にふさわしい場として、子どもが心地よく過ごすことのできる環境の整備
・乳児保育（0歳児）において、養護と教育が一体的に展開されるよう適切な環境の整備、保育の内容や方法への配慮

【障害者・児福祉サービス】
・利用者の自己決定を尊重した個別支援と取り組み
・利用者の意思を尊重する支援としての相談等の適切な実施

【高齢者福祉サービス】
・利用者一人ひとりに応じた一日の過ごし方ができるよう工夫
・認知症の状態に配慮したケア

※各都道府県において使用される評価基準は、国の示したガイドラインに基づき、各都道府県推進組織が定めています。

出典：全国社会福祉協議会パンフレット「福祉サービス第三者評価活用のご案内」

その結果を評価機関に提出する。また、できる限り「利用者・家族等アンケート調査」を実施することとなっている。評価機関は、提出された自己評価や利用者・家族等アンケート等の書面に基づき、事前に書面調査を行う。次に、評価機関に属する評価調査者2名以上が1組で事業所を訪問し、ヒアリング、資料の確認等、調査を行う。評価機関及び評価調査者は、書面調査、訪問調査等で確認された事項を考慮したうえで、調査結果を検討し、合議の上で結果をとりまとめる。評価機関は評価結果について、受審した事業者の同意を得たうえで、都道府県の推進組織に報告する。そして、受審事業者の同意が得られた場合は、評価結果がWAM－NET等で公表される（図6-2）。

⑤　病院機能評価

　病院機能評価は、財団法人日本医療機能評価機構が実施主体となり、我が国の病院を対象に、組織全体の運営管理および提供される医療について、中立的、科学的・専門的な見

図6-2　第三者評価の流れ

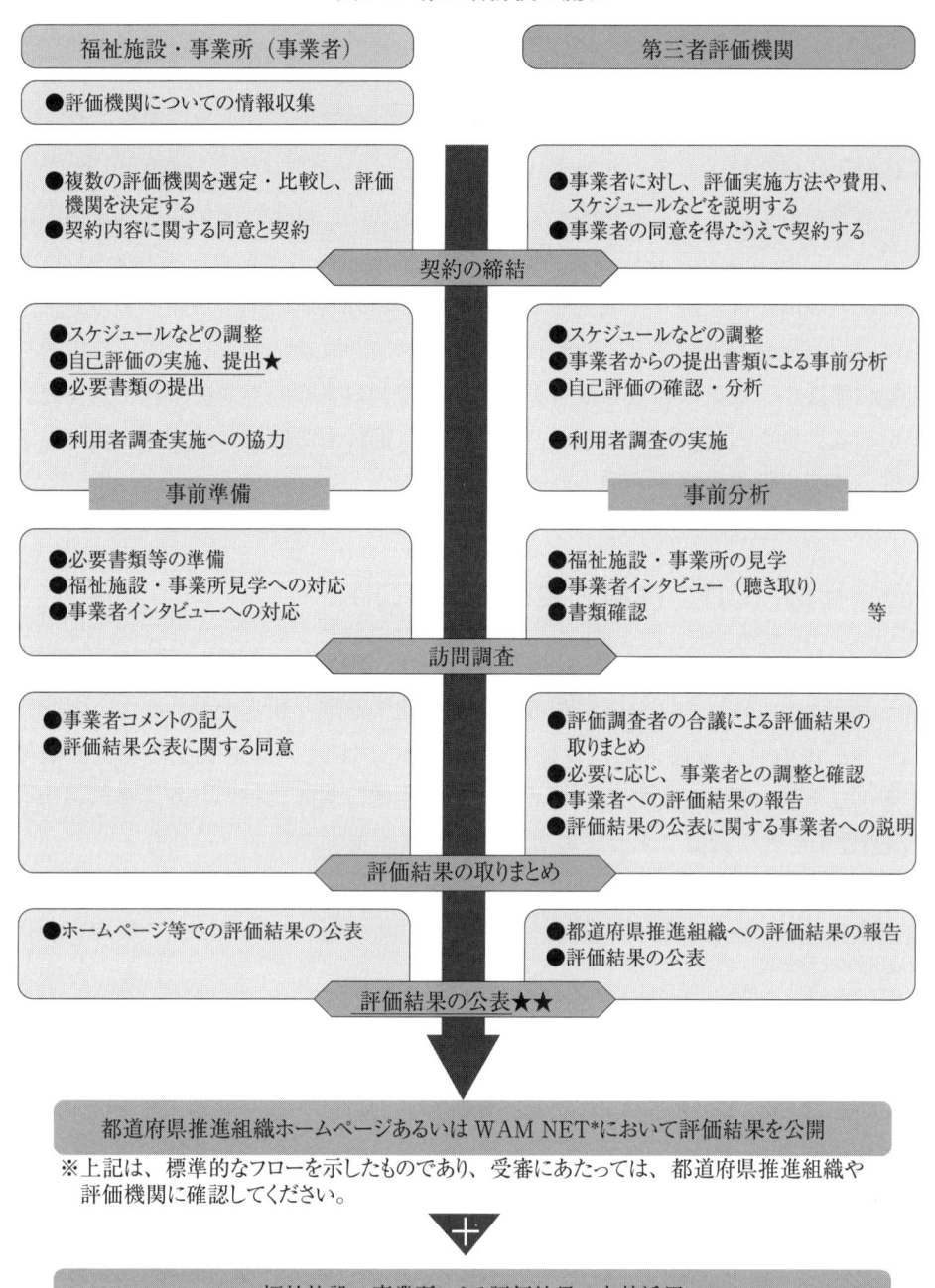

出典：全国社会福祉協議会パンフレット「福祉サービス第三者評価活用のご案内」

地から評価を行うものである。2018（平成30）年8月現在、全国8,389病院のうち認定病院数は2,191となっている。

　病院機能評価は、4つの評価対象領域（「患者中心の医療の推進」「良質な医療の実践1」「良質な医療の実践2」「理念達成に向けた組織運営」）から構成される評価項目を用いて、病院組織全体の運営管理および提供される医療について評価が行われる。評価は、

書面審査の後、各専門領域（診療管理、看護管理、事務管理）を有する評価調査者が、チームとなって実際に病院を訪問し、審査を行う。訪問調査では、面接調査や病棟概要確認、ケアプロセス調査、外来訪問、部署訪問などが行われる。

適切な審査を行うために、評価調査者は病院管理経験等の一定の資格要件と日本医療機能評価機構の研修を修了することを要件としている。

評価調査者から提出された最終的な審査結果をもとに、日本医療機能評価機構内における評価判定の会議を経て、各中項目の評価が「B（一定の水準に達している）」以上であれば、特段の理由がない限り「認定」となる。認定の有効期間は5年間である。

病院は、病院機能評価を通じ、組織横断的・継続的な改善活動を行うが、この過程の中で、組織の活性化、職員の自覚や改善意欲の醸成などの意識向上が図られる。また、病院が審査を通じ、更なる改善活動に取り組むことで、提供する医療サービスの質が向上し、安全で安心な医療提供の実現が図られるようになる[7]。

❻ 臨床指標（CI）、医療の質の指標（QI）

医療サービスにおいては、臨床指標（Clinical Indicator; CI）や医療の質の指標（Quality Indicator; QI）によって医療の質を可視化する取り組みが行われている。臨床指標（CI）や医療の質の指標（QI）は提供する医療のプロセスを評価する指標と事後的に検証するアウトカム指標に分けられる。プロセス指標は実際に行われた診療の適切さなど「医療の過程」を表す指標であり、検査実施率や服薬指導実施率、早期リハビリテーション開始率、糖尿病患者での血糖コントロールなどがある。一方、アウトカム指標は診療後の患者の状態など「医療の結果・成果」を表す指標であり、死亡率や再入院率、合併発症率、回復率、患者満足度などがある。

2010（平成22）年には厚生労働省による医療の質の評価・公表等推進事業が開始された。本事業の目的は「国民の関心の高い特定の医療分野について、医療の質の評価・公表等を実施し、その結果を踏まえた分析・改善策の検討を行うことで、医療の質の向上及び質の情報の公表を推進すること」としている。本橋らは、厚生労働省の医療の質の評価・公表等推進事業に参加している医療機関や医療団体が共通して計測・公表している臨床指標を調査し、3団体以上が共通して使用していた臨床指標は15指標あることを明らかにしている（表6-2）。

各病院が臨床指標を測定し、自院の現状を把握することは重要であるが、医療の質を改善するためには6か月後や1年後の目標値を設定し、PDCAサイクルに基づいて継続的に業務改善を行うことが重要である。

表6-2　医療の質の評価・公表に多く用いられている臨床指標の一覧

	国立病院機構[1]	全日病[2]	日本病院会[3]	国立大学病院[4]	自治体病院[5]	民医連[6]	済生会[7]	労働者健康安全機構[8]	聖路加[9]
脳梗塞患者に対する早期リハビリテーション実施率	●	●	●	●	▲3	●	●	●	●
褥瘡発生率	▲1	●	●	●	●	●	●	●	●
急性心筋梗塞患者におけるアスピリン投与率	●		●		●	●	●	●	●
患者満足度（入院・外来）	●	●	●		●	●	●	●	●
手術ありの患者の肺血栓塞栓症の予防対策の実施率・発生率	●	●		●	●	●	●	●	●
予防的抗菌薬投与（中止率・手術1時間前の開始率）	●		●		●	●	●	●	●
糖尿病患者の血糖コントロール	▲2		●		▲4	●			●
急性心筋梗塞の患者で病院到着からPCIまでの所要時間が90分以内の患者の割合			●		●		●		●
服薬指導の実施率	●			●		●			●
急性心筋梗塞等に対する心臓リハビリテーション実施率	●						●		●
誤嚥性肺炎患者に対する嚥下評価（検査）の実施率	●				●	●			
中心静脈カテーテル挿入術の重篤合併症発生率	●					●			●
出血性胃・十二指腸潰瘍に対する内視鏡的治療（止血術）の実施率	●	●					●		
大腿骨頸部骨折患者（脳卒中患者）に対する地域連携パス使用率		●			●		●		
退院調整の実施率		●					●	●	

▲1　2011年まで測定、▲2▲4　栄養指導の実施率、▲3　入院1週間以内のリハビリ強度、※1独立行政法人国立病院機構、※2全日本病院協会、※3日本病院会、※4国立大学附属病院、※5全国自治体病院協議会、※6全日本民主医療機関連合会、※7恩賜財団済生会、※8独立行政法人労働者健康安全機構、※9聖路加国際病院

出典：本橋隆子・金沢奈津子『ゼロからはじめる病院のPDCA 医療の質の見える化と改善』医歯薬出版　2017年　p.4

⑦ サービスの質を確保するための諸制度

（1） 社会福祉法人・施設等への指導監査

　福祉サービスを運営するにあたって、法的に充足されるべき最低基準等を所轄の行政庁が定期的に確認するもので、主に社会福祉法人及び施設の関係法令・通知等が守られているかどうかをチェックし、基準が守られていない場合には改善指導を行うものである。行政監査は、開示を目的としておらず、利用者が監査の情報を活用することは難しい。

（2） 保険医療機関等の指導・監査

　「指導」とは、社会保険の医療担当者として適正な療養の給付を担当させるため、療養担当規則等に定められている診療方針、診療（調剤）報酬の請求方法、保険医療の事務取扱等について周知徹底し、保険診療（調剤）の質的向上及び適正化を図ることを目的として行うものである。指導の形態は、❶集団指導（指導対象となる保険医療機関等又は保険医等を一定の場所に集めて講習等の方式により行うもの）、❷集団的個別指導（指導対象となる保険医療機関等を一定の場所に集めて個別に簡便な面接懇談方式により行うもの）、❸個別指導（指導対象となる保険医療機関等を一定の場所に集めて又は当該保険医療機関等において個別に面接懇談方式で行うもの）がある。

　「監査」は、医療担当者の行う療養の給付が法令の規定に従って適正に実施されているかどうか、診療（調剤）報酬の請求が適正であるかどうかなどを、出頭命令、立入検査等を通じて確かめることを目的として行うものである。監査後の行政措置は、「注意」「戒告」「取り消し処分」の3つの区分がある。「施設基準等適時調査」とは基本診療料及び特掲診療料の施設基準等の届出があった保険医療機関等を対象とし、原則として、年1回、受理後6か月以内を目途に行う調査であり、調査の結果、届出の内容と相違する場合には、改善報告書の提出や診療報酬の返還を求める。

（3） 福祉サービスに係る苦情解決システム

目的

　苦情解決事業は、苦情への適切な対応により、福祉サービスに対する利用者の満足感を高めることや利用者個人の権利を擁護し、利用者が福祉サービスを適切に利用することができるように支援するとともに、苦情を一定のルールに沿った方法で解決を進めることにより、円滑・円満な解決の促進や信頼関係・適正性を確保することを目的としている。社会福祉法第82条においても「社会福祉事業の経営者は、常に、その提供する福祉サービスについて、利用者等からの苦情の適切な解決に努めなければならない」と社会福祉事業経営者の苦情解決の責務が規定されている。

苦情解決の仕組み

　福祉サービス全般の苦情解決を行う仕組みは、図6-3のとおり、サービス事業者による苦情解決と運営適正化委員会による苦情解決の2段階に分けることができる。

図6-3　福祉サービスに関する苦情解決の仕組みの概要図

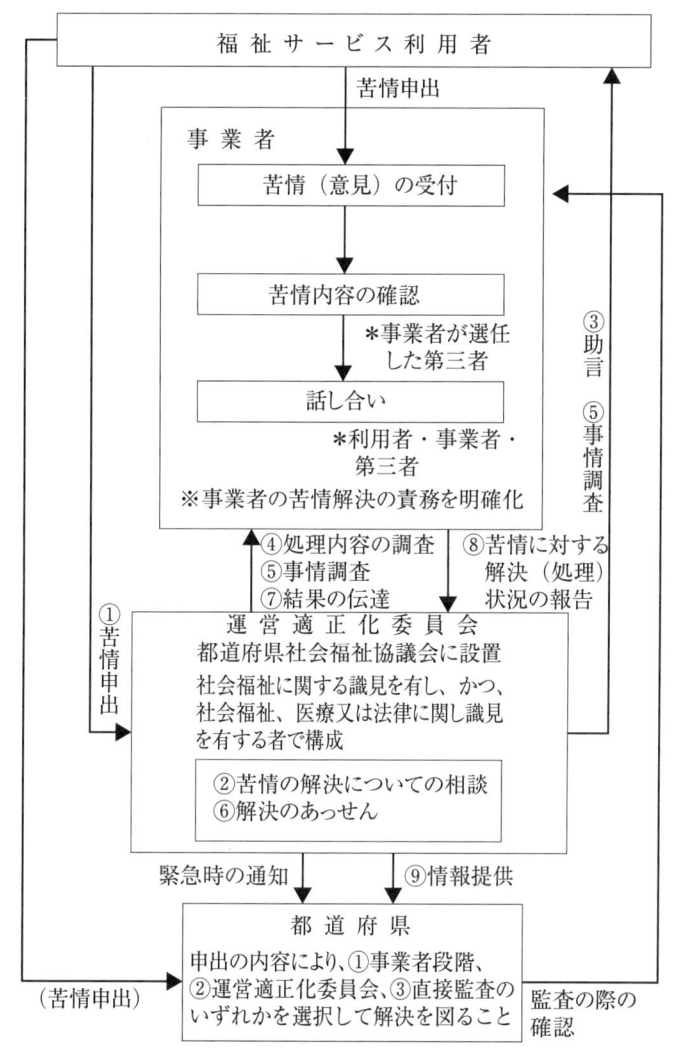

出典：厚生労働省「社会福祉の増進のための社会福祉事業法等の一部を改正する等の法律の概要」2000
年　別紙３より引用

　まず、事業者段階では、苦情受付担当者や苦情解決責任者が、苦情を受け付け、当事者
同士の話し合いによって、苦情を適切に解決する。また、苦情解決に社会性や客観性を確
保し、利用者の立場や特性に配慮した適切な対応を推進するため、「第三者委員」を設置
し、苦情解決を図る。「第三者委員」は、苦情解決を行っていく上で、苦情申出人が事業
者に対して苦情を言いにくい場合に解決に向けての支援及び助言を行ったり、事業者との
利用者との話し合いで利用者側でも事業者側でもない中立的（第三者的）な立場で話し合
いに参加し、苦情申出人と事業者双方の言い分を聞き、客観的な判断のもと苦情解決に向
けたアドバイスを提供する役割をもっている。

　事業者段階で解決ができず、当事者から申出のあった場合や、権利侵害にかかわる案件
の通知等については、都道府県社会福祉協議会に設置されている「運営適正化委員会」が、

苦情の解決に必要な調査・助言・あっせんを行い、双方の話し合いによる解決の促進を図る。

なお、運営適正化委員会が苦情の解決にあたり、利用者に対して虐待等の不当な処遇が行われているおそれがあると認めるときには、都道府県知事に速やかに通知し、行政機関による解決を促すこととされている。

（4） 介護サービスの情報の公表

2006（平成18）年の介護保険制度改正によって、「介護サービス情報の公表」制度が導入された。本制度は介護サービス事業者で行われているサービスの内容等を調査し、客観的情報をインターネット等により公表するものである。介護サービスの利用者等が公表されたサービス事業者の情報を比較検討することにより、利用者等の主体的な事業者選択を可能にすることを目的としている。対象となる介護サービス事業者はサービス内容等の情報を公表することが義務付けられている。

公表される情報は、利用者が適切かつ円滑に介護サービスを利用するために必要な情報で、基本情報（名称、所在地、連絡先、サービス従業者の数、施設・設備の状況や利用料金などの事実情報）、運営情報（利用者本位のサービス提供の仕組み、従業者の教育・研修の状況、介護サービス事業所のサービス内容、運営等に関する情報）から構成される。

【引用文献】
1）Donabedian, A. "Some Issues in Evaluating the Quality of Nursing Care"American Journal of Public Health 59：1833-1866,（1969）
2）冷水豊「福祉計画におけるサービス評価」定藤丈弘他編『社会福祉計画』　有斐閣　1996年　p.183
3）前掲書2）
4）～6）日本公衆衛生協会『介護サービスの質の評価のあり方に係る検討に向けた事業報告書』2010年　p.16
7）財団法人日本医療機能評価機構『病院機能評価ガイドブック』2016年

第7章 | 経営戦略

❶ 経営戦略とは

　戦略（strategy）という言葉は、もともとは軍事用語であり、「戦いに勝つための大局的な方策」[1]のことを言う。その後、経営の分野へ転用されるようになり、ビジネスにおける競争を戦争における戦闘になぞらえて「経営戦略」という概念が生み出された[2]。経営戦略という概念を最初に用いたのはチャンドラー（Chandler, Jr.A.D.）と言われており、その著書『経営戦略と組織』で「戦略とは一企業体の基本的な長期目的を決定し、これらの諸目標を遂行するために必要な行動方式を採択し，諸資源を割り当てること」[3]と定義している。また、チャンドラーは『組織は戦略に従う』（structure follows strategy）という有名な言葉を残している。その後も「経営戦略」については様々な研究者が定義しており、数多くの定義が存在している。例えば、以下のような定義がある。

「企業が実現したいと考える目標と、それを実現させるための道筋を、外部環境と内部環境とを関連づけて描いた、将来にわたる見取り図」
網倉久永・新宅純二郎『経営戦略入門』日本経済新聞出版社　2011年　p.3

「企業を取り巻く環境との関わりについて、企業を成功に導くために何をどのように行うかを示したもので、企業に関与する人たちの指針となり得るもの」
淺羽茂「経営戦略」岡本康雄編著『現代経営学への招待』中央経済社　2000年　p.57

「企業や事業の将来のあるべき姿とそこに至るまでの変革のシナリオを描いた設計図」
伊丹敬之・加護野忠男『ゼミナール経営学入門第3版』日本経済新聞出版社　2003年　p.21

---

❷ 医療・福祉事業における経営戦略の必要性

（1）　医療機関を取り巻く環境変化と経営戦略の必要性

　人口高齢化の進展や疾病構造の変化、急性期への医療資源集中投入、地域医療構想を踏まえた病床機能分化・連携の推進など、医療機関を取り巻く環境は大きく変化している。こうした経営環境下において、従来のやり方で場当たり的に経営を行っていては医療機関として成長・発展することはできない。医療機関を存続させ、発展させるためには、大局的かつ長期的観点から経営戦略を策定し実行することが重要である。

つまり、医療機関では、地域の特性や競合病院の存在、自院が保有している既存機能や資源等を把握検討した上で、地域での自院の役割や病院の進むべき方向性を明確にし、それらを実現するための具体的な方策について考えることが重要であるといえよう。

　病院を取り巻く外部環境（競合病院、診療圏人口、医療圏における地域疾病構造、医療圏シェアなど）や内部環境（資金力、財務状況、人材、手術件数、医療機器の保有状況、病床稼働率など）は病院によって異なるため、選ぶべき戦略はそれぞれ異なるが、具体的な戦略として次のような案が考えられる。❶急性期を志向する病院では、高度急性期・急性期機能を更に強化するため、医師・看護師などの医療従事者を増員する。積極的に高度医療機器への設備投資を行う。❷地域において急性期機能が過剰であれば、病棟の一部を回復期や慢性期に転換し、急性期治療からリハビリ、慢性期医療までを一貫してシームレスに提供できるように医療提供体制を見直す。❸介護療養病床、医療病床、介護療養型老健を介護医療院へ転換する。❹既存の病院にサービス付き高齢者住宅や有料老人ホーム等を併設し、介護・住宅事業に進出する。❺訪問診療や訪問看護等を強化する。在宅療養中の患者の急性増悪時の受け入れを積極的に行う。❻健診・人間ドック、脳ドック等の予防医療分野を強化する。

（2）　福祉施設・事業所における戦略の必要性

　戦後、我が国の社会福祉は措置制度に基づき実施され、措置制度下においては、本来的には国家が行うべき社会福祉事業を民間セクターの一つである社会福祉法人に委託し、その事業運営に必要な費用を措置委託費として支弁してきた。措置費は、利用者1人当たりの標準単価が定められ、当該事業を運営するために必要な職員配置（人員に関する基準）に対応した人件費や施設を運営するための経費に対応する費用、さらに、1人当たりの処遇に必要な経費を合算して算定され、租税を原資とする措置費を内部留保して次年度に繰り越したり、定められた使途を変更することを制限し、基本的には年度単位の使い切りを前提としたものであった[4]。そのため、社会福祉事業を運営する社会福祉法人は、受動的な経営となり、戦略的な思考はそれほど求められなかった。しかしながら、社会福祉基礎構造改革によって、多くの社会福祉事業が措置制度から契約制度へと転換し、社会福祉法人は措置の受託者という立場から準市場におけるサービス提供事業者の1つとなった。

　社会福祉法人経営研究会は2006（平成18）年に「社会福祉法人経営の現状と課題」をまとめ、「一法人一施設モデル」から「法人単位の経営」への転換といった新たな時代における福祉経営の基本的方向性が示された。報告書では社会福祉法人の経営の効率化・安定化のためには、法人全体でトータルとして採算をとることが不可欠であり、複数の施設・事業を多角的に運営し、規模の拡大を目指すことが有効な方策として考えられるとしている。また、サービス提供主体の多元化が進む中、内閣府の総合規制改革会議においては、社会福祉法人と民間企業の競争条件の均一化（イコール・フッティング）の論点が示された。

　このように、社会福祉法人を取り巻く事業環境が大きく変化する中、将来に渡って安定

的に事業を継続するためには、地域社会において期待されている役割や非営利組織としての存在意義を改めて確認するとともに、法人全体の視点に基づき、中長期的観点から経営戦略を策定することが重要である。

　営利法人は複数の事業を展開している場合が多く、税制面での優遇措置がないため、非営利法人以上に戦略的経営が求められる。上場企業であれば企業の中長期的な戦略を IR 情報として株主や投資家に対して示すことが強く求められるため、経営戦略の立案が必須となるが、福田が指摘するように、非上場の事業者であっても金融機関や取引先等のステークホルダーからは将来の戦略や方向性を明確にすることが期待され、また、近年、介護業界は人材の確保に苦慮しているケースが多く、人材を惹きつけ、定着を図るためにも、事業者の将来の方向性を明示していくことは非常に重要であるといえる[5]。

❸　経営戦略の階層性

　経営戦略は階層構造となっており「全社戦略（企業戦略）」、「事業戦略（競争戦略）」、「機能別戦略」の3つの戦略レベルがある。

（1）　全社戦略（企業戦略）
　全社戦略は、法人全体としての戦略であり、法人としてどの事業領域を選択し、自法人の経営資源をどのように各事業に配分するかを決定することである。一法人一施設のように、一つの事業しか保有しない法人であれば、全社戦略と事業戦略は一致するが、複数の事業を展開する法人の場合、法人あるいはグループ全体として事業ポートフォリオを検討し、今後の進むべき方向性を明らかにする必要がある。

（2）　事業戦略
　法人が複数の事業を展開している場合、事業ごとにターゲットや競合が異なるため、各事業それぞれについて戦略が必要となる。事業戦略は、事業単位での戦略のことを指し、市場において優位性を確立するための方針である。

（3）　機能別戦略
　機能戦略は事業を具体的に展開するために必要となる機能レベルの経営戦略である。研究開発、営業、マーケティング、生産、物流、財務、人事などの機能ごとに立てる戦略を機能別戦略という。

❹　経営戦略の策定プロセス

　経営戦略を構築する際には、図7-1のように、「経営理念の設定」、「ビジョン策定」、「環境分析」、「ドメイン（事業領域）設定」、「戦略策定」という流れで進めていく。実際の経

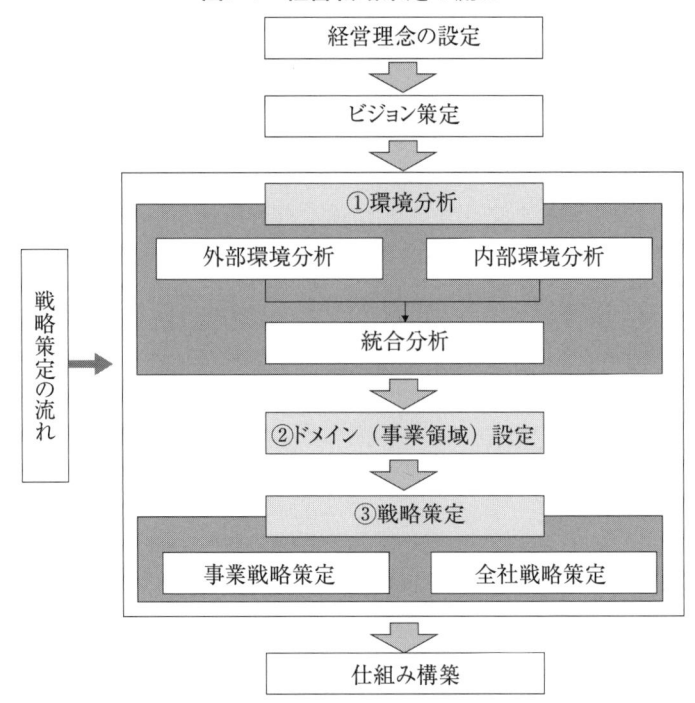

図7-1　経営戦略策定の流れ

経営理念の設定
↓
ビジョン策定
↓
① 環境分析
　外部環境分析　　内部環境分析
　統合分析
② ドメイン（事業領域）設定
③ 戦略策定
　事業戦略策定　　全社戦略策定
↓
仕組み構築

戦略策定の流れ

出典：経営戦略研究会『経営戦略の基本』日本実業出版社　p.26を一部加筆・修正

営戦略の策定では、経営戦略を検討した結果、ドメイン（事業領域）の変更が必要になることもあり、順序が逆になる場合もある。また、複数事業を展開する企業・法人においては、全社戦略を策定した後に全社戦略の方針に基づいて事業戦略を策定するのが一般的であるが、経営戦略策定プロセスと同様に行き来しながら策定していくことになる[6]。

（1）　経営理念（ミッション）の設定

　経営理念は、「事業体が何のために存在し、どこへ向かおうとしているか」「事業体が、どのような目的で、どのような姿を目指し、どのような方法で経営をしていくか」を示すものであり、事業体の運営の拠り所、組織の原点を示すものである[7]。経営理念は、経営戦略策定の前提となるため、経営理念を明確化し、組織全体に浸透させることが求められる。

（2）　ビジョン策定

　ビジョンとは、ある時点までに到達すべき目標であり、経営理念を前提として具体的にどのようになりたいかという方向性を明示したものである[8]。ビジョンは、自法人の目指す将来の具体的なイメージを職員だけでなく、患者や利用者、社会全体に対して表したものである。

表7-1　経営理念の例（国立大学法人　東京医科歯科大学）

> **基本理念：「知と癒しの匠を創造し、人々の幸福に貢献する」**
>
> 　学問と教育の聖地、湯島・昌平坂（しょうへいざか）に建つ本学は、医療系総合大学として「知と癒しの匠」を創造し、東京のこの地から世界へと翼を広げ、人々の健康と社会の福祉に貢献します。
>
> ■教育について
>
> 　幅広い教養と豊かな人間性、高い倫理観、自ら考え解決する創造性と開拓力、国際性と指導力を備えた人材を育成します。
>
> ■研究について
>
> 　さまざまな学問領域の英知を結集して、時代に先駆（さきが）ける研究を推し進め、その成果を広く社会に還元します。
>
> ■医療について
>
> 　心と身体（からだ）を癒す質の高い医療を、地域に提供するとともに、国内さらに世界へと広めていきます。
>
> この理念に基づき、本学の全構成員がそれぞれの役割を自覚し、自らの使命を果たします。

出典：東京医科歯科大学ホームページ　http://www.tmd.ac.jp/outline/idee/idee/index.html
　　　アクセス日：2018年 8 月14日

表7-2　ビジョンの例（社会医療法人財団 慈泉会　相澤病院）

> ・ER から救急入院まで、患者病態に応じた迅速で的確な救急医療を実践して、相澤病院の救急医療を確立、発展させる
> ・急性期中核病院として期待される医療と相澤病院の強みとする医療を充実・強化して、中核病院としての役割を果たす
> ・相澤病院の職員としての使命感・倫理観を持って、職能を磨き、患者さんの視点に立って、適正で安全な医療を提供する
> ・職種間のコミュニケーションを良好にして、多職種協働による効果的なチーム医療を推進する
> ・入院早期からリハビリと退院支援を行うことにより、退院後の患者・家族の QOL を高め、退院を促進する
> ・課題を明確にした上で、目標を定め、PDCA サイクルにより、医療の質・病院の質・経営の質を継続的に向上させる
> ・適正なコストで収入を確保する筋肉質な組織を創り、国が進める医療改革に対応する

出典：相澤病院ホームページ　http://www.ai-hosp.or.jp/intro/intro02.html　アクセス日：2018年 8 月14日

（3）　環境分析

　経営戦略を構築するためには、自法人を取り巻く外部環境や内部環境を分析し、状況を把握することが重要となる。その際、フレームワークを活用すると、広い視野で客観的に分析することができる。環境分析のための代表的なフレームワークには3C 分析がある。3C 分析とは顧客・市場（Customer）、競合（Competitor）、自社（Company）の３つの視点から市場環境を分析するためのフレームワークである。また、外部環境を分析するフ

レームワークとして「PEST分析」「5Forces分析」、内部環境を分析するフレームワークには、「バリューチェーン分析」「VRIO分析」がある。さらに、内部環境と外部環境を統合的に分析可能なフレームワークとして「SWOT分析」があげられる。ここでは、一般によく用いられる「SWOT分析」について紹介する。

SWOT分析

　SWOT分析は、内部環境と外部環境を統合的に分析するフレームワークで、SWOTとは、Strengths（強み）、Weaknesses（弱み）、Opportunities（機会）、Threats（脅威）の頭文字をとったものである（図7-3）。「SWOT」の起源については諸説あるが、アンドリューズ（Andrews, K.R.）に代表される、ハーバード・ビジネススクールの経営政策（Business Policy）グループによって開発されてきた経営計画策定ツールを起源とするという説が有力視されている[9]。

　SWOT分析では、外部環境（機会・脅威）と内部環境（強み・弱み）に分けて検討する。機会（Opportunity）は、自組織に好影響を与える外部環境要因である。例えば、高齢化による患者の増加や再開発による人口の増加、近隣病院の診療科目の制限による患者の増加などが考えられる。国が政策的に誘導したい分野には診療報酬上、手厚い評価がなされるが、そうした経済的インセンティブもプラス要素となる。

　脅威（Threat）は自組織に悪影響を与える外部環境要因である。診療報酬や介護報酬のマイナス改定、近隣に大規模病院が新設され、患者が競合病院に流れてしまうことなどが考えられる。外部環境は自組織の経営努力では変えられないため、外部環境の変化にどう対応すべきかを考える必要がある。

図7-2　病院、福祉施設・事業者を取り巻く外部環境

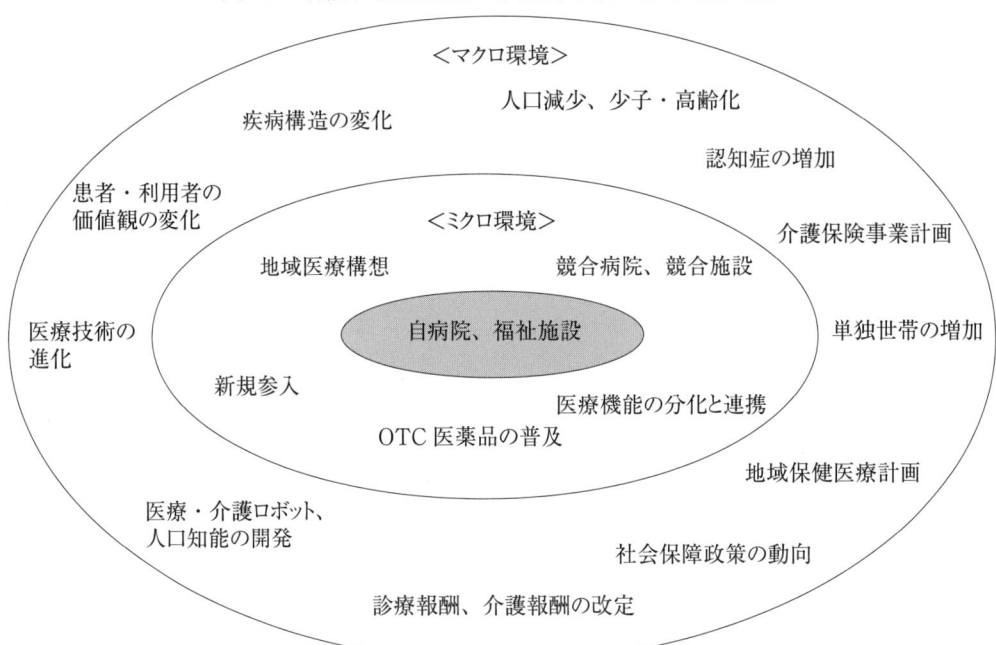

116

図7-3　SWOT 分析

		プラス要因	マイナス要因
	外部環境	Opportunities（機会）	Threats（脅威）
	内部環境	Strengths（強み）	Weaknesses（弱み）

> 自組織体ではコントロールできない要因

> 自組織体ではコントロールできない要因

資料：経営戦略研究会『経営戦略の基本』日本実業出版社　2016年　p.51を参考に筆者作成

　一方、Strengths（強み）は競争優位や企業価値をもたらす内部環境であり、病院の例としては、病院の立地が良いこと、紹介率が高い、最新の医療機器を備えていること、電子カルテなどの IT を活用し業務の効率化や利便性の向上を図っていること、医療圏における患者数占有率や症例占有率（シェア）が高いことなどがあげられる。Weaknesses（弱み）は競争優位や企業価値を低下させる内部環境であり、建物や設備が老朽化していること、平均在院日数が長い、手術室の稼働率が低い、財務内容が悪化していること、職員の定着率が低いこと、職員のモチベーションやコミットメントが低いこと、病床稼働率が低いことなどが例としてあげられる。

（4）　ドメイン（事業領域）の設定

　榊原はドメインについて次のように定義・説明している。ドメインとは組織体の活動の範囲ないしは領域のことであり、組織の存在領域である。ドメインを定義するということは、「今どのような事業を行っており、今後どのような事業を行おうとしているのか」「我が社はいかなる企業であり、いかなる企業になろうとしているのか」といった質問に答えることである[10]。ドメインを設定することで、今後の事業展開に必要な経営資源を特定できるとともに、ドメインを組織の内外に明示することで、法人としての存在意義や発展の方向性を示すことができる。

　ドメインは適度な広がりをもって定義することが重要であり、ドメインの設定が狭すぎる場合、狭い範囲の顧客にしか訴求できず、顧客のニーズに適合しにくくなる。また、事業活動が限定され成長が阻害される恐れがある。一方でドメインの設定が広すぎる場合、経営資源が分散するとともに、無意味な競争に巻き込まれる危険性がある。

　ドメインを決定する際は、顧客軸（市場軸）、技術軸（製品軸）に加えて、顧客に対して果たす機能（機能軸）で定義することで、新たな視野が開ける場合が多い[11]。

　医療機関は一般企業と比べて実施できる業務の範囲が狭いため、ドメインの選択の幅は

117

図7-4 医療サービスのドメイン

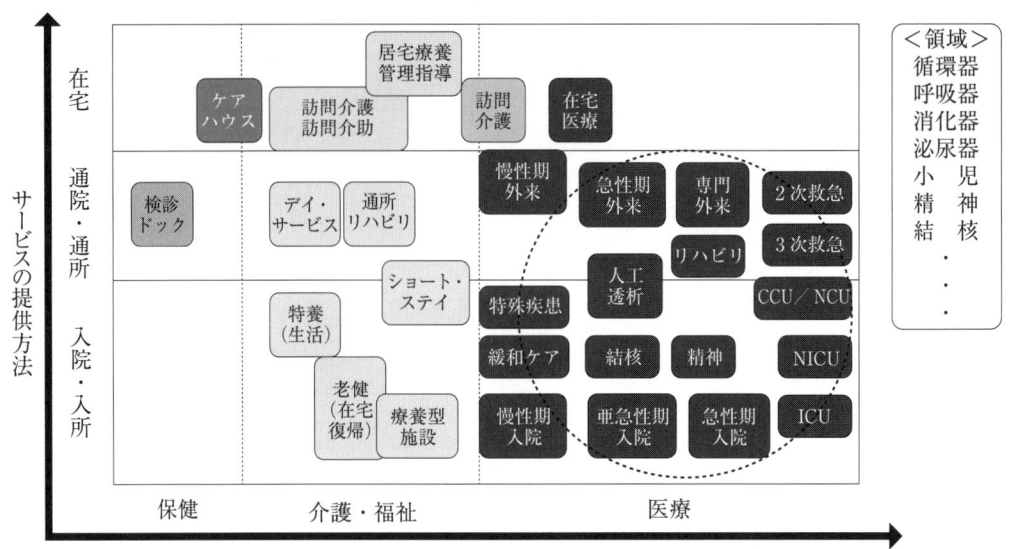

出典：経済産業省医療経営人材育成事業ワーキンググループ『経済産業省サービス産業人材育成事業 医療経営人材育成テキスト　経営戦略』　2006年　p.63

あまり広くないが、近年、サービス付き高齢者住宅や有料老人ホームの設置が認められるなど、附帯業務の範囲が拡大される傾向にある。今後、医療機関として多角化を行う際、どの事業領域まで広げるべきなのかを検討する必要がある（図7-4）。

（5）　戦略策定

TOWSマトリクスによる戦略オプションの立案

　TOWSマトリクス分析（クロスSWOT分析）は、これまで行ってきたSWOT分析をベースとして内部環境（強み・弱み）と外部環境（機会・脅威）をクロスさせ、戦略オプション（戦略代替案）を検討するための分析フレームワークである。TOWSマトリクス分析により「SO戦略」（強みを活かし機会をつかむ）、「ST戦略」（強みで脅威に立ち向かう）、「WO戦略」（弱みを転換して機会をつかむ）「WT戦略」（脅威を回避する、撤退する）の4つの戦略オプションが導き出される。表7-3は一般急性期病院におけるTOWS分析の例である。

成長マトリックスによる成長戦略の立案

　成長の方向性を考えるためのビジネスフレームワークとして、アンゾフの成長マトリックスがある（表7-4）。このフレームワークでは、製品と市場の2軸を設定し、それぞれ既存か新規かという観点で区別し、今後どのような成長戦略をとることが望ましいかを検討する。以下では医療分野を例に4つの戦略パターンについて説明する。

①市場浸透戦略（既存市場×既存製品）

　既存市場において既存製品をもとに検討するのが「市場浸透戦略」である。既存製品を既存市場へ浸透させることによって売上やシェアを拡大する戦略である。医療分野におけ

表7-3　TOWS 分析（一般急性期病院）

		機会	脅威
		・高齢化による患者増 ・高度手術への点数増加 ・重症患者への点数増加	・医療費削減に向けた報酬抑制 ・包括病床（DPC、地域包括等）の増加 ・褥瘡、感染症、データ管理等の運営基準強化 ・競合（地域中核病院）の救急受け入れ拡大、在院日数削減による集患強化
強み	・整形外科の高度手術と実績（スタッフ・設備の充実） ・幹部スタッフが経営状況を理解し、経営方針に対して協力的	【強みを活かす】 ・整形外科の手術にさらなる投資を行い、高齢患者を獲得する ・難易度の高い重症患者の受け入れを積極的に行う	【強みで脅威に立ち向かう】 ・施設基準を精査し、最適な入院基本料算定を目指す ・競合に対しても整形外科を前面に出して、連携や研修を実施
弱み	・病床規模が小さい（50床） ・施設の老朽化。施設基準が古く、各種病棟転換が不可 ・駐車場がなく、最寄り駅も遠い	【弱みを転換して機会をつかむ】 ・病床の新規取得、事業譲渡による分院展開 ・財務状況を見ながら、アクセスの良い場所での新棟建設	【脅威を何とか回避する】 ・建て替えまでの間、できるだけ修繕を控え、コスト管理を徹底 ・送迎バス、近隣駐車場の借り上げでアクセス障害を緩和

出典：小松大介・大石佳能子監修『病院経営の教科書　数値と事例で見る中小病院の生き残り戦略』日本医事新報社　2015年　p.139

表7-4　アンゾフの製品・市場マトリックス

	既存製品	新規製品
既存市場	市場浸透戦略	新製品・サービス開発戦略
新規市場	市場開発（開拓）戦略	多角化戦略

出典：H.I. Ansoff（1965）、Corporate Strategy McGraw-Hill, Inc. 広田寿亮訳『企業戦略論』産業能率大学出版部　1969年　p.137を一部加筆・修正

る市場浸透戦略としては、表7-5が示すように、インターネットやパンフレット等の活用による広報の強化や院内健康講座、出前講座などによる病院の認知度向上、地域の診療所や病院への広報活動、CRM（Customer Relationship Management）による患者ロイヤリティの向上などの方策が考えられる。

表7-5　医療分野における成長戦略の例

	既存市場	新規製品
既存市場	**[市場浸透戦略]** インターネットやパンフレット活用による広報 院内健康講座、出前講座などによる病院の認知度向上 地域医療機関への広報活動 CRM によるロイヤリティの向上	**[新製品・サービス開発戦略]** 診療科の増設 先進医療技術の導入 オンライン診療（遠隔診療） 健康診断や人間ドック等の予防医療分野の強化 自由診療の拡充 インプラントや矯正歯科治療
新規市場	**[市場開発（開拓）戦略]** サテライトクリニックの開設 訪問診療 メディカルツーリズム 病院の買収によるサービス提供エリアの拡大	**[多角化戦略]** サービス付き高齢者向け住宅 有料老人ホーム 疾病予防運動施設 看護専門学校の設立 福祉観光サービス

②新製品・サービス開発戦略（既存市場×新規製品）

　新製品・サービス開発戦略は、現在の市場に対して、新しい製品やサービスを投入する戦略である。現在の患者に対し、新しい治療方法や新しい技術を用いてサービスを提供することで成長を図る戦略であり、例えば、診療科の増設や健康診断・人間ドック等の予防医療分野の強化、先進医療技術の導入、オンライン診療（遠隔診療）、自由診療の拡充などがあげられる。

③市場開発（開拓）戦略（新規市場×既存製品）

　市場開発（開拓）戦略は、既存の製品やサービスを新たな市場に投入する戦略であり、今まで利用していなかった顧客層に対して自社の製品やサービスを提供する戦略である。例えば、サテライトクリニックの開設や医療ツーリズム、病院の買収によるサービス提供エリアの拡大、海外の介護サービス市場への進出などが考えられる。

　中国民政部が発表した「2016年社会サービス発展統計公報」によると、2016年末の時点で、中国の65歳以上の人口が1億5003万人で、総人口の10.8％を占めた。「2016年中国高齢者金融発展報告」によると、中国の高齢化は2055年にピークに達すると予想され、その時点で、高齢者人口は4億人に上る見通しとしている[12]。こうした中、日本の企業が中国等の海外の介護サービス市場に進出している（表7-6）。介護サービス大手のニチイ学館は、2012（平成24）年にグループとして初めての現地法人を中国（上海）に設立し、福祉用具販売事業で進出した。2016（平成28）年には、中国の家政サービス事業者21社と合弁会社を設立し、在宅を中心とした介護サービスのほか、研修、保育、家政サービスなど日本で提供しているサービスを中国で開始し、本格的に中国市場に参入している。

④多角化戦略（新規市場×新規製品）

　多角化戦略は新しい製品やサービスを新しい市場に投入する戦略である。例えば、有料

老人ホーム、サービス付き高齢者向け住宅など医業以外の関連事業への進出があげられる。また、生活習慣病予防のための疾病予防運動施設の運営などが考えられる。

表7-6　海外事業に取り組む介護サービス事業者

会社名	進出国	時期	海外の主な事業	（参考）2014年度国内売上高
ニチイ学館	中国	2012年	訪問介護、居住型、人材育成、福祉用具	1446億円
セコム医療システム	中国	2012年	居住型	218億円
ウイズネット[1]	中国、タイ、インドネシア	2010年	訪問、通所、居住型、運営受託、人材育成	161億円
メディカル・ケア・サービス[2]	中国、マレーシア、フィリピン	2011年	訪問、居住型、人材育成	117億円
リエイ	タイ、中国	2003年	訪問、通所、居住型、人材育成	109億円
ロングライフホールディング	中国、インドネシア、韓国	2010年	居住型、運営受託、人材育成、訪問、通所	107億円
学研ココファンホールディングス	香港	2016年	コンサルティング	105億円
ケアサービス	中国	2015年	人材育成	76億円
エフビー介護サービス	中国、台湾	2014年	居住型、コンサルティング	46億円
社会福祉法人木犀会	韓国	2012年	訪問、人材育成	16億円
タイヨウ	台湾	2014年	居住型	16億円
コミュニティネット	中国	2007年	コンサルティング	10億円
サンガホールディングス	中国、台湾	2012年	コンサルティング、居住型、人材育成	10億円
さくらコミュニティサービス	ミャンマー	2015年	人材育成	7億円
ゲストハウス	中国	2010年	人材育成、運営受託	6億円
さくら介護グループ	タイ、ベトナム	2012年	居住型	5億円
社会福祉法人しんまち元気村	台湾	2012年	人材育成	5億円

（1）ウイズネットは2016年4月に ALSOK が買収。
（2）メディカル・ケア・サービスは2013年7月に三光ソフランホールディングスが買収。
出典：野村総合研究所「介護関連サービスの海外展開状況と課題　平成28年度医療技術・サービス拠点化促進事業（国際展開体制整備支援事業）」2017年　p.8

❺ 多角化戦略

（1）多角化のタイプとシナジー効果

　多角化戦略は、新たな市場（顧客）に対して、新たな製品やサービスを提供する戦略である。多角化は既存事業と関連性の高い事業に進出する「関連多角化」と既存事業と関連性がない、あるいは低い事業へ進出する「非関連多角化」に分けることができる。「関連多角化」はこれまで蓄積してきたノウハウやスキルなど、法人が保有する経営資源を有効活用するためシナジー効果が期待できる。シナジーとは、企業が複数の事業を持つことによって、それぞれを単独で運営した時よりも大きな効果を得られることであり、シナジーは生産、技術、販売、管理、人材など、さまざまな活動・要素について働くが、通常、事業間で共通利用できる要素が多いほど強く働く[13]。「非関連多角化」はシナジー効果はあまり期待できないが、既存事業と関連性のない事業を展開するため、事業リスクを分散することができる。

（2）保健・医療・福祉複合体

　医療機関を取り巻く事業環境が複雑さを増す中、制度・政策リスクの分散や経営資源の共有によるシナジー効果の実現を目指し、医業以外の関連事業を複合的に展開する医療機関が増加している。二木は、1998（平成10）年に『保健・医療・福祉複合体－全国調査と将来予測』を出版し、複合体の実態について明らかにしている。保健・医療・福祉複合体とは、「母体法人」（個人病院・診療所も含む）が単独、または関連・系列法人とともに、医療施設（病院・診療所）となんらかの保健・福祉施設の両方を開設しているものと定義している[14]。また、二木は、病院・老人保健施設・特別養護老人ホームの3種類の入院・入所施設を開設しているグループを「3点セット」開設グループと呼んでいる。この「3点セット」を開設しているグループは1996（平成8）年末時点で全国に259あり、その8割が医療法人の病院が母体であることを示している[15]。

　大野は埼玉県内に存在する全ての病院の経営主体を、「医療・介護複合体」に着目して調査し、過去10年間の変化を明らかにしている。これによると、1996（平成8）年から2006（平成18）年の10年間で、複合体の病院数は114から156へと増加し、シェアは30.6%から43.6%へと13ポイント上昇したとしている[16]。

（3）複合化による経営効果

　複合化は経営成績にプラスの効果を及ぼすことが指摘されている。代表的な研究として、大野、鄭らの研究がある。大野は、医療法人の経営類型と経営成績との関係を検討し、病院単独及び医療施設のみを複数経営するより、医療施設と介護施設を合わせて経営した方が黒字経営となる可能性が高いことを明らかにしている[17]。

　鄭らは、医療生協の財務データを用いて、複合化による経営効果について分析し、複合化の効果として、報酬改定といった外部的要因によるリスクを分散する効果があること、

122

複合体の方が医療単独よりも生産性が高いこと、「施設型複合体」（医療施設＋老人保健施設＋在宅サービス）と「ミニ複合体」（医療施設＋在宅サービス）との間には、財務面での特徴的な差異はほとんどないことを明らかにしている[18]。

　また、医療機関が複合体を組成することにより、次のような経営上のメリットを享受できるといわれている[19]。第1に、多角化によるブランド形成や安心感の醸成があげられる。グループ内に急性期から慢性期まで多様なサービスを整備することにより、利用者に対して信頼感や安心感を創出することができる。第2に資金調達の円滑化である。グループ企業としての売り上げ規模の拡大に伴い信用度が向上するとともに、政策リスクが回避されることで安定的なキャッシュフローが長期的に展望しやすくなるため、金融機関から資金調達を行いやすくなる。第3に調達上のスケールメリットが指摘できる。グループ全体の仕入れを一括共同で行うことにより、薬剤や医療資材、医療機器などの調達の交渉上、有利な条件が引き出しやすくなる。第4に、人材配置効率化である。新規施設の立ち上げ時などに、既存施設からの異動を活用し機動的に人員配置を行い、新規に過剰な職員を雇用することなく効率的な資源配分を実現することができる。また、職員にとっては自分の希望している仕事に就ける機会が増加し、モチベーションの維持・向上につながったり、役職ポストが増えることにより、適切なタイミングで昇進の機会を用意できるなど、人材管理上のメリットもある。

　一方で複合化の推進にはリスクが伴う。失敗した場合には多額の損失が発生する可能性があるため、複合体を組成する際には、市場の規模や成長性、収益性、競争優位性、事業間のシナジー効果などを慎重に検討する必要がある。

【引用文献】

1）『デイリーコンサイス国語辞典（第1版）』三省堂　1991年　p.431

2）網倉久永・新宅純二郎『経営戦略入門』日本経済新聞出版社　2011年　p.2

3）Chandler, A. D., Jr. (1962). Strategy and structure: Chapters in the history of the industrial enterprise. Cambridge, Mass. : MIT Press p.13
　　三菱経済研究所訳『経営戦略と組織』実業之日本社　1967年　p.29

4）早坂聡久「第7章　福祉サービス提供組織の人事労務・財務・会計管理」福祉臨床シリーズ編集委員会編『福祉サービスの組織と経営』弘文堂　2013年　p.115

5）福田隆士「介護事業における将来戦略策定と組織対応力強化への提案　〜シナリオ・プランニング手法の活用可能性について〜」日本総研ホームページ　2015年　https://www.jri.co.jp/page.jsp?id=27188　アクセス日：2017年8月3日

6）経営戦略研究会『経営戦略の基本』日本実業出版社　2008年　p.26

7）福祉サービス提供主体経営改革に関する提言委員会「福祉サービス提供主体経営改革に関する提言委員会最終提言」2003年

8）喬晋建「経営戦略論の誕生と発展」『海外事情研究』第41巻第1号　2013年　p.57

9）前掲書2）p.41

10）榊原清則『企業ドメインの戦略論—構想の大きな会社とは』中央公論社　1992年　p.6・p.12

11）相葉宏二・グロービス マネジメント インスティテュート編『「MBA経営戦略』ダイヤモン

ド社　2012年　p.33

12）人民日報社ホームページ　http://j.people.com.cn/n3/2016/1213/c94475-9154136.html　アクセス日：2018年5月13日

13）前掲書11）p.12

14）二木立『保健・医療・福祉複合体』医学書院　1998年　p.4

15）前掲書14）p.15-17

16）大野博「病院経営主体の「医療・介護複合体」化の進展とその特徴に関する研究—埼玉県の事例から」『医療経済研究』21（1）　2009年　p.25-38

17）大野博「医療法人の経営多角化と黒字経営に関する経営」『日本医療経済学会会報』第29巻2号　日本医療経済学会　2010年　p.1-17

18）鄭丞媛・井上祐介・足立浩・鍋谷州春「医療・福祉サービスの複合化の経営効果分析—医療生協のデータを中心に—」『日本医療経営学会誌』第3巻1号　日本医療経営学会　2009年　p.53-60

19）医療経営人材育成事業ワーキンググループ『経済産業省サービス産業人材育成事業　医療経営人材育成テキスト「経営戦略」』経済産業省　2006年　p.75-77

第8章 マーケティング

❶ マーケティングの定義

アメリカ・マーケティング協会（American Marketing Association: AMA）は、2007（平成19）年に次のように定義している[1]。

Marketing is the activity, set of institutions, and processes for creating, communicating, delivering, and exchanging offerings that have value for customers, clients, partners, and society at large. （訳：マーケティングとは、顧客、得意先、パートナー、そして社会一般にとって価値ある提供物を、創造し、伝達し、配送し、交換するための活動であり、一連の制度であり、プロセスである。）

日本マーケティング協会は1990（平成2）年に「マーケティングとは、企業および他の組織がグローバルな視野に立ち、顧客との相互理解を得ながら、公正な競争を通じて行う市場創造のための総合的活動である」[2]と定義している。「他の組織」とは、教育・医療・行政などの機関、団体などを含み、「グローバルな視野」とは国内外の社会、文化、自然環境の重視であり、「顧客」とは、一般消費者、取引先、関係する機関・個人、および地域住民を含むとしている。「総合的活動」とは、組織の内外に向けて統合・調整されたリサーチ・製品・価格・プロモーション・流通、および顧客・環境関係などに係わる諸活動をいう。

❷ マーケティング・コンセプトの変化

マーケティングの考え方は時代の流れとともに変化している（図8-1）。以下では日経デジタルマーケティング編『マーケティング基礎読本』を参考にしながら、マーケティング・コンセプトの変化について説明する。1955（昭和30）年～1973（昭和48）年頃までは高度経済成長期と呼ばれ、白黒テレビ、冷蔵庫、洗濯機が三種の神器として消費ブームを巻き起こした。モノ不足の中の「作れば売れる」という時代においては、市場全体に対して製品を大量生産、大量流通させる戦略が採用された。この時期のマーケティングのコンセプトは、企業側の考えや技術を重視して製品やサービスを開発する「Product out」であり、新聞やラジオ、テレビによるマスマーケティングが中心であった。しかしながら、1980（昭和55）年代以降、経済成長率が鈍化し、市場が成熟する中、他社との差別化を図るために、顧客のニーズや視点を重視し、顧客にとって魅力のある商品やサービスの開発を行う「Market in」へとマーケティングのコンセプトが変化していった。つまり、「どの

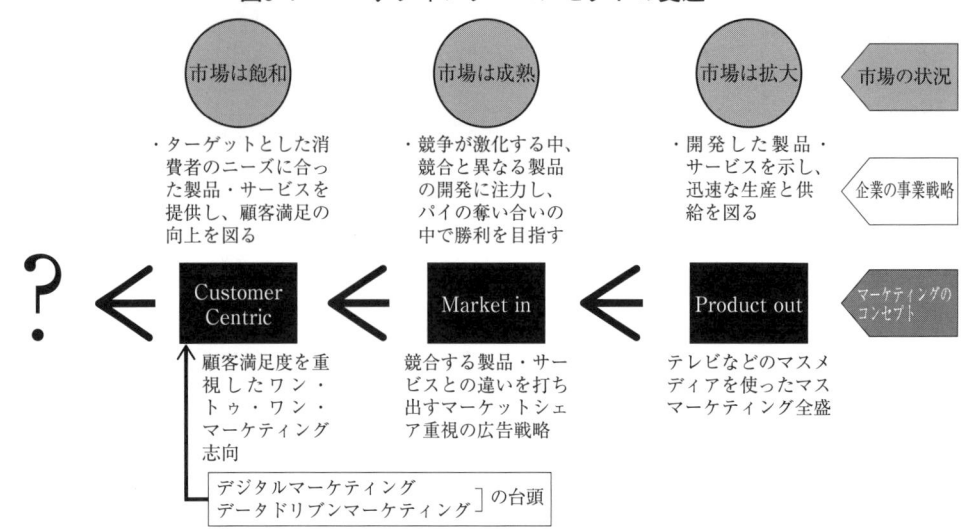

図8-1　マーケティング・コンセプトの変遷

市場は飽和
・ターゲットとした消費者のニーズに合った製品・サービスを提供し、顧客満足の向上を図る

市場は成熟
・競争が激化する中、競合と異なる製品の開発に注力し、パイの奪い合いの中で勝利を目指す

市場は拡大
・開発した製品・サービスを示し、迅速な生産と供給を図る

市場の状況

Customer Centric

Market in

Product out

企業の事業戦略

マーケティングのコンセプト

顧客満足度を重視したワン・トゥ・ワン・マーケティング志向

競合する製品・サービスとの違いを打ち出すマーケットシェア重視の広告戦略

テレビなどのマスメディアを使ったマスマーケティング全盛

［デジタルマーケティング　データドリブンマーケティング］の台頭

出典：日経デジタルマーケティング編『マーケティング基礎読本』日経BP社　2016年　p.32

ような商品やサービスを開発すれば売れるのか？」「いくらで販売すれば購入してもらえるのか？」というように、消費者の立場に立ったマーケティングの重要性が高まっていった。

　その後、1991（平成3）年以降バブルが崩壊し、個人消費が低調となり、さらに、モノが溢れ市場が飽和状態となる中、「Customer Centric」の考え方が重視されるようになった。つまり、市場全体の中のシェアを獲得するのではなく、ターゲットとした消費者のニーズにあった製品・サービスを提供し、自社の顧客にどれだけ頻度多く、かつ長期にわたって購入してもらえるかを目指す「顧客中心主義」へとシフトしていった[3]。そのため、「購入・利用した人は満足しているのか？」「再度、購入・利用してもらうためには何を行えばよいのか？」「顧客ロイヤリティ（信頼や愛着）を高めるためには何をすればよいのか？」というように顧客満足度を重視したマーケティングが今まで以上に重要となった。また近年では、環境問題などへの事業者の社会的責任（CSR）といった公共的、あるいは公益的な視点から、ソーシャル・マーケティングの概念も重要視されている[4]。

❸　マーケティング・プロセス

　フィリップコトラーは、マーケティング・マネジメント・プロセスは❶調査（Research）、❷STP（セグメンテーション（Segmentation）・ターゲティング（Targeting）・ポジショニング（Positioning））、❸マーケティング・ミックス（Marketing Mix）、❹実施（Implementation）、❺管理（Control）の5つのステップから構成されるとしている[5]。このプロセスは、それぞれの頭文字をとって、「R → STP → MM → I → C」とも呼ばれる。以下ではマーケティング・マネジメント・プロセスの中心的要素となる「調査」、「STP」、「マーケティング・ミックス」について説明する。

（1）　調査（市場調査）

　マーケティングは調査（市場調査）からスタートする。調査の段階では、外部環境と内部環境を分析し、市場機会や脅威を明らかにする。

　外部環境の分析には PEST 分析、5F 分析、3C 分析などの分析ツールが用いられ、外的環境と内部環境の統合的な要因整理には SWOT 分析などが用いられる。

（2）　STP

　STP とは、Segmentation（市場細分化）、Targeting（標的市場の決定）、Positioning（立ち位置の明確化）の 3 つの頭文字をとったものである。このステップでは、市場を性別や年齢、職業、居住地など、さまざまな属性に基づいて細分化し、どのセグメントに対してサービスを提供するのか、フォーカスすべきターゲットセグメントを決定する。また、市場においてどのようなポジションをとるのか、立ち位置を明確にする。

Segmentation（市場細分化）

　Segmentation（市場細分化）とは、市場を構成する人々（あるいは企業）を、何らかの共通点に着目して、同じようなニーズをもつ市場部分（セグメント）に分類することをいう[6]。市場は❶地理的変数、❷人口統計的変数、❸心理的変数、❹行動変数の 4 つの視点で分けると整理しやすい（図8-2）。例えば、「M1層　20歳〜34歳の男性」「F3層　50歳以上の女性」など、人口や性別によってセグメントすることができる。しかし、対象とするセグメントの特性をより明確にするためには、地理的特性や心理的特性など、いくつかの変数を組み合わせてセグメントする必要がある。セグメンテーション分析は因子分析やクラスター分析がよく用いられる。

Targeting（標的市場の決定）

　Targeting（標的市場の決定）とは、細分化された市場を「市場魅力度」「競合状況」「内部経営資源の適合関係」「ビジョンとの整合性」などの視点から評価し、どのセグメントをターゲットにするか、有望なセグメントを特定することをいう。ターゲットを絞り込

図8-2　セグメンテーションの手法

【地理的変数】	【人口統計的変数】
国や地域、人口規模、交通手段、気候、文化、生活習慣などの要素で細分化	年齢、性別、職業、所得、学歴、家族構成、既婚・未婚などの要素で細分化
【心理的変数】	【行動変数】
顧客の価値観、性格、趣味、ライフスタイル、などで細分化	利用頻度、購買パターン、ロイヤルティ、利用用途などの要素で細分化

出典：沼上幹『わかりやすいマーケティング戦略』有斐閣　2010年　p.53を参考に作成

図8-3　救急と手術の注力状況（北多摩南部医療圏周辺）

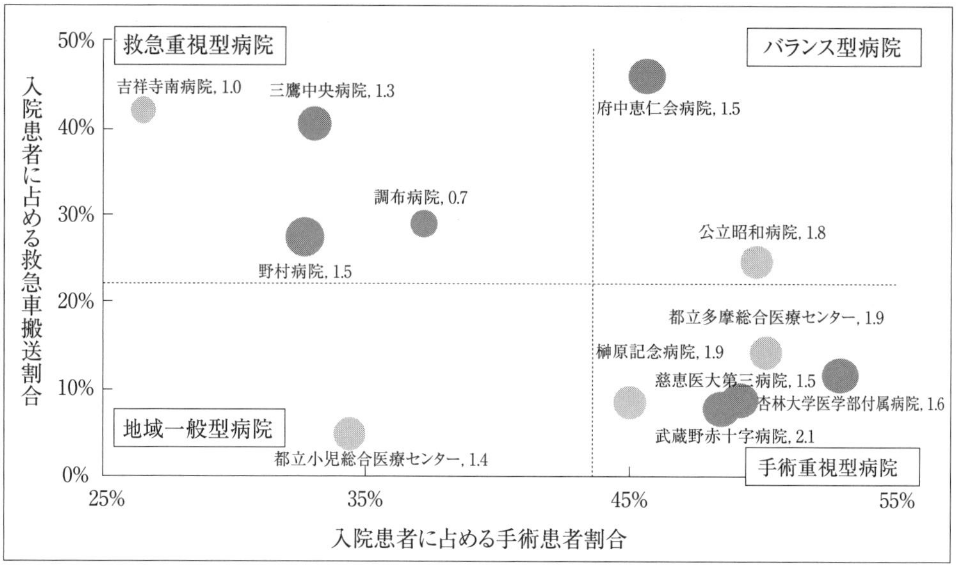

※バブルの大きさ及び病院名横の数値は1床当たりの退院患者数(月)を意味する
資料：平成26年度第5回診療報酬調査専門組織・DPC評価分科会の資料をもとに作成

出典：井上貴裕『これからの医療政策の論点整理と戦略的病院経営の実践』日本医療企画　2017年　p.73

むことにより、限られた広告費を効率的に活用できるなど、より効果的なマーケティング活動が可能となる。

Positioning（立ち位置の明確化）

　Positioning（立ち位置の明確化）は、ターゲットに選ばれる立ち位置を見出すことであり、効果的なポジショニングができれば、他の競合との差別化が図られ、ターゲットから選ばれる存在になれる[7]。他院、他事業者との差別化や相対的なポジショニングを検討する際、ポジショニング・マップを活用することが多い。ポジショニング・マップでは、2つの軸を設定した上で自院と競合病院をマップに配置し、可視化する。

　地域医療構想を踏まえた病床機能分化・連携が推進される中、医療機関においては、地域の医療需要や競合病院の存在、自院の既存機能や内部資源等を検討し、地域での立ち位置、すなわち、将来を見据えたポジショニングを考えることが重要となっている。図8-3は、救急と手術の注力状況を示したポジショニング・マップである。横軸は入院患者に占める手術患者割合であり、縦軸は入院患者に占める救急車搬送割合、バブルの大きさは1床当たりの月間退院患者数（病床回転率）である[8]。

（3）　マーケティング・ミックス（4つのP、7つのP）

　マーケティング・ミックスの代表的なフレームワークとして、アメリカのマーケティング学者であるエドモンド・ジェローム・マッカーシー（Edmund Jerome McCarthy）が提唱した4Pがあげられる。4Pとは、Product（製品）、Price（価格）、Place（場所・流通）、Promotion（広告など）のそれぞれの頭文字をとって名付けられた。この4Pは、売

り手側の視点に基づき、形のある有形財（モノ）を製造するメーカーを対象としたモデル
であり、顧客がその商品を購入するかどうかの決定に影響する主要な要因である[9]。

　産業構造が大きく転換し、サービス業の比率が高まるにつれて、無形であるサービスを
対象にしたマーケティングの重要性が指摘されるようになった。サービス業の特性を踏ま
えたマーケティング・ミックスは、従来の4Pに Physical Evidence（物的証拠）、Process
（プロセス）、People（人）の3Pを加え、マーケティングの7Pと呼ばれる（図8-4）[10]。

図8-4　マーケティングの7P

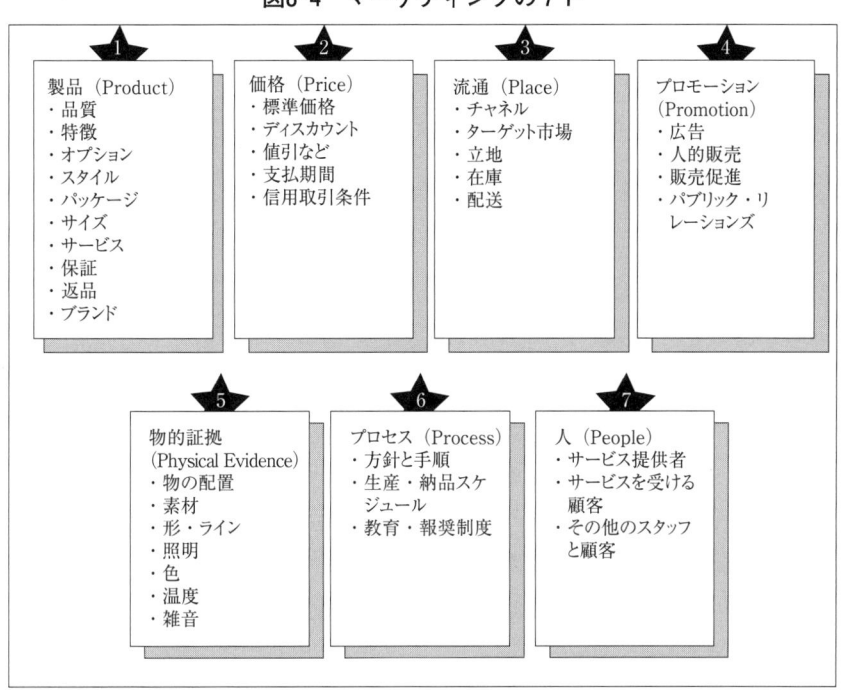

出典：フィリップ コトラー・トーマス ヘイズ・ポール ブルーム著　白井義男監　平林祥訳『コトラー
　　　のプロフェッショナル・サービス・マーケティング』ピアソン・エデュケーション　2002年　p.8を
　　　基に作成

❹　サービスの特性

　サービスは、形のある有形財（モノ）とは異なる特性をもっている。以下では、「コト
ラーのプロフェッショナル・サービス・マーケティング」を参考に、サービスの基本的特性
について整理する。

無形性

　無形性とは、購入していないサービスは、見ることも、味わうことも、触れることも、
聞くことも、嗅ぐこともできないことを指す。多くの場合、実際に利用するまでは品質が
わからないため、顧客は、不安を軽減するためにサービスの質を示す「手がかり」とでも
いうものを探そうとする。病院であれば、院内の雰囲気や検査機器、検査の流れ、手術な
ど病院を紹介する動画を制作・配信することで、患者の不安が軽減される。

不可分性

多くのサービスは、無形性のため生産と消費が不可分に進行する。つまり、生産と消費が同時に発生し、分割できない。そのため、提供者個人のプロ意識、外見、態度といった特性がすべて、プロフェッショナル・サービスの質を判断する材料となりうる。不可分性は電話や受付で応対する従業員にまで及び、潜在顧客に第一印象を植え付けるのはそうした従業員であることが多い。また、サービスは一度失敗するとやり直しができないという不可逆性の特性がある。

同時性

多くのサービスは、生産と消費が同時に進行する。このため、稼働率が生産性に直結する。医療サービスの場合、疾患によって季節変動があり、収益性に大きく影響する。

変動性

サービスと人とが切り離せないものであるため、顧客へのサービスの質に差がでることがある。医療・福祉サービスは、人が人に対してサービスを提供するものであるため、職員の知識や技術、経験などによってサービス品質に差異が生じる。そのため、サービス品質のばらつきをなくし、なるべく均質化する必要がある。質のばらつきをなくし、標準化を図る方法としては、業務マニュアルの活用やクリニカルパスの整備・導入があげられる。

消滅性

消滅性とは、サービスはいったんとっておいて後で販売したり使用したりすることができないという意味である。モノであれば、在庫としてとっておき、後で販売することができるが、サービスはその時その場でのみ存在し、物理的な意味での在庫ができない。

⑤ 医療・福祉サービスにおけるマーケティングの7P

マーケティングは利潤や利益を追求する営利組織において導入され発達してきたが、1971（昭和46）年にフィリップ・コトラーらによりソーシャル・マーケティングという新しい概念が提唱された[11]。この概念は、社会との関わりや社会の利益を重視するマーケティングの考え方であり、近年では行政機関やNPO、教育機関、医療機関、福祉施設など、公共部門や非営利組織においてもマーケティングが適用されるようになっている[12]。

医療・福祉サービスの場合どのような意味をもつのか、7Pについてみていく。

Product（製品）

医療における本質的サービスとしては、診察や検査、処置、手術、インフォームドコンセントなどがある。表層的サービスとしては、受付スタッフの接遇力、待合室や病室の快適性、待ち時間、駐車場の広さなどがある。

介護サービスにおいては、食事や入浴、排泄、着替えなどの身体介護や掃除、洗濯、調理などの日常生活援助を中心に、生きがいやQOLを高めるためのアクティビティ（誕生会、おやつ作り、日帰り旅行、健康体操、散策、季節行事、サークル活動など）があげられる。また、介護施設は生活の場であるため、食事や居住スペースの快適性（間取りや専

有面積、インテリアなど）も重要である。患者や利用者から支持を得るためには、こうしたサービスの品質を高める必要がある。

　医療・福祉サービスは、制度によってサービスの種類や内容等が決まっているため、差別化の余地があまりないが、事業者独自の発想とアイディアで差別化することが可能である。顧客のニーズを分析し、顧客にとって魅力のあるサービスの開発を行えば、制度・政策に影響されない収益を確保できる可能性がある。

Price（価格）

　一般に物やサービスの「価格」はコスト（費用）、需要、競争の三つの要素で決定されるが、医療や介護サービスの単価は診療報酬や介護報酬による公定価格が決められているため、価格による戦略的な差別化は不可能である。しかしながら、健康診断や人間ドック、産婦人科での正常分娩、不妊治療、インプラント治療や審美治療など一部の歯科治療については自由診療であるため、価格を自由に設定することができる。また、診療情報提供書（紹介状）を持参しない初診患者に対して徴収する保険外併用療養費や、差額室料を要する特別療養環境室についても、各医療機関が価格を自由に設定することができる。

　介護サービスにおいても、介護保険外サービスについては価格を自由に設定できる。有料老人ホームの場合、入居一時金や月額利用料、その他の費用について価格を自由に設定できるが、エリアの特性に合わせて価格帯を設定する必要がある。

Place（場所・流通）

　医療施設は簡単に移転することはできないため、エリアマーケティングを行い、医療圏における将来の医療需要の予測や競合病院の分析を行う必要がある。「平成26年受療行動調査」から病院を選んだ理由をみると、「交通の便がよい」が外来で27.6％、入院で25.3％と比較的高くなっており、交通アクセスも重要な要素であることがわかる（図8-5）。有料老人ホームやサービス付き高齢者向け住宅など介護系施設においても、介護需要動向や商圏の特性を分析し、開設場所を慎重に判断する必要がある。

Promotion（広告など）

　魅力的な商品やサービスを開発しても、顧客がその存在を認知しなければ購入や利用にはつながらない。そのため、商品やサービスの情報を顧客に伝えるためのプロモーション活動が重要となる。プロモーション活動は、大きく次の4つにわけることができる[13]。

　❶広告（テレビ、新聞などメッセージを伝達する手段を使い、広告主のメッセージを人によらない手段で提示すること）。❷販売員活動（人と人との接触による販売促進活動のことで人的販売ともいう）。❸PR（パブリック・リレーションズの略で、社会との間で良好な関係を樹立する活動を指す）。❹販売促進（製品やサービスの試用や購入を促進したり、販売店の協力を得るための活動）。体験してみないと品質が分からないサービス財の場合、広告によるプロモーションより口コミの方が重要な役割を果たす場合が多い。

Physical Evidence（物的証拠、物的環境）

　サービスの生産に関係するすべての物理的事象を意味し、建物、景観、外部環境、駐車場、部屋、備品、レイアウト、空調、温度、機器、パンフレット、ユニフォームなどであ

図8-5　外来―入院別にみた病院を選んだ理由（複数回答）

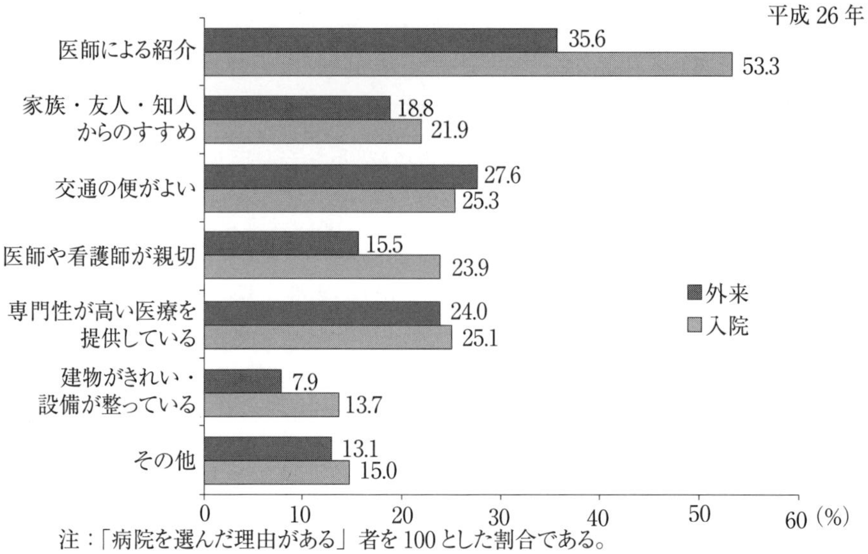

注：「病院を選んだ理由がある」者を100とした割合である。

出典：厚生労働省「平成26年受療行動調査（概数）の概況」2014年　p.3

る[14]。医療機関や介護施設の場合、医療機器や医薬品、医療材料、待合室、病室、居室、食堂、浴室、室内の広さやインテリア、景観、室温、臭いなどがあげられる。

Process（プロセス）

サービスは、生産と消費が同時に進行するため、サービス提供のプロセスを管理することが重要である。サービス品質を均質化するためには、マニュアルを作成し手順を遵守させることや、ロールプレイなど必要な訓練を実施し、サービス品質の向上を図る必要がある。医療分野の例としては、医療提供プロセスを最適化するクリニカルパスがあげられる。福祉サービスにおいては、質のばらつきを抑えるためのサービスの標準化やアセスメントに基づく個別支援計画の作成・評価などがある。

People（人）

People（人）とは、医療・福祉サービスを提供するスタッフのことである。医療・福祉サービスは、ヒトが人に対してサービスを提供する活動であるため、提供されるサービスの品質やサービス提供時の事故リスクは、サービスを提供する職員の能力水準やモチベーションよって大きく変動する。そのため、優れた人材を雇用し、保持し、動機付け、成長させ、満足させる仕組みを作り上げることが課題となる[15]。

❻ 顧客視点による4C

米国のマーケティング学者であるロバート・ラウターボーン（Robert F.Lauterborn）は、1993（平成5）年に顧客の視点を重視した「4C」という新たなマーケティングのフレームワークを提唱した。4C と4P は要素がそれぞれ対応しており、4C とは、Customer value（顧客価値）、Customer cost（価格）、Convenience（利便性）、Communication（コミュニケーション）の頭文字をとったものである（図8-6）。

　Customer Value（顧客価値）は、商品やサービスを購入することで、顧客はどのような価値を得ることができるかという視点が重要となる。医療サービスの場合、丁寧な診察や的確な診断、専門性の高い治療、治療方法の選択の幅、検査機器の充実度、ロビーや病室のホスピタリティ、質の高い接遇などが考えられる。顧客価値を高めるためには、自病院に対して患者がどのようなことを望んでいるのか、あるいは今後どのようなことを望むのかを把握し、それに応えていくことが重要となる。Cost（価格）は、診療費、薬代、受診回数や待ち時間などがあげられる。Convenience（利便性）は、病院までの交通アクセス、駐車場の広さ、夕方や夜間にも受診できるか、クレジットカードが利用できるかなどがあげられる。Communication（コミュニケーション）は、診療や治療法に関する情報提供、病院の医療機能に関する情報提供、地域住民を対象にした健康講座、生活習慣病や認知症等の予防教室の開催などがあげられる。

図8-6　マーケティングの「4P」と「4C」の関係

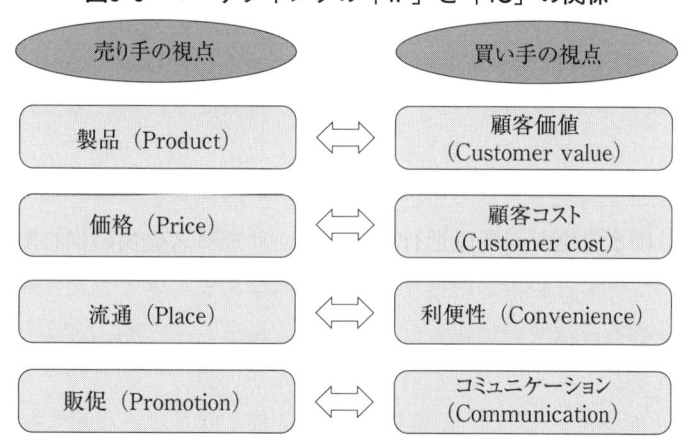

出典：真野俊樹監修『医療マーケティングと地域医療』日本医療企画　2010年　p.18

❼　苦情対応とマーケティングの視点

　東京都国民健康保険団体連合会「東京都における介護サービスの苦情相談白書（平成30年版）」から介護保険サービスの苦情についてみると、苦情分類項目別で最も多い苦情は、サービス提供、保険給付に関するもので1,604件、次いで保険料に関するものが757件、その他が299件の順となっている。サービス提供、保険給付に関する苦情1,604件の内訳をみると、サービスの質36.1％（579件）、従事者の態度16.9％（271件）、説明・情報の不足16.8％（269件）で全体の6割以上を占めている。

　苦情が発生しても、初期段階で誠意をもって迅速に対応すれば大きな問題に発展することは少ない。しかし、苦情を放置したり、誠意をもって対応しない場合、不満が蓄積していき、訴訟問題に発展する可能性もある。特に、提供されるサービスの品質が期待より大

きく下回っていたり、提供するサービスによって利用者が生命、身体、財産に損害や不利益を被った時などは、重大な問題に発展する可能性もある。そのため、苦情に対しては、すべての職員が誠意を持って迅速かつ適切な対応が行えるよう、事業者内で教育体制を整備することが重要である。

　また、二度と同じようなクレームが発生しないよう、クレーム情報をデーターベース化し、事業所全体で共有化する必要がある。さらに、普段から利用者や家族と積極的にコミュニケーションを図り、些細なことでも気軽に話してもらえるような関係作りも必要である。

　介護サービスに関わる苦情に対しては、利用者と事業者の当事者間で解決を図ることが原則となるが、当事者間のみで話し合って問題を解決することが難しい場合は、保険者である区市町村や運営適正化委員会、国民健康保険団体連合会など、さまざまな機関で重層的に対応する仕組みが設けられている。しかし、不満をもったすべての利用者が苦情を表明するわけではない。では、利用者が「不満」を経験した場合、苦情行動以外にどのような行動をとるのであろうか。

　佐藤は「不満」に対する一般的な反応として、通常、次のような選択行動がとられると指摘している[16]。まず、「我慢する、何もしない」があげられる。介護サービスでは、「お世話になっている」という意識から、不満や苦情があっても、我慢してしまう者も多い。特に、入居待機者が多い施設では、利用者の意思で自由に他の施設を再選択することが難しいため、苦情行動が抑制される可能性が高い。

　次に「沈黙したまま退出」があげられる。不満への表明として退出行動、つまり、利用している事業者には何も言わず、他のサービス提供事業者にスイッチするケースである。この場合、介護事業者には何の情報もフィードバックされず、利用者がなぜ不満をもったのか、なぜ他の事業者にスイッチしたのか知ることができない。

　次に、「クチコミ行動」がある。顧客は満足な結果よりも、不満足な結果の方をより話す傾向があるといわれ、不満経験者は黙っていることができずに、事業者に関わるネガティブな情報を知人や友人に伝える。このタイプのクチコミは流布しやすく、潜在的な顧客を失うなど他者の行動に大きな影響を及ぼすといわれている。

　顧客ロイヤリティを高め、リピート利用を実現するためには、利用者が苦情を申し立てやすい環境を整備したり、利用者のニーズや満足度を定期的にモニタリングするなど、利用者と良好な関係を築くためのマーケティング活動が重要となろう。また、認知症高齢者などの判断能力が十分でない人びとは、苦情や不服を申し立てることが困難である場合が多く、権利擁護の観点からも、そうした人々の要望や苦情を積極的に把握していくことも重要となる。

【引用文献】
１）上沼克徳「マーケティング定義の変遷が意味するところ」『商経論叢49（2・3）』神奈川大学経済学会　2014年　p.79

２）日本マーケティング協会ホームページ　https://www.jma2-jp.org/jma/aboutjma/jmaorganization　アクセス日：2018年 6 月30日

３）日経デジタルマーケティング編『マーケティング基礎読本』　日経 BP 社　2016年　p.32-33

４）医療経営人材育成事業ワーキング・グループ『経済産業省サービス産業人材育成事業　医療経営人材育成テキスト　「マーケティング」』　経済産業省　2006年　p.23

５）フィリップ コトラー著・木村達也訳『コトラーの戦略的マーケティング』ダイヤモンド社　2000年　p.46-47

６）沼上幹『わかりやすいマーケティング戦略』有斐閣　2010年　p.46

７）前掲書 3 ）　p.62

８）井上貴裕『これからの医療政策の論点整理と戦略的病院経営の実践』日本医療企画　2017年　p.72

９）近藤隆雄『サービス・マーケティング』　生産性出版　2003年　p.176

10）Booms, Bernard H.; Bitner, Mary Jo. "Marketing Strategies and Organization Structures for Service Firms". Marketing of Services. American Marketing Association: 47-51. (1981)

11）Kotler, P. and Zaltman, G., "Social Marketing: An Approach to Planned Social Change", Jounal of Marketing, Vol. 35, (1971)

12）Kotler, P. Marketing for Nonprofit Organizations, 2nd ed., Prentice-Hall. (1982) 井関利明監訳『非営利組織のマーケティング戦略』　第一法規　1991年

13）相原修『マーケティング入門』日本経済新聞出版社　2015年　p.179-180

14）前掲書10）p.205

15）前掲書10）p.205

16）佐藤和代「顧客満足／不満足経験とその後の選択行動」『日本消費経済学会年報』第23集　2001年　p.203-208

第9章 | 人事労務管理

❶ 医療・福祉のマンパワーの現状

（1） 医療・福祉の就業者数の推移

　総務省「労働力調査」平均（速報）結果[1]によると、2017（平成29）年の「医療福祉業」の就業者数は814万人となっている。2007（平成19）年と比べると233万人増加している（図9-1）。増加した背景として、高齢化の進展による医療・介護サービスの需要の拡大があげられる。しかしながら、2017（平成29）年はこの傾向に変化が起きている。2017年は前年と比較して3万人増となっており、これまでと比べ増加幅が小さくなっている。景気の回復基調が続く中、医療・福祉業から他の産業へ人材が流出していることが一因として考えられる。

（2） 介護職員の需給ギャップ

　介護保険制度がスタートした2000（平成12）年における介護サービス受給者数は184万人であったが、2015（平成27）年には521万人へと大幅に増加している。今後も介護サービス受給者数は拡大することが予想されている。経済産業省「将来の介護需要に即した介護サービス提供に関する研究会報告書」によると2035年には、要支援・要介護2以下の介護（予防）サービス受給者の数が2015年の1.5倍、要介護3以上の介護（予防）サービス受給者数が2015年の1.7倍まで増加することが予想されている。

図9-1　医療、福祉業の就業者の推移

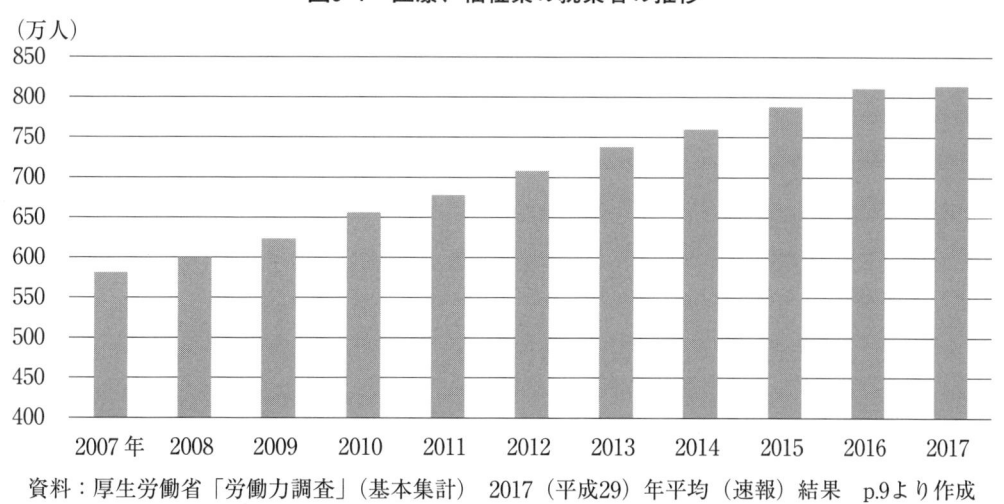

資料：厚生労働省「労働力調査」（基本集計）　2017（平成29）年平均（速報）結果　p.9より作成

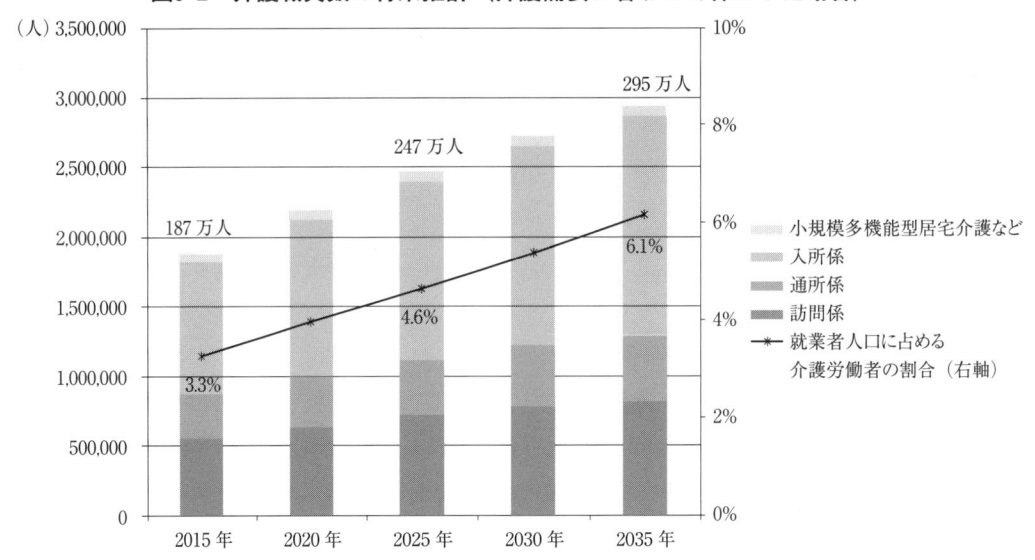

図9-2　介護職員数の将来推計（介護需要に合わせて伸ばした場合）

注）総務相「平成22年国勢調査」、国立社会保障・人口問題研究所「日本の地域別将来
　　推計人口（平成25年3月推計）」、厚生労働省「平成25年介護サービス施設・事業所
　　調査」、厚生労働省「平成26年度介護給付費実態調査」より経済産業省が作成

出典：経済産業省経済産業政策局産業構造課『将来の介護需要に即した介護サービス提供に関する研究
　　　会報告書』2016年　p.26

　こうした介護需要の拡大に伴って、2035年までに、さらに100万人以上の介護職員が必要になると見込まれている（図9-2）。しかしながら、今後、労働力人口の減少が予測されており、介護職員の確保が困難になる懸念がある。みずほ総合研究所の試算によると、2016年の労働人口は6,648万人であったが、2035年には5,587万人となり、2065年には3,946万人（2016年と比較し約4割減少）まで減少する見通しであることが示されている。

（3）　看護職員の需給ギャップ

　日本看護協会「平成29年看護関係統計資料集」によると、看護職員（看護師、准看護師、保健師、助産師）の就業者数は年に約3万人のペースで増加している。このペースで増加すると2025年には供給数は約193万人になる予定であるが、必要数は約196〜206万人と推定されており、約3万〜13万人不足することが予想されている[2]。こうした状況に対して、看護職員の復職支援の強化や勤務環境の改善を通じた定着・離職防止など総合的な対策が実施されている。

（4）　離職理由

　社会福祉士・介護福祉士就労状況調査結果から、前の福祉・介護・医療分野の職場を辞めた理由をみると、社会福祉士・介護福祉士とも「法人・事業所の理念や運営のあり方に不満があった」の割合が最も高くなっている。次いで社会福祉士は「収入が少なかった」「職場の人間関係に問題があった」「将来のキャリアアップが見込めなかった」「専門性や

表9-1　前の職場を辞めた理由（複数回答）

	社会福祉士 （N ＝ 3,724）	介護福祉士 （N ＝ 21,899）
法人・事業所の理念や運営の在り方に不満があった	33.4%	33.5%
職場の人間関係に問題があった	24.3%	29.4%
利用者やその家族との関係に問題があった	1.1%	1.8%
収入が少なかった	24.5%	28.0%
労働時間・休日・勤務体制が合わなかった	18.3%	21.4%
業務に関連する心身の不調（腰痛を含む）	13.8%	16.8%
転居の必要性（家族の転勤や地元に帰る等を含む）	10.4%	7.8%
出産・育児と両立できない	8.3%	8.4%
家族等の介護・看護	3.1%	4.8%
業務に関連しない心身の不調や体力の衰え	3.3%	5.2%
専門性や能力を十分に発揮できない仕事・職場だった	21.2%	14.7%
より魅力的な職種が見つかった（他の資格取得を含む）	20.6%	11.4%
友人に転職を誘われた	6.1%	7.4%
将来のキャリアアップが見込めなかった	23.1%	17.6%
同業種で起業・開業	2.9%	2.3%
人員整理、退職勧奨、法人解散等	3.9%	5.0%
その他	18.8%	16.5%
（無回答）	1.8%	3.0%

出典：（財）社会福祉振興・試験センター「平成27年度　社会福祉士・介護福祉士就労状況調査結果」
　　　2016年　p.10

能力を十分に発揮できない仕事・職場だった」の順で高くなっている。介護福祉士については「職場の人間関係に問題があった」「収入が少なかった」「労働時間・休日・勤務体制が合わなかった」の順で高くなっている（表9-1）。

（5）　人事労務管理の重要性

　定着率の高い組織を作るためには従業員満足度を把握し、どのような点に不満をもっているのか、職場に何を求めているのかを把握することが重要である。その際、組織への要求は従業員ごとに異なる点に注意したい。

　高い賃金や充実した福利厚生を求める職員、職場の良好な人間関係を重視する職員、育児・介護のために勤務時間を配慮して欲しい職員、能力開発や資格取得の機会を充実して欲しいと考える職員など、組織に求めるものは従業員ごとに異なる。

　一人ひとりの意見に耳を傾け、実行可能なものについては順次改善を図っていくことが

重要である。こうした取り組みにより従業員の経営者への信頼や、組織へのコミットメントが強まる。人手不足が深刻化する中、職員から選ばれる組織を目指すには、どのようなことに取り組めばよいのか、経営者自身が考えることが不可欠であろう。

② 人事労務管理の体系

　医療・福祉サービスは、人が人に対してサービスを提供する対人援助サービスであり、提供されるサービスの品質やサービス提供時の事故リスクは、サービスを提供する職員の能力水準やモチベーションによって大きく変動する。そのため、ヒト・モノ・カネ、情報といった経営資源の中でも「ヒト（人材）」は特に重要な経営資源であり、人的資源にかかわる管理は経営管理の中でも中心的・中核的な管理機能であるといえる。

　人事労務管理を具体的な管理領域で分類すると、表9-2のように３つにわけることができる[3]。雇用管理は、必要とする労働サービスの確保にかかわるものであり、雇用計画の立案や人材の採用・選抜、職員個人の能力や適性などに考慮した職員配置・異動、労働サービス量と提供時期を規定する労働時間の管理、業務量の変動に対応した雇用量の調整、退職管理などからなる。

　報酬管理は、能力や情意、業績などを評価し、賃金や昇格、役職の任命などの処遇に反映させる人事考課、人件費の支払能力などに応じて総人件費をコントロールする総人件費管理、賃金総額を一定の基準に基づき職員へ配分する個別賃金管理、職員の勤労意欲の向上や家族の福利を向上させるために行う福利厚生などの付加給付の管理などがあげられる。

　労使関係管理は、勤務環境や業務に関する労働者の不満や要望を吸い上げ、使用者と労働者の間に存在する利害対立の調整や健全な労使関係を構築するために行われる。職員個々人と使用者との労働契約をめぐる関係を個別的労使関係といい、職員が結成する労働組合と使用者との間をめぐる団体交渉などの関係を集団的労使関係という。

表9-2　人事労務管理の管理領域

雇用管理	採用管理、能力開発、配置・異動、労働時間管理、雇用調整、退職管理など
報酬管理	人事考課（人的資源と労働サービスの評価）、昇進管理（権限の配分）、賃金管理（総人件費管理と個別賃金の決定）、付加給付の管理など
労使関係管理	個別的労使関係と集団的労使関係の管理

出典：佐藤博樹・八代充史・藤村博之『新しい人事労務管理』　有斐閣　2007年　p.9

③ 採用管理

（1）　採用計画

　採用とは、労働サービス需要を充足するために、組織の外から人的資源を保有する労働

者を調達することで、採用の前には、通常、業務量に基づいて必要とされる労働サービス量を測定し、それと現有の労働者によって提供可能な労働サービス量を比較検討する作業が必要となる[4]。

　採用数の算定は、何人採用するかといった量的な検討だけでなく、どのようなスキルをもった人材をどの部署に採用するのかといった質的な面についても検討する必要がある。また、雇用形態や採用時期などについても検討し、採用計画を作成することが重要である。

　こうした採用計画を綿密に作成することにより、場当たり的な人材補充を回避し、中長期的な事業計画や経営戦略などに基づいた計画的な職員採用が可能となる。一般企業と違って社会福祉施設や医療施設は、サービスの種別ごとに法令で定められた人員配置基準を満たす必要があり、コンプライアンスを重視した採用計画の作成も重要となる。

（2）　採用方法

　採用計画が決定すると、具体的な募集・選考の段階に入る。職員の募集方法は、都道府県社会福祉協議会に設置されている福祉人材センターやナースセンターに求人登録する方法、公共職業安定所（ハローワーク）、民間の紹介機関に求人を出す方法など多様な方法がある。現在は労働市場における労働力の争奪競争が激化しており、従来の採用方法ではマンパワーを十分に確保するのが難しくなっている。そのため、携帯世代である20代に対しては、携帯サイトによる採用活動を強化したり、非正規職員を募集する場合には、採用する施設事業所の周辺地域を対象に新聞広告や折り込み広告を入れるなど、多様な募集ルートの活用が重要となる。また、求職者への訴求力を高め、職場選択の候補の1つとして入れてもらうためには、仕事と家庭の両立を支援したり、キャリアアップのための支援体制を整備するなど、働きやすい環境づくり、魅力ある職場づくりを推進していくことも重要である。

（3）　労働条件の明示

　労働基準法において、使用者は労働契約の締結に際し労働者に対して労働条件を明示しなければならない。書面の交付により明示しなければならない事項は、❶労働契約の期間、❷期間の定めのある労働契約を更新する場合の基準、❸就業の場所・従事する業務の内容、❹始業・終業時刻、所定労働時間を超える労働の有無、休憩時間、休日、休暇、交替制勤務をさせる場合は就業時転換に関する事項、❺賃金の決定、計算・支払いの方法、賃金の締切り・支払いの時期に関する事項、❻退職に関する事項（解雇の事由を含む）である。

　定めをした場合に明示しなければならない事項は、❶昇給に関する事項、❷退職手当の定めが適用される労働者の範囲、退職手当の決定、計算・支払いの方法、支払いの時期に関する事項、❸臨時に支払われる賃金・賞与などに関する事項、❹労働者に負担させる食費・作業用品その他に関する事項、❺安全衛生に関する事項、❻職業訓練に関する事項、❼災害補償、業務外の傷病扶助に関する事項、❽表彰、制裁に関する事項、❾休職に関する事項である。また、契約内容が、労働基準法で定められた最低基準を下回ることは許さ

れない[5]。

❹ 職能資格制度

（1） 年功序列から能力主義へ

　かつて社会福祉施設の運営経費は措置費や補助金によって賄われていたため、職員の賃金体系は経験年数などにより賃金が上昇する年功序列型を基本に組み立てられていた。しかし、介護報酬や支援費などを財源とした自律的経営が求められている現在においては、支出の大部分を占める人件費の上昇をいかにコントロールするかが経営上重要な課題となっている。

　そのため、これまで一般的であった終身雇用制、年功賃金制を内容とする年功的人事制度を大幅に見直し、職務遂行能力（職能）に応じて賃金などを決定する能力主義人事制度へ移行する施設も増加している。

　能力主義人事制度は、職能資格制度を中心とする人事制度で、日本経営者団体連盟が1969（昭和44）年に提唱したものである。現在では、職能資格制度を中核として、人事考課、賃金・賞与、配置・異動、昇格、能力開発・育成といった多様な人事諸制度を連動させるトータル人事システムを構築し、導入する事業体が増加している。トータル人事システムは、図9-3のように、職能資格制度と個々のサブシステムから構成される。

図9-3　職能資格制度を軸としたトータル人事システム

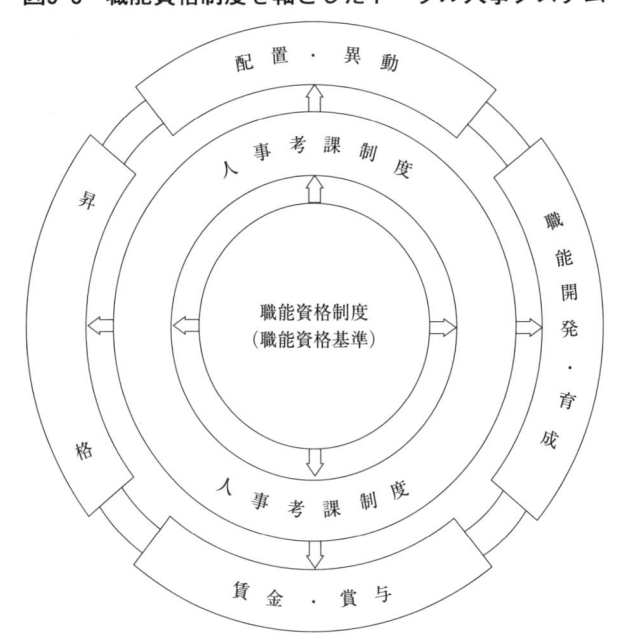

出典：日経連職務分析センター編『職能資格制度と職務調査』日経連広報部　1989年　p.14

（2）　職能資格制度とは

職能資格制度は、職能資格毎に必要とされる、あるいは期待される職務遂行能力の内容やレベルを明確にした基準（職能資格要件）を明確にし、その基準に基づき従業員一人ひとりの職能等級を決定し、その基準に基づいて昇進、昇格、賃金決定などの人事上の処遇を行うものである。

職能資格要件を明示することで、職種別、等級別の職務責任が明確になるとともに、職員自らが当該資格の職能要件をどのくらい満たしているのかを確認することができる。また、業務を遂行する上で不足する能力や期待される能力・水準が明確になることで、具体的な目標を設定することができ、能力開発に結びつけることも可能となる。

（3）　職能資格等級数と職能資格等級基準

職能資格制度を設計するためには、まず、職能資格等級数を決定する必要がある。1級、2級、3級、4級というように等級の数を設定するが、等級数が多すぎると、等級間の違いを明確にすることが難しくなり、逆に、少なすぎると、同一等級の職員間に必要以上の職能格差が生まれたり、職員の昇給意欲や能力開発意欲が希薄になるため[6]、従業員数などを考慮し、事業者にとって最適な等級数を設定することが重要となる。

次に、等級ごとに求められる職能資格等級基準を設定する。通常は職能要件書や職務基準書を作成し、各等級に要求される能力要件を具体的に示す。職能等級のランクが上がるにつれて、業務の難易度や複雑度、責任度が高まり、高い職務遂行能力が求められる。

（4）　滞留年数

1つ上の等級に上がるまでに要する年数を「滞留年数」という（表9-3）。滞留年数を設けた場合、どんなに能力の高い職員でも、等級ごとに決められた最低年数はその等級に滞留させるということになる。必ず滞留年数を設定する必要はないが、能力を身につけるには一定の年数を必要とすること、能力を正しく評価するにはある程度時間が必要ということもあり、昇格の一つの要件としている法人が多い。

表9-3　滞留年数の例

等級	業務職				監督・指導職			管理職	
等級	1	2	3	4	5	6	7	8	9
滞留年数	3年	3年	4年	4年	4年	5年	5年	7年	

（5）　昇格とは

昇格とは、現在格付けされている職能資格等級から上位の等級に移行することをいう。昇格の判定は人事考課結果をはじめとして、所属長による面接や推薦、筆記試験、レポート試験、適性試験、指定資格の取得など、上位等級への適合度を総合的に判定する。

（6） 昇給とは

年齢や勤続年数によって自動的に昇給する自動昇給と、職員の能力や業績など人事考課の結果に基づいて昇給する査定昇給がある。給与は等級と号俸によって決定されるため、昇給すると給与が上がる。人事考課の結果に基づく査定昇給の例を表9-4に示した。この場合、人事考課の総合評価がS評価の場合3号俸昇給し、Cの場合は昇給なしとなる。D評価の場合、号俸が下がり降給となる。

表9-4　査定昇給の例

考課段階	S	A	B	C	D
昇給	3号	2号	1号	0号	－1号

❺　看護職の賃金体系モデル

日本看護協会は2016（平成28）年6月に「病院で働く看護職の賃金のあり方」を公表した。この提言では「国民の健康に寄与する看護職が、専門職としての価値の高いケアを提供できるよう、生涯にわたって安心して働き続けられ、自らの希望に応じた働き方の実現を下支えする賃金制度として、公平性、納得感を持った賃金処遇を推進する必要がある」とし、「複線型人事制度」「等級制度」を組み合わせた賃金体系モデルが望ましいとしている。

具体的には、一般の看護師を想定した「専門職群」、看護師長や看護部長を想定した「管理・監督職群」、専門看護師や認定看護師を想定した「高度専門職群」の3群に分け、さらに、各職群の中を能力・専門性の高さや職務・役割の大きさによって複数のステップに分けている（表9-5）。表9-6は専門職群の各ステップに対応する看護師キャリア開発ラダーのレベル例である。「看護実践能力」「組織的役割遂行能力」「自己教育・研究能力」について5段階のレベルで構成されている。図9-4は等級と賃金の関係を示している。このモデルは、将来的に「管理・監督職群」「高度専門職群」のどちらかを職員の意思や特性に応じて選択できる複線型の人事制度となっており、どちらのコースを選択しても、等級のランクが上がるにつれて、賃金が上昇する仕組みとなっている。

表9-5　複線型人事制度、等級制度を組み合わせた賃金体系モデル

等級		職能段階	専門職群 看護師キャリア開発ラダーのレベル例（看護師）	助産実践能力習熟段階（クリニカルラダー）R（助産師）	管理・監修職群 ステップ	職位	（参考）認定看護管理者教育課程のレベル	高度専門職群 ステップ	職務・役割（下記資格等は前提条件であり等級の決定は専門領域での職務・役割による貢献に依存する）専門看護師	認定看護師	特定行為研修修了看護師
等級	9等級				M4	看護部長					
	8等級				M3	副看護部長	サードレベル修了および職務・役割による組織への貢献に応じて等級決定	S5	更新および職務・役割による組織への貢献に応じて等級決定	看護系大学大学院修士課程修了、更新および職務・役割による組織への貢献に応じて等級決定	看護系大学大学院修士課程修了、研修行為区分数及び職務・役割による組織への貢献に応じて等級決定
	7等級	G5 熟練	レベルV（組織への貢献に応じて等級決定）	レベルIII、IV（更新および職務・役割による組織への貢献に応じて等級決定）	M2	看護師長	セカンドレベル修了および職務・役割による組織への貢献に応じて等級決定	S4			
	6等級				M1-2	看護師長注1）主任注2）（副看護師長あるいは主任のみの場合職務・役割に応じて等級決定		S3			
	5等級				M1-1		ファーストレベル修了および職務・役割による組織への貢献に応じて等級決定	S2			
	4等級	G4	レベルIV ｜最短必要年数3年｜ レベルIII					S1			
	3等級	G3 中堅	レベルIII ｜最短必要年数2年｜ レベルII								
	2等級	G2	レベルII ｜最短必要年数2年｜ レベルI								
	1等級	G1 新人	レベルI ｜最短必要年数1年｜ レベル新人								

G：専門職群、ジェネラリスト　M：管理・監修職群、マネジメント　S：高度専門職群、スペシャリスト

■保健師について
　ラダーが未整理のため、看護師・助産師の賃金体系モデルを参考にして賃金を決定する。

■准看護師について
　それぞれの病院で看護師の賃金体系モデルを参考にして賃金を決定する。
　なお、准看護師が看護師となった場合、賃金水準の低下を避ける観点から、資格取得時点のラダーのレベルに応じた等級に格付けをする。

注1）副看護師長：看護師長に属し、看護師長の職務代行者　注2）主任：副看護師長等のいる病院における主任、あるいは副看護師長—スタッフの中間職
出典：「病院で働く看護職の賃金のあり方」日本看護協会の提案（最終版）2016年

表9-6　専門職群看護師キャリア開発ラダーのレベル例をあてはめた場合

等級	ステップ	職能段階	ラダーレベル	看護師キャリア開発ラダーのレベル例		
				看護実践能力	組織的役割遂行能力	自己教育・研究能力
5〜7等級	G5	熟練	レベルV	より複雑な状況において、ケアの受け手にとっての最適な手段を選択しQOLを高めるための看護を実践する	所属を超え、看護部や病院から求められる役割を遂行できる。看護単位の課題に対し、具体的解決を図れる	単独で専門領域や高度な看護技術などについての自己教育活動を展開することができる。主となり研究活動を実践できる。看護単位における教育的役割がとれる
4等級	G4		レベルIV	幅広い視野で予測的判断をもち看護を実践する	所属する職場で、特殊なまたは専門的な能力を必要とされる役割、または指導的な役割（学生指導、業務改善係、学習会係、教育委員、リスクマネージメント係など）を遂行できる。看護単位の課題の明確化ができる	自己のキャリア開発に関して目指す方向に主体的に研究に取り組み、後輩のロールモデルとなることができる
3等級	G3	中堅	レベルIII	ケアの受け手に合う個別的な看護を実践する	所属する職場で、組織的役割が遂行できる。看護チームでは、チームリーダーやコーディネーターの役割、病棟での係としては、創造的能力を要求される係の役割を遂行できる	自己の学習活動に積極的に取り込むとともに、新人や看護学生に対する指導的な役割を実践することができる
2等級	G2		レベルII	標準的な看護計画に基づき自立して看護を実践する	組織の一員としての役割が理解でき、部署の目標達成に向けて、基準や手順を順守した行動がとれる。日々の看護業務においてリーダーシップがとれる	自己の課題を明確化し、達成に向けた学習活動を展開することができる
1等級	G1	新人	レベルI	基本的な看護手順に従い必要に応じ助言を得て看護を実践する	責任の最も軽い、難易度の最も低い、軽微な組織の役割を果たす。看護チームでは、フォロアーやチームメンバーの役割、病棟での係としては簡単なルーチーンの係の役割を遂行できる	自己の課題を指導によって発見し、自主的な学習に取り組むことができる

出典：「病院で働く看護職の賃金のあり方」日本看護協会の提案（最終版）2016年

図9-4　賃金体系モデルのフレーム

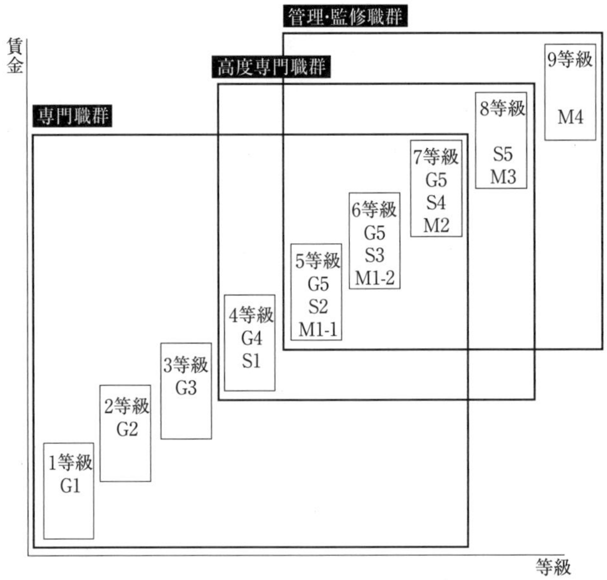

出典：日本看護協会「協会ニュース」2016年3月号付録：病院で働く看護職の賃金のあり方に関する考え方（案）2016年

❻　人事考課制度

（1）　人事考課の目的

　人事考課とは、従業員の日常の業務や実績を通じて、その能力や仕事ぶりを評価し、賃金、昇進、適正配置、能力開発などの諸決定に役立てる手続きである[7]。つまり、人事考課は、従業員の職務遂行能力や仕事に対する意欲・姿勢・態度、業務成績結果を分析・評価・確認するための手段であり、トータル人事システムに組み込まれるサブシステムの1つであるといえる。そのため、人事考課は、単に職員の能力や実績を評価し、賃金や昇進などの処遇に反映させるだけでなく、考課結果を被考課者へフィードバックし、職員の能力開発や人材育成に結びつけていくことも重要であるといえる。

（2）　考課項目の種類

　表9-7が示すように、考課項目は、「能力評価」「情意評価」「業績評価」の3つに大別することができる。

　「能力評価」とは、「知識・技能」「理解力」「説明力」など、職務を遂行する上で身につけておくべき知識や技術をどの程度保有しているかを評価するものである。評価にあたっては、業務に必要な能力を洗い出し、職種別、等級別に評価の基準となる職務遂行能力の要件を設定し、それに基づいて職務能力の評価を行う。「情意評価」は、「積極性」「責任感」「協調性」「規律性」といった仕事に対する意欲や姿勢・態度を評価するものである。

　「業績評価」とは、成果主義の人事ポリシーに基づくもので、一定期間における職務の成果や目標の達成度を評価するものである。業績評価の方法として、一般的には目標管理制度（MBO）が広く用いられている。目標管理制度とは、法人や施設の事業計画や戦略目標、組織課題をベースに、上司と部下が面接を通じて目標を設定し、一定期間後に、目標の達成度や取り組み状況などを評価するものである。目標管理は、上司が職員に対して一方的に目標を与えるようなノルマ管理ではなく、職員自らが目標設定に参画し、上司と職員が目標について話し合い、双方が納得した上で目標が設定される。

（3）　総合評価の方法

　総合評価の算出の方法は、まず、「能力評価」、「情意評価」、「業績評価」それぞれについて評価点を算出する。次に、その評価点に対して、各領域で設定するウェートを乗じ合計し、総合評価が算出される。ウェートの置き方は、組織によって異なり、「能力評価」に高いウェートを置く組織もあれば、「業績評価」に高いウェートを置く組織もある。また、管理職などの上位資格等級者は「業績考課」の比重を高くし「情意考課」の評価の比重を低くするなど、役職別、また職種別にウェートを設定することも可能である。

（4）　コンピテンシー概念の導入

　成果主義を徹底し、成果と処遇の連動性を強めていくと、個々人は短期的な業績や結果

表9-7　評価基準の体系

評価基準						評価手順	
分野	名称	評価基準の細項目（例）	社員区分（例）			評価点	ウエート
			一般社員	主任係長	課長部長		
能力	能力評価	（1）知識・技能	○	○	○	α点	a%
		（2）理解力	○				
		（3）説明力	○				
		（4）判断力		○	○		
		（5）計画力		○	○		
		（6）指導力		○	○		
		（7）折衝力		○	○		
取り組み姿勢	情意評価	（1）積極性	○	○		β点	b%
		（2）責任感	○	○	○		
		（3）協調性	○	○			
		（4）規律生	○				
		（5）革新性			○		
		（6）部下指導		○			
		（7）部下育成			○		
		（8）全社的視点			○		
業績	業績評価	（目標管理による業務評価）				γ点	c%
総合評価（α×a＋β×b＋γ×c）						T点	

注：最終評価はT点のランク付けで行う（例：5ランク制）。

出典：今野浩一郎・佐藤博樹『マネジメント・テキスト人事管理入門』　日本経済新聞社　2002年　p.123

　ばかりを重視するようになり、職場内のチームワークや部下の育成をおろそかにする等の問題が生じてくる[8]。これらを防止するためには、業績や成果だけに着目するのではなく、業績や成果が生み出されるプロセスも評価する必要があり、我が国においては1990年代後半からコンピテンシーの概念が注目されるようになり、人事評価や能力開発に適用しようとする動きが広まっている。

　コンピテンシーとは「人の顕在化した能力や行動」に焦点を合わせたもので、「職務や役割で優秀な成果・高業績を発揮する行動特性」と定義される[9]。コンピテンシー評価では、ハイパフォーマー（高業績者）の行動特性や思考の特徴を抽出・分析し、コンピテンシーモデルとしてまとめ、それをベースに職員の評価が行われる。

（5）　人事考課の代表的なエラーと防止策

　人事考課は、客観的な評価基準に基づき、適正な運営が行われれば、労働者のモチベーションの向上や組織の活性化につながっていくが、公正性、客観性が確保できず、恣意的

な評価が行われた場合、人事考課制度への信頼が低下し、評価システムそのものが機能不全に陥る可能性がある。また、人事考課は昇格や昇進、賃金などとも連動しているため、適正に行われない場合、不満や不公平感が増大し、モチベーションの低下をもたらす可能性がある。

　よく指摘される人事考課の誤りには、❶被評定者の全体的印象や、特に強い部分的印象をもって個々の評価要素を判定するという、いわゆるハロー効果による幻惑、❷被評定者に対する個人的感情や評定者自身の自信の欠如からくる寛大化傾向、❸優劣の両極端の判定を回避し、標準点に判定結果が集中する集中化傾向、❹評定者が事実を知らず推測で評定する傾向、❺被評定者の過去の実績から得た印象で現実の評定をゆがめること、などがある[10]。

　こうしたエラーを可能な限り阻止するためには、まず、客観的な評価項目、評価基準の明示が重要となる。また、評価者を上司に限定せずに、同僚・部下など複数の評価者によって多面的に評価を行い、公平性を担保することが重要である。さらに、人事考課の運用主体者である考課者に対して、考課における考課要素の概念や評価上の着眼点、判断の恣意性を排除するための訓練を実施し、考課者の主観的な誤差をなるべくなくし、人事考課に対する納得性、透明性を向上させることが重要である。

❼　能力開発

（1）　教育訓練の目的

　患者や利用者のニーズが高度化、複合化、そして多様化するなか、高度な知識と実践的能力を身につけた職務能力の高い人材の育成・確保が強く求められている。医療・福祉分野における人材育成は、主に職場研修などの教育訓練を通して行われることが多いが、教育訓練は職員の資質向上に寄与するだけでなく、組織への帰属意識の向上や職員間の信頼関係の構築など、組織力の強化にもつながるものである。

　教育訓練は職員の意志に任せ、無計画にただ漫然と行えばよいというわけではない。なぜなら、教育訓練は職員への投資であり、組織の事業目的の達成や戦略実現を目的として、組織的視点から行う必要があるからである。教育訓練の実施にあたっては、職種別、階層別に求められる知識・技術・態度・価値観などを明確にした上で、組織の経営課題やサービス目標と結びつけて計画的、体系的に実施することが必要となる。

　また、職員の労働観や価値観が多様化している現在においては、職員個々人の希望が能力開発やキャリア形成の中で尊重されなければ能力向上が期待しえない。特に福祉サービスの組織は、常勤職員、パート職員、契約職員、派遣職員、登録職員など多様な就業形態が併存し、仕事に対する価値観や置かれた環境も一人ひとり異なり、多様なキャリア志向をもっている。職員の定着率を高め、職員個人のやる気を引き出すためには、個々人の能力やキャリアパスに対応した能力開発機会の提供が重要となろう。

（2） 教育訓練の方法

　教育訓練の実施形態は、「OJT」、「OFF-JT」、「SDS」の３つ大別することができる。

　OJT は、職場の上司や先輩が職務を通じて、または職務と関連させながら部下や後輩に対して指導するものである。OJT は、職務中の空いた時間を有効に利用して行うため、特別な時間や費用をかけずに、日常の業務に直結した実践的な教育指導を行うことができる。OFF-JT は、日常の職務から離れて行う研修であり、職場内の集合研修と行政や研修機関などが行う研修会への派遣の２つに分けることができる。職場内で行う集合研修は、管理者や指導的職員層が講師となり研修を行う場合と、外部講師を招いて研修を行う場合がある。外部講師は、大学の教員や学識経験者、研修専門機関の講師、コンサルタントなどを招いて行う場合が多い。「SDS」とは，通信教育などを利用して自主的に自己啓発活動を行うものである。職場は、職員の自己成長を支援するために、受講料などの資金面の補助や、職務調整や職務免除などの時間的援助、施設や設備の貸し出しなどの援助を行う。

図9-5　職場研修体系図（様式および記載例）

出典：在宅福祉サービス従事者の職場内研修のあり方に関する調査研究委員会編『福祉の「職場研修」マニュアル─福祉人材育成のための実践手引』全国社会福祉協議会　2006年　p.31

（3）　教育訓練の手順

　教育訓練を行うにあたっては、まず、教育訓練の目的や方針、ニーズを明確にした上で、教育訓練の体系や実施要綱を策定する必要がある。図9-5のように、階層別・職種別に訓練内容を整理することで、職員は、活用できる研修資源の全体像を把握することができ、自分の自己啓発プランやキャリア開発プランに役立てることができる。また、教育訓練担当者は、この体系図に示された研修内容や相互のバランスを意識しながら研修の管理を行うことができる[11]。

　次に、年度研修計画を策定し、それに基づいて研修を計画的に実施する。その後、研修が計画通りに実施されたのか、プロセス評価を行うとともに、実施された研修が、職員の資質向上にどの程度寄与したのか、サービス改善にどの程度貢献したかなど、アウトカム評価を実施し、研修の意義や有効性を確認する。このように、教育訓練を計画的、体系的に実施し、PDCA サイクルを回すことで、職員の資質向上やサービス改善、組織力の向上などが期待できる。

⑧　サービス・プロフィット・チェーン

　「ES なくして CS なし」といわるように、サービスの質を高めるためには、その前提として従業員の仕事に対する満足度が高くなければならない。職員の仕事に対する満足度が高ければ、必然的に提供されるサービスの質は高くなり、その結果として顧客の満足度は向上することとなる。こうした、顧客満足と従業員満足との関係を示したモデルを一般に「サービス・プロフィット・チェーン」とよばれている。

　職員の不平や不満を取り除き、仕事に対する満足度を高めるためには、どのようなことを行えばよいのであろうか。まず、職員満足度調査を実施し、職員のモチベーション低下の要因や組織運営の課題を探ることが必要となる。調査では、報酬に対する満足度や仕事のやりがい度、業務量の適切性、職場の人間関係、私生活への配慮状況など、業務や組織

図9-6　サービス・プロフィット・チェーン

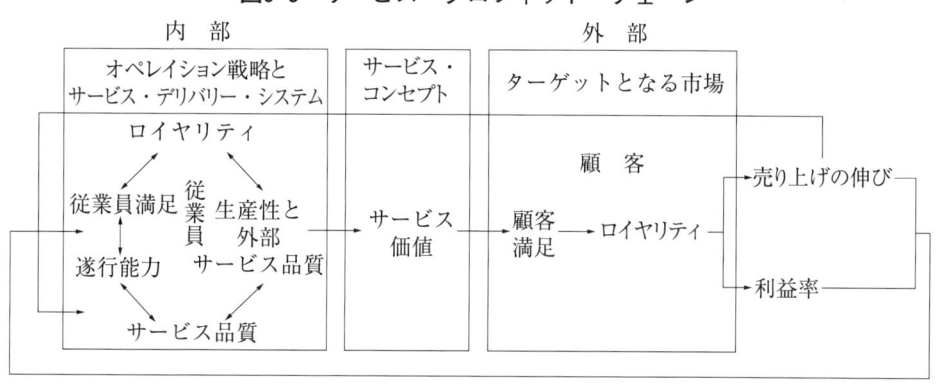

Heskett, Sassar & Schlesinger : The Service Profit Chain, p.19, The Free Press, 1997

出典：近藤隆雄「サービス・マネジメントとは」『日本看護管理学会誌』　Vol 3, No.2　1999年　p.19

に対する意識を調査し、職員の不平や不満を明確にする。そして、そうした調査結果を基に職員の不満を改善するための人事管理施策を構築・運用し、職員満足度やロイヤリティの向上を図る。

　こうした取り組みは、サービスの質や顧客満足度の向上に寄与するだけでなく、労務トラブルや労働紛争を未然に防止するためにも重要であるといえる。職員の満足度を高める具体的な人事管理施策としては、賃金・諸手当・賞与などの引き上げや労働時間の短縮、休日休暇の増加など賃金や労働環境に関する施策の充実が挙げられる。また、利用者との関係や援助スキルなどで問題や悩みを抱えている職員に対しては、援助能力向上に向けた研修の実施や職員同士で課題を共有できる機会の設定などが有効である。キャリア志向、成長意欲の高い職員に対しては、能力開発や資格取得の機会の充実を図っていくことが重要となろう。

【引用文献】

1）厚生労働省「労働力調査」（基本集計）　2017（平成29）年平均（速報）結果
　　http://www.stat.go.jp/data/roudou/sokuhou/nen/ft/pdf/index.pdf　アクセス日：2018年2月7日

2）厚生労働省「看護職員の需給に関する基礎資料」2016年　p.20

3）佐藤博樹・八代充史・藤村博之『新しい人事労務管理』有斐閣　2007年　p.9

4）前掲書3）　p.32

5）医療経営人材育成事業ワーキング・グループ『医療経営人材育成テキスト9「人材管理」』経済産業省　2006年　p.21

6）鈴記裕幸『介護保険施設の人事考課設計ガイドブック―21世紀の組織改革をめざして』筒井書房　2000年　p.63-64

7）白井泰四郎『現代日本の労務管理』東洋経済新報社　1992年　p.222

8）相原孝夫『コンピテンシー活用の実際』日本経済新聞出版社　2002年　p.31

9）佐護誉『人的資源管理概論』文眞堂　2003年　p.56

10）前掲書7）　p.227

11）在宅福祉サービス従事者の職場内研修のあり方に関する調査研究委員会編『福祉の「職場研修」マニュアル―福祉人材育成のための実践手引』全国社会福祉協議会　2006年　p.30

第 **10** 章 ｜ 労働安全衛生管理

❶ 健康経営とは

　従業員が生き生きと仕事に取り組み、持っている能力を最大限発揮できるようにするためには、安全で健康な職場環境を構築することが重要となる。事業者は従業員の安全と健康を守るため、安全衛生および健康管理活動を積極的に推進する必要がある。

　最近では「健康経営」という言葉が少しずつ浸透するようになってきている（図10-1）。「健康経営」とは、従業員等の健康管理を経営的な視点で考え、戦略的に実践することである。企業理念に基づき、従業員等への健康投資を行うことは、従業員の活力向上や生産性の向上等の組織の活性化をもたらし、結果的に業績向上や株価向上につながると期待されている[1]（図10-1）。

　日本経済団体連合会が2015（平成27）年に発表した『「健康経営」への取り組み状況』の調査結果によると、「健康経営」に取り組んでいると回答した企業は98.5％と高くなっている。また、「健康経営」に取り組む目的では、「業務効率化・労働生産性の向上」が82.0％と最も高く、次いで「経営上のリスク管理」（安全配慮義務の履行）74.3％、「従業員満足度の向上」（定着率・離職率等の改善）が56.3％となっている（図10-2）。健康経営施策の具体的な取組内容では、「専門職（産業医・産業保健スタッフなど）との連携体制を整備」が90.3％と最も高く、次いで「健保組合等の保健事業への協力」80.6％、「健康保持・増進に資する情報を従業員へ提供」76.2％、相談窓口の充実や社員食堂の刷新等の「就労環境の改善」75.2％となっている。

　経済産業省は、東京証券取引所と共同で、従業員の健康管理を経営的な視点で考え、戦略的に取り組んでいる企業を「健康経営銘柄」として選定し、公表している。2017（平成29）年は24業種から24社が選定された。選定企業は、大和ハウス工業、ネクスト、ローソン、味の素、ワコールホールディングス、花王、塩野義製薬、テルモ、バンドー化学、TOTO、神戸製鋼所、リンナイ、サトーホールディングス、ブラザー工業、デンソー、トッパン・フォームズ、伊藤忠商事、大和証券グループ本社、東京海上ホールディングス、大京、東京急行電鉄、日本航空、東京ガス、SCSK である。選定にあたっては、❶「経営理念・方針」　❷「組織・体制」　❸制度・施策実行　❹「評価・改善」　❺法令遵守・リスクマネジメントという5つのフレームワークから評価した上で、財務指標を勘案して選定された[2]。

図10-1　健康投資のイメージ図

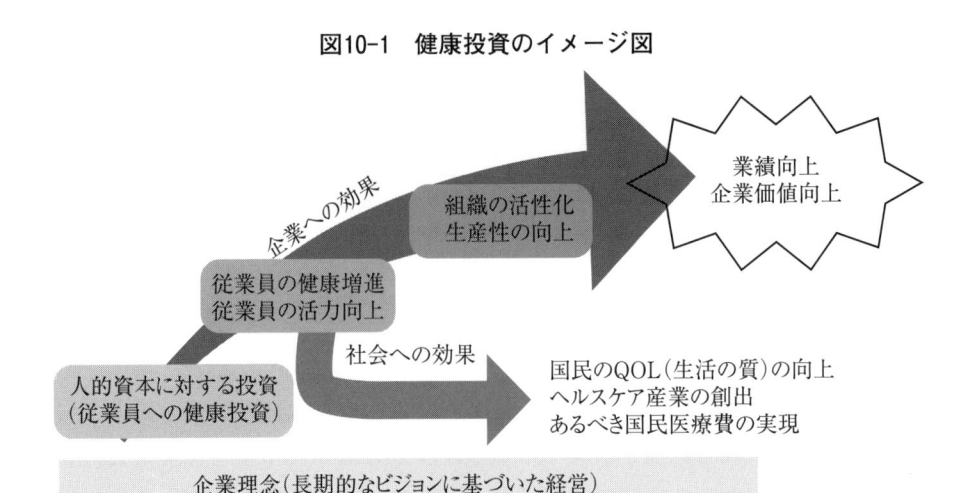

出典：経済産業省商務情報政策局ヘルスケア産業課『企業の「健康経営」ガイドブック～連携・協働による健康づくりのススメ～』2014年

図10-2　健康経営に取り組む目的（複数回答，n=206）

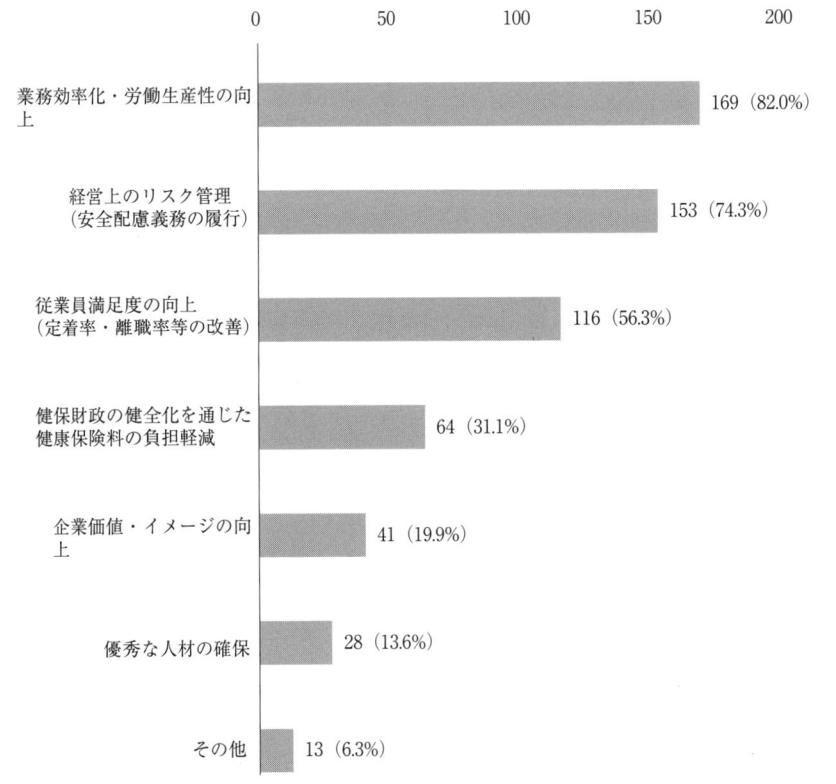

出典：日本経済団体連合会　『「健康経営」への取り組み状況』（事例集・アンケート調査結果）　2015年
　　　p.2

❷ 看護・介護職の健康状況

　看護職員の労働実態調査報告書（日本医療労働組合連合会「医療労働」2017年10月）によると、自分の健康状況について、「健康に不安」と回答した人が55.3％と最も多くなっており、次いで「大変不安」9.7％、「病気がちで健康とはいえない」2.6％となっており、約7割が「健康に不安」をかかえて働いていることが明らかとなっている。

　また、現在の健康状態について、「やや不調である」と「非常に不調」を合わせると32.8％となっており、約3割が不調を訴えていることが示されている。看護職と全産業の労働者を比較すると看護職が16.8ポイント高くなっていることがわかる（図10-3）。

図10-3　現在の健康状態 (%)

（健康状態）	看護職（女性）	全産業（女性）	看護職－全産業
非常に健康である	5.3	12.8	−7.5
まあ健康である	57.7	65.9	−8.2
やや不調である	28.5 ⎤ 32.8	14.3 ⎤ 16.0	14.2 ⎤ 16.8
非常に不調である	4.3 ⎦	1.7 ⎦	2.6 ⎦
どちらともいえない	3.2	12.8	−1.2
NA	1.0	65.9	−0.1

※「全産業」の数値は，厚生労働省「労働者健康状況調査」（2007年10月）
※直近の「労働者健康状況調査（2012年）」には該当項目がないため，2007年版調査と比較
　　出典：日本医療労働組合連合会「看護職員の労働実態調査報告書」『医療労働』2017年　p.16

　健康の自覚症状（複数回答）では、「全身がだるい」が60.2％と最も多く、「腰痛」50.6％、「目がつかれる」45.8％「いつもねむい」44.2％、「なんとなくイライラする」36.3％、「ゆううつな気分がする」が36.2％となっている（図10-4）。また、「あなたの職場にメンタル障害で休んだり治療を受けている職員がいますか」という問いに対して、28.5％が「いる」と回答している。

図10-4　健康の自覚症状

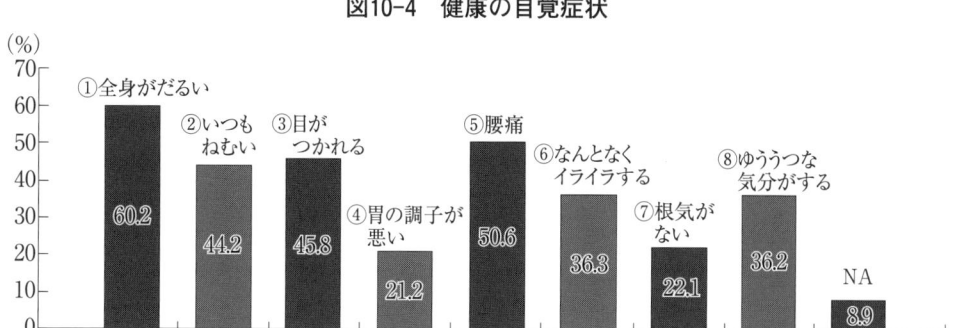

　　出典：日本医療労働組合連合会「看護職員の労働実態調査報告書」『医療労働』2017年　p .54

次に、全国労働組合総連合 「介護施設で働く労働者のアンケート」と「ヘルパーアンケート」報告集2014年度版 2014（平成26）年7月（回答者の75.5％が介護職）から、介護施設に従事する職員の健康状態についてみると、「健康である」と回答したのは54.2％に過ぎず、「健康に不安」41.1％、「病気がちで健康とは言えない」4.7％となっており、約半数が健康不安や病気を抱えながら働いている現実が明らかとなっている。

「健康状態」で、「病気がちで健康とはいえない」と答えた4.7％のうち、「辞めたい」と「いつも思う」のは24.7％（全体では8.7％）と非常に高く、「ときどき思う」54.0％（全体では48.6％）とあわせると約8割となっており、健康状態が離職意向に強く関係していることがわかる。現在の体調（複数回答）では、「腰痛」が63.0％と最も多く、次いで「肩こり」が57.7％と多くなっている。それ以外では、「倦怠感」32.2％、「頭痛」27.0％、「イライラ感」24.8％などが多くなっている（図10-5）。

図10-5　現在の体調（複数回答）

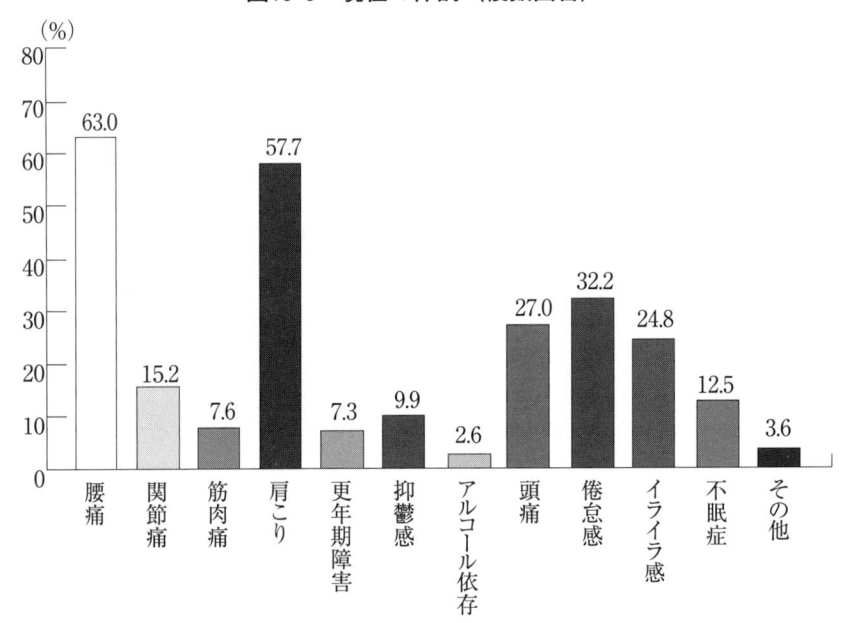

出典：全国労働組合総連合 「介護施設で働く労働者のアンケート」と「ヘルパーアンケート」報告集
2014年度版 2014年 p.20

❸ 心身の健康に影響を及ぼすリスク

表10-1は看護職の健康を脅かすリスクについてまとめたものである。夜勤・交代制勤務や腰痛、感染症の罹患リスク、医薬品等への曝露、ストレスによるメンタルヘルス不全、患者等からの暴言・脅迫、暴力、職場内ハラスメントなど、医療現場にはさまざまなリスクが存在する。リスクが顕在化することを防止するためには、健康を脅かすリスクを正しく認識・理解し、適切に対処することが重要となる。労働契約法第5条に、「使用者は、労働契約に伴い、労働者がその生命、身体等の安全を確保しつつ労働することができるよう、必要な配慮をするものとする」と明記されており、事業者も労働者の安全と健康を守

るために必要な予防措置を講じ、労働者の健康の保持・増進に努める必要がある。

表10-1　看護職の健康を脅かすリスク

労働形態・作業に伴うもの	夜勤・交代制勤務	看護職の夜勤・交代制勤務は、シフトが不規則で深夜労働を伴うため、心身や社会生活に大きな負担がかかります。勤務時間の設定やシフトの組み方、休憩や仮眠の確保などで負担を軽減します。
	腰痛	看護職は、半数以上が腰痛を経験しているといわれています。例えば、看護ケアに伴う無理な姿勢などは身体への負担が大きく、腰痛発症の原因になっています。腰痛予防対策としては、スライディングシートやリフトなどの機器の導入が有効です。
感染の危険を伴う病原体へのばく露		感染症の患者さんに対する看護業務には、その病原体に感染するリスクが伴います。これらへの対策は、「労働安全衛生法」「医療法」などに基づいて講じられています。また、このほかにも最新のエビデンスに基づいたガイドラインを参考に院内感染マニュアルが整備されています。
施設内の化学的・物理的な危険要因によるもの	医薬品等へのばく露	抗がん剤、消毒薬、滅菌用ガスなどは、身体への付着や吸引によって健康障害が起きるリスクを伴います。対策としては、抗がん剤取り扱いマニュアル、ばく露時の対処マニュアルなどの整備、安全キャビネットの設置、保護具の使用などが有効です。
	医療機器・材料の使用に関わるもの	電離放射線や殺菌用紫外線による被ばくのほか、手袋やカテーテルなどラテックス製品へのアレルギーなどにより、健康障害が引き起こされるリスクがあります。
メンタルヘルスへの影響		看護職は精神的な負担が大きく、ストレスによってメンタルヘルスに不調を来すリスクが高いとされています。不調時の対応はもちろん、職員のために相談窓口を設置するなど、予防的な取り組みが必要です。また、職員自身がストレスに気付き、ストレスに対処するための知識・方法を身に付けるなどセルフケアも重要です。
患者や第三者からの暴力		社会的に暴力の問題が増えており、看護職が働く職場も例外ではありません。患者さんやその家族などが職員に対して行う暴言・脅迫、暴力、セクシャルハラスメントなどの院内暴力には、組織的に対策に取り組む必要があります。相談窓口の設置、保安体制の整備、暴力発生時の対応マニュアルの整備などについても確認しましょう。
職場でのハラスメント		ハラスメントとは、加害者の意図にかかわらず、言動により相手を不快な思いにさせたり、尊厳を傷つけたりすることです。医療の現場は、生命を左右するような緊張を伴う場面も多く、ハラスメントが起こりやすい職場であるといわれています。組織内でハラスメントを未然に防ぎ、起こってからもすぐに対応できる体制づくりが必要です。

出典：日本看護協会『はたさぽ　ナースのはたらくサポートブック』（第3版）2017年　p.42

❹ 医療・福祉職におけるメンタルヘルス

（1）感情労働とメンタルヘルス

　医療・福祉領域においてもメンタルヘルスの不調を訴える労働者が増加しており、その対策が課題となっている。メンタルヘルス不全者の発生は、本人のみにとどまらず、周囲

へのモチベーションの低下や連鎖的な発生、負荷の増加など組織活力や生産性の低下につながる上、長期の休職によるコスト負担が生じるため、事業者にとっても大きなリスクであるといえる。

　医療・福祉サービスは、患者や利用者の生命・プライバシーに直接かかわる仕事であり、援助過程においては、常に笑顔ややさしさ、献身さが求められ、相手のペースに合わせ自分の感情をコントロールしなければならない場合もある。また、夜勤や不規則勤務があるなど、身体的にも精神的にも負担を強いられることが多い。

　こうしたさまざまなストレッサーに対して適切に対処できず、自らの許容限度を超えて過重な負担が加わると、心身のエネルギーを使い果たし、バーンアウトなどのストレス症状が出現する危険性がある。バーンアウトは、「燃え尽き症候群」とも呼ばれる現象で看護師やソーシャルワーカー、介護福祉士など、感情労働に従事している者に多く発症するといわれている。バーンアウトなどのストレス症状を回避するためには、職員自らがストレスに気づき、これに対処するための知識、方法を身につけ、適切に対処することが重要である。また、職員の努力のみならず、事業者側も職員に対して労働者の心の健康の維持増進に力を入れる必要がある。

　介護職のストレスと雇用管理との関係を検討した佐藤らの研究においても、雇用管理の取り組みが十分であると、ストレス度やバーンアウトの徴候が低くなり、職務満足度が高く、就業継続意向も高いという傾向が確認されている[3]。メンタルヘルス不全を回避し、従業員の定着率を高め、やりがいをもって働いてもらうためには、事業者側が積極的に職員の悩みや意見、要望を聞く機会を設けたり、職員間のコミュニケーションの円滑化を図るなど、ストレスを軽減・回避するための雇用管理を行うことが必要であろう。

（2）　ストレスとは何か

　ストレスで胃が痛い、最近ストレスが溜まっているというように、ストレスという言葉をよく耳にするが、そもそもストレスとは何であろうか。以下では田尾雅夫のストレスモデルを参考にしながらストレスの概念について整理する（図10-6）。

　ストレッサーとは生体の外にあって、それに歪みを与える要因であり、それには、物理的条件、気温、湿気、騒音、振動などの作業条件から、役割期待における葛藤や曖昧さ、過重な負担や責任、上司や同僚、部下との人間関係の不調などさまざまなものがある[4]。

　ストレイン（ストレス反応）とは、ストレッサーの結果、心身に歪みとして現れる反応のことをいう。例えば、気持ちが落ち込む、疲れがとれない、食欲がない、イライラする、首や肩が凝るなどの症状は典型的なストレインの症状といえる。強いストレッサーが継続的に続くと、身体疾患や精神疾患へと発展してしまう可能性がある。

　ストレッサーのストレインへの影響には個人差が認められる。すなわち、ストレッサーは、直接的にストレインを引き起こすのではなく、出来事の受け止め方（認知的評価）や対処能力（コーピング）、ソーシャルサポートといったモデレータ（調整要因）が関与する。そのため、同じストレッサーに曝露しても、ストレインとして現れる症状は個人に

よって異なる。

　ストレスを軽減するためには、ストレスの原因であるストレッサーを取り除いたり、遠ざけることが重要であるが、人間と環境との間で生起する心理・社会的、物理的ストレッサーを完全に除去することはできない。そのため、ストレッサーに対してモデレータを制御することでその影響を少なくすることが重要であるといえる。代表的なモデレータ要因であるソーシャルサポートはストレスの軽減やメンタルヘルスを良好に保つ上で有効であることが指摘されている。メンタルヘルスを良好に維持するためには、相談できる上司や同僚、友人を増やしたり、カウンセラーなどの専門職に相談するなど、ソーシャルサポートを充実させることが重要である（表10-2）。

図10-6　ストレスの一般的モデル

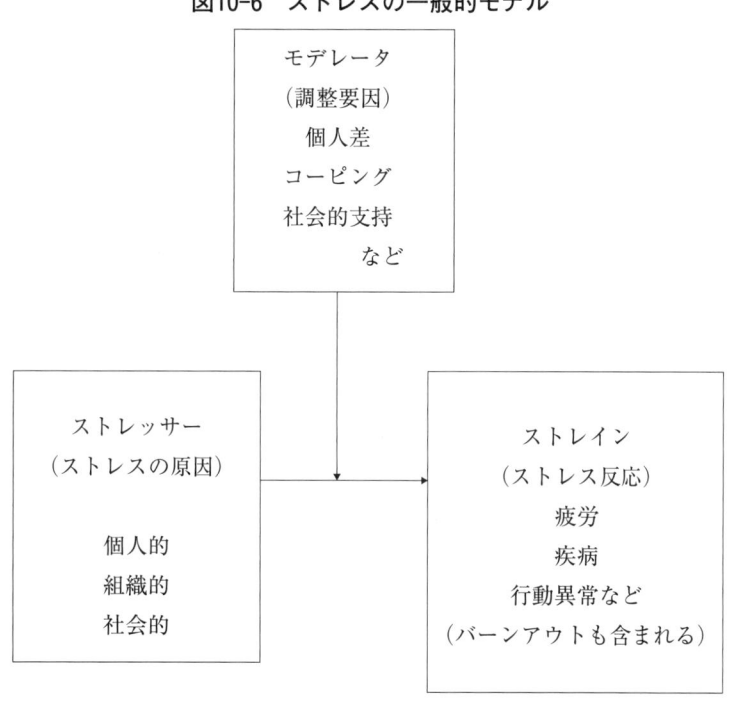

出典：田尾雅夫・久保真人『バーンアウトの理論と実際』誠信書房　1996年　p.17を一部修正

表10-2　職場サポート尺度の質問項目

情緒的サポート	暖かい熱心な指導をしてくれる 仕事で落ち込んでいる時、慰めや励ましをしてくれる 仕事での悩みなど親身に話を聞いてくれる
評価的サポート	あなた自身のことをかってくれたり高く評価してくれる 実力を評価し、認めてくれる 努力を評価してくれる 行った仕事に対し、正しく評価してくれる
情報的サポート	具体的で適切な指導をしてくれる 仕事に活かせる知識や情報を教えてくれる 仕事の問題を解決するのにやり方やコツを教えてくれる

手段的サポート	忙しいときに仕事を分担したり、負担を軽くするのを手伝ってくれる
	問題に直面した時に仕事の補助をしたり肩代わりしてくれる
	仕事の負担が大きい時に仕事を手伝ってくれる
	一人ではできない仕事があった時、快く手伝ってくれる

出典：井田政則・福田広美「看護師への職場サポートが バーンアウト反応におよぼす影響」『立正大学
心理学研究所紀要』 第2号 2004年　p.79を修正

（3）職業性ストレスモデル

　職業性ストレスモデルは米国国立労働安全衛生研究所（National Institute for Occupational Safety and Health: NIOSH）によって提唱されたモデルである（図10-7）。量的な作業負荷、作業負荷の変化、役割葛藤、交代制勤務など職場におけるさまざまなストレス要因によって急性ストレス反応を引き起こすが、このモデルでは労働者の健康は仕事のストレス要因だけでなく、仕事以外の要因によっても影響されるとしている。つまり、仕事のストレス要因が仕事外の要因、個人要因（年齢、性別、婚姻状態、自尊心など）、緩衝要因（上司、同僚、家族からの社会的支援）によって調整・緩衝され、急性ストレス反応に影響するとしている。また、急性ストレス反応が持続し慢性化した場合、健康障害が発生すると考えられている。

図10-7　NIOSHI（米国職業安全衛生研究所）職業性ストレスモデル（Hurrell and McLaney. 1988）

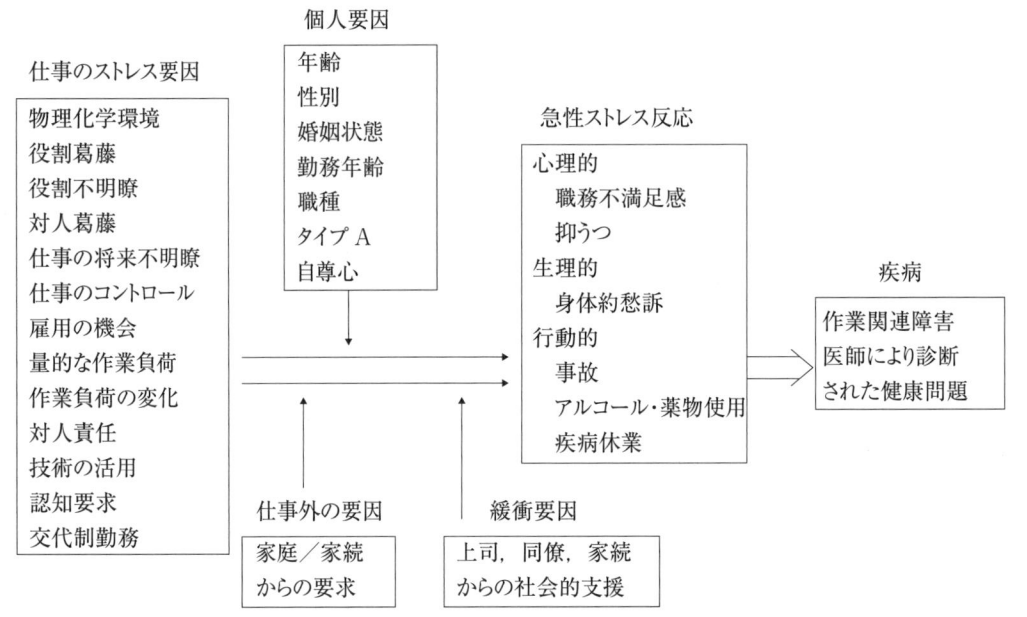

出典：Hurrell, J. J., Jr., and McLaney, M. A. Exposure to job stress-A new psychometric instrument.
Scandinavian Journal of Work and Environmental Health 14 (Supple-1) : (1988) 27-28.
島津明人「ワーク・ライフ・バランスと メンタルヘルス —共働き夫婦に焦点を当てて」『日本労働研究
雑誌』 No. 653　2014年　p.76

❺ 労働者の心の健康の保持増進のための指針

　厚生労働省は、事業場におけるメンタルヘルスケアを積極的に推進するために、「労働者の心の健康の保持増進のための指針」（メンタルヘルス指針）を策定している（平成18年3月31日、改正平成27年11月30日）。同指針では、事業者は、自らが事業場におけるメンタルヘルスケアを積極的に推進することを表明するとともに、衛生委員会等において十分調査審議を行い、「心の健康づくり計画」を策定する必要があるとしている。また、メンタルヘルスケアは、「セルフケア」、「ラインによるケア」、「事業場内産業保健スタッフ等によるケア」及び「事業場外資源によるケア」の「4つのケア」が継続的かつ計画的に行われることが重要であるとしている（図10-8）。

　さらに、事業者はメンタルヘルスケアを推進するに当たって、以下の次の事項に留意することが重要であるとしている。

①心の健康問題の特性

　心の健康については、客観的な測定方法が十分確立しておらず、その評価には労働者本人から心身の状況に関する情報を取得する必要があり、さらに、心の健康問題の発生過程には個人差が大きく、そのプロセスの把握が難しい。また、心の健康は、すべての労働者に関わることであり、すべての労働者が心の問題を抱える可能性があるにもかかわらず、心の健康問題を抱える労働者に対して、健康問題以外の観点から評価が行われる傾向が強いという問題や、心の健康問題自体についての誤解や偏見等解決すべき問題が存在している。

②労働者の個人情報の保護への配慮

　メンタルヘルスケアを進めるに当たっては、健康情報を含む労働者の個人情報の保護及び労働者の意思の尊重に留意することが重要である。心の健康に関する情報の収集及び利用に当たっての、労働者の個人情報の保護への配慮は、労働者が安心してメンタルヘルスケアに参加できること、ひいてはメンタルヘルスケアがより効果的に推進されるための条件である。

③人事労務管理との関係

　労働者の心の健康は、職場配置、人事異動、職場の組織等の人事労務管理と密接に関係する要因によって、大きな影響を受ける。メンタルヘルスケアは、人事労務管理と連携しなければ、適切に進まない場合が多い。

④家庭・個人生活等の職場以外の問題

　心の健康問題は、職場のストレス要因のみならず家庭・個人生活等の職場外のストレス要因の影響を受けている場合も多い。また、個人の要因等も心の健康問題に影響を与え、これらは複雑に関係し、相互に影響し合う場合が多い。

図10-8　4つのメンタルヘルスケアの推進

心の健康づくり計画の策定

4つのケア

セルフケア

　事業者は労働者に対して、次に示すセルフケアが行えるように支援することが重要です。
　また、管理監督者にとってもセルフケアは重要であり、事業者はセルフケアの対象として管理
監督者も含めましょう。

・ストレスやメンタルヘルスに対する正しい理解
・ストレスへの気づき
・ストレスへの対処

ラインによるケア

・職場環境等の把握と改善
・労働者からの相談対応
・職場復帰における支援、など

事業場内産業保健スタッフ等※によるケア

　事業場内産業保健スタッフ等は、セルフケア及びラインによるケアが効果的に実施されるよう、
労働者及び管理監督者に対する支援を行うとともに、次に示す心の健康づくり計画の実施に当た
り、中心的な役割を担うことになります。

・具体的なメンタルヘルスケアの実施に関する企画立案
・個人の健康情報の取扱い
・事業場外資源とのネットワークの形成やその窓口
・職場復帰における支援、など

事業場外資源によるケア

・情報提供や助言を受けるなど、サービスの活用
・ネットワークの形成
・職場復帰における支援、など

※それぞれの事業場内産業保健スタッフ等の役割は以下のとおり。
○産業医等：専門的立場から対策の実施状況の把握、助言・指導などを行う。また、長時間労働者に対
　する面接指導の実施やメンタルヘルスに関する個人の健康情報の保護についても、中心的役割を果たす。
○衛生管理者等：教育研修の企画・実施、相談体制づくりなどを行う。
○保　健　師　等：労働者及び管理監督者からの相談対応などを行う。
○心の健康づくり専門スタッフ：教育研修の企画・実施、相談対応などを行う。
○人事労務管理スタッフ：労働時間等の労働条件の改善、労働者の適正な配置に配慮する。
○事業場内メンタルヘルス推進担当者：産業医等の助言、指導等を得ながら事業場のメンタルヘルスケ
　アの推進の実務を担当する事業場 内メンタルヘルス推進担当者は、衛生管理者等や常勤の保健師等か
　ら選任することが望ましい。
出典：厚生労働省 独立行政法人労働者健康福祉機構　「職場における心の健康づくり〜労働者の心の健
　　　康の保持増進のための指針〜」 2012年　p.7

❻ ストレスチェック制度

　近年の精神疾患の増加を踏まえ、2014（平成26）年の労働安全衛生法改正では、ストレ

スチェック制度が創設された。ストレスチェック制度は常時50人以上の労働者を雇用する企業に実施義務が課せられ、常時50人未満の企業は努力義務とされている。一拠点に社員が50人以上いる事業者は、年1回以上社員に対してストレスチェックを実施しなければならない。

　ストレスチェックを実施した事業者は、ストレスチェック結果から、高ストレス者を判定する必要があり、高ストレスと判定された社員に対しては、医師による面談の機会を提供する必要がある。ストレスチェックを実施した事業者は、ストレスチェックの実施結果を所定の報告書で労働基準監督署に届け出る必要がある。

❼　社会福祉施設における労働災害発生状況

　我が国の労働災害（休業4日以上）による死傷者数は、全体としては減少傾向にあるものの、社会福祉施設における労働災害発生件数は、社会福祉施設に従事する職員が増加していることもあり、年々増加傾向にある。2005（平成17）年における労働災害発生件数は3,621件であったが、2015（平成27）年には7,597件発生し、従業者数の伸びに比例しほぼ倍増しており、労働災害発生件数を減少させるための安全活動の推進が強く求められている[5]。

　社会福祉施設での休業4日以上の死傷者数について、事故の型別でみると、「腰痛」につながる「動作の反動、無理な動作」が2,576人（34％）と最も多く、次いで「転倒」2,390人（31％）となっている（図10-10）。交通事故も497人（7％）となっており、主に利用者宅への訪問中や利用者の送迎中に事故が発生している。年齢別に災害発生状況をみると、50〜59歳が29％、60歳以上が25％となっており、50歳以上の死傷者数が全体の約半数を占めている。経験年数別では、1年未満が22％、1年以上3年未満が24％となっており、死

図10-9　社会福祉施設における労働災害発生件数の年推移

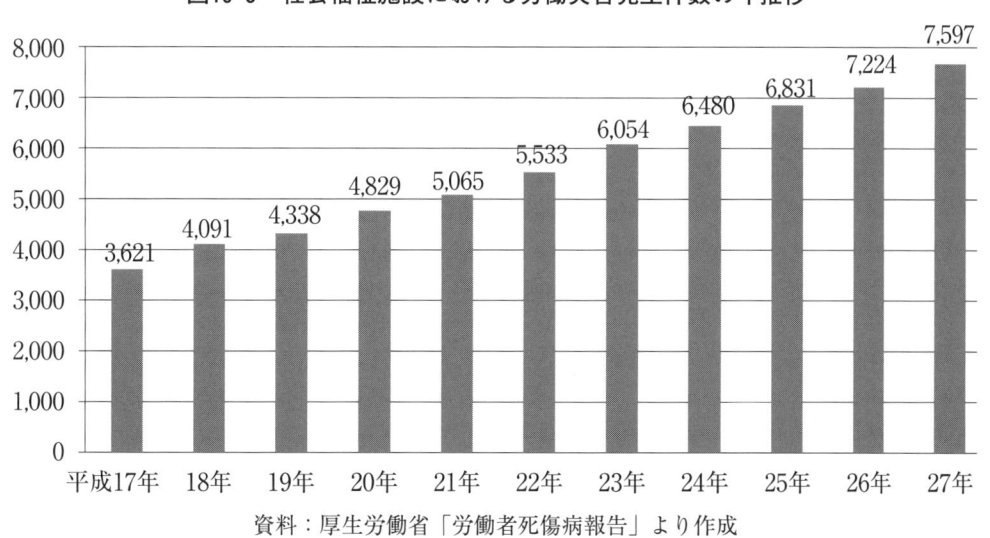

資料：厚生労働省「労働者死傷病報告」より作成

図10-10　社会福祉施設での休業 4 日以上の死傷者数の内訳（平成27年）

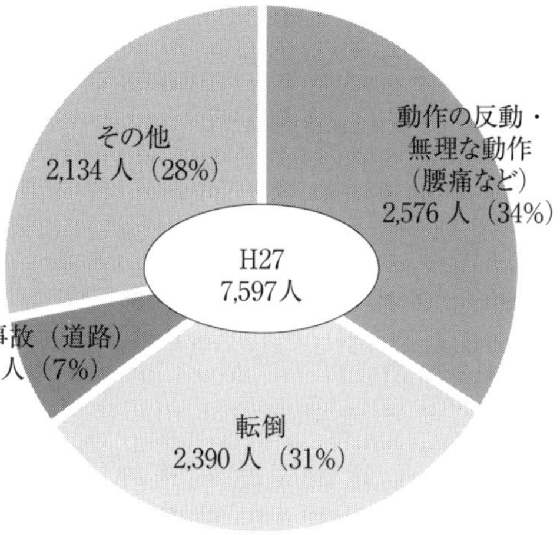

出典：中央労働災害防止協会　『高齢者介護施設における雇入れ時の安全衛生教育マニュアル』2017年　p.5

傷者の46％が経験年数 3 年未満の未熟練労働者となっている[6]。

　未熟練労働者は、仕事に慣れていないこともあり、危険に対する認識が低く、安全な作業方法が十分に身についていないため労働災害にあう危険性が高いといえる。事業所においては、雇い入れ時に安全衛生教育を十分に実施することが重要となる。

⑧　社会福祉施設における安全衛生対策の状況

　社会福祉・介護事業における労働災害が増加する中、厚生労働省の依頼を受けて、中央労働災害防止協会が「社会福祉施設における安全衛生対策に関する実態調査」[7]を実施している。この調査では、社会福祉施設（❶高齢者介護施設、❷障害者（児）施設、❸保育所、❹訪問介護・看護サービスの 4 つの業態）の労働災害の発生状況や安全衛生管理体制、安全衛生教育の実施、具体的な安全衛生活動などについて明らかにしている。

　報告書によると、アンケート回答事業場における、休業 1 日以上の被災者数の 1 事業場平均は、2013（平成25）年度は0.25人、2014（平成26）年度は0.33人である。労働災害の年千人率（労働者数千人当たり 1 年間で発生した死傷者数の割合）では、全体は9.03で、業態別では、高齢者（訪問）が10.06で最も高く、障害者（児）施設9.69、高齢者（施設）9.53、保育所7.20となっている。

　労働災害の事故の型別における発生状況をみると、全体で高い数値を示しているものは、「転倒」と「腰痛」である。業態別にみると、高齢者（施設）は、「腰痛」が最も高く、2 番目は「転倒」で、「感染症」、「交通事故」も比較的高くなっている。障害者（児）施設等は、「転倒」が最も高く、2 番目に「暴力によるケガ」（利用者からの意図的な暴力ではなく、パニック障害等により結果として職員がケガに至るものが多いと考えられる）によりであり、これは他の 3 つの業態と異なる特徴である。保育所は、「転倒」が最も高く、

図10-11　雇入れ時の安全衛生教育の実施

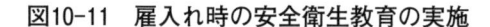

	0%	10%	20%	30%	40%	50%	60%	70%	80%	90%	100%

全体（平均）3337件　51.8 ｜ 36.8 ｜ 11.4
高齢者（施設）818件　59.7 ｜ 31.5 ｜ 8.8
障害者（児）1308件　45.3 ｜ 43.8 ｜ 10.9
保育所 904件　52.7 ｜ 32.7 ｜ 14.6
高齢者（訪問）307件　56.4 ｜ 32.6 ｜ 11.1

□実施 ■未実施 ■無回答

出典：中央労働災害防止協会『社会福祉施設における 安全衛生対策に関する実態調査結果報告書』2016
　　　年　p.38

「腰痛」も比較的高いが、他の３つの業態に比べると低い。高齢者（訪問）は、「交通事
故」が最も高く、「転倒」、「腰痛」も比較的高い。

　衛生管理者の選任義務のある職員数50人以上の事業場での衛生管理者の選任率は、高齢
者（施設）は95.6%、障害者（児）施設は84.0% である。労働安全衛生法で義務付けられ
ている雇入れ時の安全衛生教育を実施している事業場は、全体では約半数の51.8% である
（図10-11）。

　労働災害防止活動として対策を実施している事業場の割合は、全体では「転倒災害、墜
落・転落災害防止対策」が61.5%、「メンタルヘルス対策」60.5%「腰痛予防対策」55.8%
である。また、交通事故の防止に関する取組みの実施率は、個々の実施内容によって差は
あるが、多くの事業場で取り組まれている。

　また、対策を実施していない事業場では、その理由として「災害が発生していない」
「対策を行うまでの必要性を感じていない」を上位に挙げている。今後安全衛生活動を進
める上で充実させたい事項では、全体で見ると、「職員に対する安全衛生教育・研修」が
77.9% で最も高く、「経営者の安全衛生意識の向上」33.4%、「職員の安全衛生を担当する
スタッフの養成」32.4%、「マニュアル・規程類の作成又は見直し」28.3%、「施設・利用者
宅の設備の改善やレイアウトの変更等の推進」20.8%、「福祉機器や用具・保育遊具の導入
又は撤去」20.7% である。

表10-3　社会福祉施設における災害事例

事業の種類	労働者数	休業日数	災害発生状況・原因	事故の型	起因物
介護	52	40	施設内浴場において、午前の機械浴介助に携わっていた際、ストレッチャーを移動しようとした時に、シャワーホースにつまずき、手を何処かにつこうとしたがつかまるところがなく、そのままひねるような格好で右ひざの内側を床に打ってしまい転倒、膝 の靱帯を負傷した。	転倒	通路
保育	25	70	保育園内にて園児と遊んでいる時、思いっきりぶつかってきた園児を支えきれず床に転倒、その際に 左手首を骨折した。腰を強打、無意識に両手で体を 支えていたが、左手首のみ骨折。	転倒	その他の起因物

介護	68	42	訪問介護先にて、トイレ介護中に利用者がバランスを崩し危険を感じ、トイレ内に備え付けの縦手すりと倒れかかった利用者との間に体を入れ保護した際に、左脇腹を手すりにぶつけ左下肋軟骨を骨折した。	激突	その他の起因物
介護	20	30	施設1Fリビングにて利用者の要望によりトイレに連れて行こうとした際に、他の利用者がこぼしたお茶に気付かず足を滑らせ転倒する。その後、足が痛いため通院した所、左足骨折。	転倒	通路
保育	39	22	保育園内の2階の教材庫にある紙を取りに行き、取って出る際、出入り口付近に置いてあった鉄製のタオルかけに右足の指（薬指）を強打し、骨折した。	激突	建築物、構築物
介護	110	60	リビングで利用者が床にこぼしてしまったジュースを拭いていた所、右手を利用者に踏まれ骨折した。（利用者は重度の認知症であった。）	激突され	その他の起因物
保育	28	30	倉庫から子供たちが使う遊具を隣接する遊戯室へ運び出す作業があり、一番重量のある滑り台を1人で運び出す際、段差に躓き、右足親指の上に落としてしまい、中節骨折をしてしまった。	激突され	その他の仮設物、建築物、構築物等
障害福祉	240	30	工房（作業室）前園庭にて、自転車の洗車作業中、利用者が自転車を倒したため、支援員がそれを起こそうとした時、利用者が後部荷台を引っ張った。その際、車輪が動き出し、自転車を起こそうとしていた支援員の指がスポークに挟まり、右手指の靱帯を損傷した。	はさまれ、巻き込まれ	起因物なし
保育	45	14	給食室にて昼食の準備のため野菜切り包丁でキャベツの千切りの作業中、大きい春キャベツの上、葉が広がっていたため手で押さえづらく、包丁が滑ってしまい、キャベツを押さえていた左手の薬指の上部をえぐってしまった。	切れ、こすれ	手工具
老人介護	150	12	ホーム内2F食堂で味噌汁の入ったウォーマーを配膳室へ運ぶ際、車輪が巧く回らず倒してしまった。味噌汁の入った鍋をこぼさないように手で持った際、ウォーマーに入っていた熱湯が右足首にかかり火傷を負った。	高温・低温の物との接触	人力運搬機
介護	104	90	入所者の受診に付き添いで行った病院のレントゲン室で、撮影のため車椅子から椅子へ移る補助をしている時、入所者が力が入らなくなり、椅子に座っていられず、床へ落ちそうになったところを被災者が右肩と右腕で受け止め負傷。右肩鎖関節の脱臼と右肋骨にひびが入った。（看護師）	動作の反動、無理な動作	起因物なし
保育	48	60	園内2Fの0歳児保育室前の踊り場にて3歳女児が階段を降りて行こうとしたので制止しようとした際、そこに5歳男児が前方に出て来たため、避けようとして、右足を強くくじき右足の甲を骨折したもの。	動作の反動、無理な動作	その他の起因物
介護	12	7	訪問入浴中、訪問先の風呂場で排水確認を行った後、一段高くなっている出入り口に左足を乗せ、右足で踏み切ろうとした時、風呂場床に置いてあったスリッパに足を乗せたら、スリッパがすべり、右腰に全体重がかかり、捻るような形で腰を痛めた。	動作の反動、無理な動作	起因物なし
老人介護	107	60	デイサービス夏祭週間に「ねぷた」をテーマに利用者と製作した神輿をかつぎ、踊り等の行事を行っている最中、跳びはねて着地した際、右アキレス腱を負傷した。	動作の反動、無理な動作	起因物なし
介護	29	21	施設の2階にて介護業務中、和布団で寝ている利用者を車椅子に移動する移動介助を行うため、被災者が利用者の上半身を抱え、もう一人の介護員が下半身を抱えて利用者の体を持ち上げようとした際、腰に過度な負担がかかり負傷した。なお、負傷時は、和布団からの立位移乗のため、屈んでの作業となり、腰部に負担のかかる姿勢であった。	動作の反動無理な動作	起因物なし
介護	15	90	利用者宅において訪問介護業務中、ベッドにおいて利用者を上方移動する際に、通常の上方移動では自身の膝をついて行っていたが、当該利用者宅のスペースでは膝がつけず通常とは違う体勢により業務を行ったところ、体勢が十分ではなかったために過重な負担がかかり左脛を負傷した。	動作の反動、無理な動作	起因物なし

介護	20	90	利用者宅で入浴介助中、利用者が椅子に座ったままの状態で椅子を持ち上げた際に、右腰部痛があった。他に介助者が入れるスペースが浴室にはなかったため、一人で介助した。(看護師)	動作の反動、無理な動作	その他の起因物
介護	55	21	事業所内で2階から1階に移動する際、担当していた利用者と階段上で軽く接触したはずみに、バランスを崩して7～8段転落し足を打撲した。	墜落、転落	階段
老人介護	56	90	夜2時頃の巡回時、利用者がベッドより落ちそうになっていた為、左手をベッド・マットにつきのぞきこみ、声かけし、元に戻そうとした。夜であったため、驚き左腕をはらわれ、ベッド柵に頭を打ち前に倒れて、左肩を損傷した。	その他	その他の起因物

出典：中央労働災害防止協会　『社会福祉施設における安全衛生対策マニュアル～腰痛対策とＫＹ活動～』2009年　p.5-7

⑨ 労働関係法規

　労務管理の基本はコンプライアンス（法令遵守）の徹底にある。労働関係法令を遵守し、適切な労働環境の確保に努めることが求められる。労働法の中でも、労働基準法、労働組合法、労働関係調整法の3つは最も根幹となるものとして「労働三法」と呼ぶ。以下では、労働基準法の基本的事項について説明する。なお、労働基準法は、正規職員、アルバイトなどの名称を問わず全ての労働者に適用される。

①労働条件の明示

　労働者を採用するときは、労働条件を明示しなければならない。（労働基準法第15条第1項、労働基準法施行規則第5条）。

②就業規則

　常時10人以上の労働者を使用している場合は、就業規則を作成し、労働者代表の意見書を添えて、所轄労働基準監督署に届け出なければならない。就業規則を変更した場合も届け出が必要である（労働基準法第89条、第90条）。

③賃金支払いの原則

　賃金は通貨で、直接労働者に、全額を、毎月1回以上、一定の期日を定めて支払わなければならない（労働基準法第24条）。また、労働者の同意があっても最低賃金額を下回ることはできない（最低賃金法第4条）。なお、時間外労働、休日労働、深夜労働（午後10時から午前5時）を行わせた場合には、割増賃金を支払わなければならない（労働基準法第37条）。

④労働時間

　労働時間の上限は、1日8時間、1週40時間（10人未満の商業、映画・演劇業、保健衛生業、接客娯楽業は44時間）である（労働基準法第32条、第40条）。この時間を超えて働かせる場合には、あらかじめ労使協定（36協定）を結び、所轄労働基準監督署に届け出が必要である。（労働基準法第36条）。

⑤休憩と休日

　1日の労働時間が6時間を超える場合には45分以上、8時間を超える場合には1時間以

上の休憩を、勤務時間の途中で与えなければならない。休憩時間は原則として、一斉に与え、かつ自由に利用させなければならない（労働基準法第34条）。

⑥年次有給休暇

　雇い入れの日（試用期間含む）から６か月間継続勤務し、全所定労働日の８割以上出勤した労働者には年次有給休暇が与えられる（労働基準法第39条）。

⑦解雇・退職

　やむを得ず、労働者を解雇する場合は、30日以上前に予告するか、解雇予告手当（平均賃金の30日分以上）を支払わなければならない（労働基準法第20条）。また、業務上の傷病や産前産後による休業期間およびその後30日間は、原則として解雇できない（労働基準法第19条）。

【引用文献】
１）経済産業省「健康経営銘柄」http://www.meti.go.jp/policy/mono_info_service/healthcare/kenko_meigara.html　アクセス日：2018年１月22日
２）日本取引所グループホームページ「マーケットニュース」
　　http://www.jpx.co.jp/news/1120/20170221-01.html　アクセス日：2018年１月22日
３）佐藤博樹・大木栄一・堀田聰子『ヘルパーの能力開発と雇用管理―職場定着と能力発揮に向けて』勁草書房　2006年　p.157
４）田尾雅夫・久保真人『バーンアウトの理論と実際』誠信書房　1996年　p.17-18
５）厚生労働省「職場のあんぜんサイト」http://anzeninfo.mhlw.go.jp/yougo/yougo92_1.html　アクセス日：2018年１月12日
６）厚生労働省「社会福祉施設における労働災害発生状況の概要」www.mhlw.go.jp/file/06-Seisakujouhou-11300000-Roudoukijunkyokuanzeneiseibu/0000086917.pdf　アクセス日：2018年１月12日
７）中央労働災害防止協会『社会福祉施設における　安全衛生対策に関する実態調査結果報告書』2016年

第11章 | 特別養護老人ホームの事業収支シミュレーション

① 特別養護老人ホーム開設にあたっての留意点

老人福祉法第15条の4項では「社会福祉法人は、厚生労働省令の定めるところにより、都道府県知事の認可を受けて、養護老人ホーム又は特別養護老人ホームを設置することができる」と規定している。指定権限のある都道府県知事が保険者（市区町村など）から設置に対する意見を徴収して設置可否を決定するため、特別養護老人ホームを開設する際には行政と相談しながら慎重に手続きを行う必要がある。特に、介護保険事業計画等に定められた定員数にすでに達しているか、又は当該申請に係る指定等によってこれを超える場合、その他計画の達成に支障が生じるおそれがあると認める場合には、都道府県知事・市町村長は事業者の指定等をしないことができることとされており、開設にあたっては介護保険事業計画の目標数値や整備状況を確認する必要がある。

特別養護老人ホームはこれまで入所待機者が多く、開設すれば満床という状況が続き、入居者の確保に苦労することはなかった。しかし、近年では待機者が減り始め、空きがある地域も散見されるようになっている。個室ユニット型の1ヶ月あたりの自己負担額は、民間事業者が運営する低廉型の有料老人ホームの月額利用料と同水準となっているため、民間事業者の開設状況も含め詳細な市場調査を行う必要がある。

「特別養護老人ホームの開設状況に関する調査研究」[1]によると、開設10年以内の特別養護老人ホームにおいて「満室」と回答したのは73.5％であり、新規オープンした特養の開設時点での利用率はユニット個室で62.4％、従来型個室や多床室では67.8％と7割を切っている状況となっている。満床になるまで要した期間は平均5.8カ月となっている。

② 収支シミュレーションの考え方

特別養護老人ホームの開設にあたっては、事前に収支シミュレーションを行い、長期的な視点から収支の動きを把握することが重要である。具体的には、施設整備費等のイニシャルコストをはじめ、人件費、施設維持管理費等のランニングコストの費用、介護報酬や居住費（ホテルコスト）、利用者自己負担分等の事業収入を計算し、必要な収益を確保し、安定的に事業を遂行することが可能であるのか慎重に検討することが必要である。

どの事業においても予測不可能なリスクに直面する可能性があるため、シミュレーション通りにならないことも少なくないが、特別養護老人ホームは公益性の高い第一種社会福祉事業であるため、継続性や安定性が強く求められる。特別養護老人ホームの開設にあ

たっては、想定されるリスクを洗い出し、長期的な視点から可能な限り精緻なシミュレーションを実施する必要がある。

❸ 施設整備等に関するシミュレーション

　以下では、東京23区内に広域型特別養護老人ホーム（ユニット型個室定員100名、併設型ショートステイ10名）を新規に開設する場合を想定し、施設整備に関するシミュレーションを行う。

（1）　開設地の選定、土地取得費

　特別養護老人ホームを開設する場合、まず、必要な用地を確保することが求められる。既に法人が用地を保有している場合は問題ないが、新たに土地を購入する場合は高額な費用が必要となり、施設開設後、返済が大きな負担となる可能性もあるため、採算性も考えながら土地を購入する必要がある。また、行政へ相談・申請する際に、土地の確保の見通しがついていなければならないため、土地を所有していない場合には、不動産売買確約契約書などの土地の確保が具体化している根拠資料を提出する必要がある。

　本シミュレーションでは、新たに土地を購入するケースでシミュレーションを行った。土地の想定面積は、3,800.00㎡（1,149.50坪）で建ぺい率60％、容積率200％の地域を想定し、土地取得費は5億円とした。

（2）　建設コスト

　表11-1のとおり、建設コストの総額は1,757,346,500円である。内訳をみると、建築工事費として本シミュレーションでは工事単価を1㎡あたり335,000円とし、工事を行う延べ床面積は4,598㎡であるため、建築工事費総額は1,540,330,000円となる。4,598㎡には高層化加算の対象面積も含んでいる。設計管理費とは、計画した建物が設計図に沿って施工されているかを管理するために費用で、建築工事費総額の3～5％となることが多い。本シミュレーションでは5％とした（77,016,500円）。設備整備費は施設を開設する際に必要な設備（厨房機器、リビングの什器備品、機械浴槽などの福祉機器など）の調達に要するコストのことであり、本シミュレーションでは入所者一人当たりの単価を100万円と想定した（110,000,000円）。土地の造成工事とは、区画割りや敷地内の段差を解消し盛土などの工事に必要となるコストである。自治体によって項目や上限が定められていることが多い。本シミュレーションでは30,000,000円（1式）とした。本計画では計算から除外しているが、その他工事費として、開発申請費、外構工事費などが必要となる。開発申請費とは、都市計画法に定められた一定の工事に該当する行為に対する許可を自治体へ申請するために、設計図等を専門家に作成してもらうためのコストである。

表11-1　広域型特養の事業計画概要

【前提条件】	内容	備考
事業形態	広域型特別養護老人ホーム	○ユニット型個室／定員100名（併設型ショートステイ：10名） ○整備予定地：東京都●●区●●●△－△△－△△（介護報酬地域区分：1級地）
施設規模	●土地／3,800.00㎡（1,149.50坪）…想定面積 ●建物／延床面積　4,598.00㎡（1,390.89坪） ●構造規模／鉄筋コンクリート造5階建て	○土地／建ぺい率　60%　容積率　200%の地域を想定 ＊土地取得費：本計画に含む（借地の場合：地代等は本計画より除外） ○建物／1室あたり建築面積　@38㎡／人（別途高層化加算10%）
土地取得費	500,000,000円（1式）	
建築工事費の想定	●工事単価／　@335,000円／㎡（総額：1,540,330,000円）（a） ●設計管理費／建築工事費×5%／77,016,500円（b） ●設備整備費／　@1,000,000円（1人）／110,000,000円（c） ●造成工事費／30,000,000円（1式）（d） ●その他工事費［開発申請費・外溝等］／（本計画では除外）円（e） ○工事関連費総額／1,757,346,500円【A】（a〜eの合計）	○各単価については事業主体の事前計画等に基づく ・事前計画時の設定基準【工事費】【設計管理費】【設備整備費】【その他（土地取得費）】 ・今回追加設定基準【造成工事費】 ・総額には建物関連以外の土地関連費も含む
建設工事費補助金【B①】	●本体工事：@5,000,000円／1人×促進係数（1.5）（総額：825,000,000円）（g） ●併設加算：@9,000,000／1式（h） ＊防災拠点型地域交流スペース整備（@300㎡） ●高騰加算：@1,250,000円／1人（総額：137,500,000円）（i） ○想定補助総額／971,500,000円【B①】（g〜iの合計）	○自治体補助金額【本体工事費】 ○造成工事費は個別適用除外（＊本体工事費に含む）
開設準備経費【B②】（運営費補助対象）	●@621,000円／1人 ○想定補助額／68,310,000円【B②】	○「東京都介護施設等の施設開設準備経費等支援事業」の定めによる ○採用経費・車両・地域交流備品その他
補助金の総額【B①とB②の合計】	○想定補助総額／1,039,810,000円【B】	
融資（限度）額	●融資限度額：［施設整備費（【本体工事費】【設計管理費】）と（機構の【算定基準事業費】）の低い額］×90（融資率＊） ＊優遇措置活用の最大値の場合 ○本計画の想定額：333,100,000円【C】	○融資元／独立行政法人福祉医療機構 ○融資率はモデル自治体基準による ○金利0.80%　○償還期間25年（固定金利） ○融資額は十万円未満切捨て ○［都市部優遇措置］適用 ＊左記融資想定額は限度額の範囲内で任意に決定（融資率46.06%）
その他助成制度	●その他自治体民間社会福祉施設等償還金助成制度 ⅰ）福祉医療機構からの借入金元金×9／100ほか ⅱ）福祉医療機構からの借入金利子補給 ⅲ）社会福祉協議会からの借入金元金助成等	○事業詳細未確定のため今回は算定せず
想定事業費合計及び自己資金	【事業費総額等（土地・設備・開業費含む）】 ①2,257,346,500円【A】 【施設整備補助金（開設準備経費も対象に含む）】 ②1,039,810,000円【B】 【融資額（機構）】 ③333,100,000円【C】 【自己資金等】 ④884,436,500円【D】	○本計画で投下可能な自己資金額に応じて融資額を調整 ○そのため融資予定額は融資限度額まで達していない ○この他「当初運転資金（概ね介護報酬×2/12）」別途必要

※表中の前提は、平成30年度の自治体制度を基にしている。

（3） 資金調達

補助金

　社会福祉施設の整備にあたっての補助金には、国及び地方公共団体の補助金と、2005（平成17）年度に創設された「地域介護・福祉空間整備等交付金」及び「次世代育成支援対策施設整備費交付金」がある。以前は国の直接補助制度が主流であったが、現在は、国から自治体に対し整備計画に沿って交付された交付金を基に、都道府県や市区町村などの自治体が運営事業者に補助金を拠出する方法が一般的となっている。

　東京都における施設整備の場合、創設（新築）・増築・改築・ユニット化改修・増床改修・大規模改修・その他（療養転換創設・多床室のプライバシー確保のための改修ほか）の工事費用の一部が建設整備補助金の対象となる。新築工事の場合、定員1人あたり500万円の補助金が拠出される。本計画の場合110床（ショートステイ床10床を含む）のため基本額は5億5千万円となる。またこれに加え、東京都の場合は「促進係数（×1.5）」のインセンティブが加算されるため、補助金総額は8億2,500万円となる。さらに、本計画では「高騰加算（建築価格の高騰に対する支援策）」が1床あたり125万円（137,500,000円）、「併設サービス加算（防災拠点型地域交流スペースの併設）」が1式で900万円をそれぞれ加算する。

　建設工事費の補助に加え、工事費以外に開設までに要する経費（職員の求人採用経費、研修費用、開設にかかわる告知費用など）を開設準備経費補助金として補助の対象としている。東京都における当該補助基準額は、丸めで定員1人あたり62.1万円となっている。これらすべてを合算した補助金の総額は、1,039,810,000円となる。

　東京都などの大都市部では、用地取得費が高額になるが、土地取得に対する補助金はない。本計画では、土地取得費については法人本部会計で必要な予算を計上する計画とした。

融資

　施設整備に関する資金調達では、補助金ではカバーできなかった部分について、金融機関などの融資を利用することが一般的である。社会福祉法人等が施設を整備する場合には、独立行政法人福祉医療機構による融資制度がある。融資制度には、各種条件や融資額の上限などが設定されている。本計画では、福祉医療機構からの融資のみとしており、協調融資（複数の民間金融機関が協力して融資を行うこと）は想定していない。

　福祉医療機構では、ユニット型特養1床あたり1,760万円（ショートステイは1床1,430万円）が基準事業費となっている。また、融資対象となる設計監理費は基準事業費×5％相当額となる。福祉医療機構における融資対象額は70〜90％であるが、東京都の場合は、補助金同様施設整備の促進策「都市部優遇措置」があり、最大90％までの融資が可能となる（表11-2）。福祉医療機構（福祉貸付）の貸付利率は25年間全期間固定で0.8％となっており、他の金融機関と比べると有利な貸付条件であることがわかる。

　しかしながら、むやみに融資額を増やすと施設開設後、毎月の返済負担に追われ、健全な財務管理が行えなくなる恐れがある。本計画では安定した財務体質を確保するため、融資上限額の46％程度（総額3億3,310万円）に借入を抑えた計画とした。

（4）　自己資金

　上述したように、多額の融資を受けると返済が資金繰りを大きく圧迫する可能性が高いが、借入を抑えれば、その分自己資金を拠出しなければならない。自己資金の調達には、適法に処理された施設整備積立金などの予算から調達する方法と、役員個人の臨時・特別の寄付金等などの方法が考えられるが、近年では後者の例は多くない。

　本計画では、上述したとおり、福祉医療機構から３億3,310万円を借り入れる計画のため、自己資金を約８億８千万円とした。小規模な社会福祉法人の場合、この自己資金を数年で積み立てすることは極めて難しいため、施設建設にあたっては中・長期的な視点で計画的に進める必要がある。

表11-2　施設整備融資の概要（独立行政法人福祉医療機構・民間金融機関との協調融資）

独立行政法人福祉医療機構の貸付制度	
貸付対象事業	施設整備資金・設備整備資金・設計費・土地取得費
貸付限度額	（福祉医療機構基準事業費－自治体単独補助金等）×融資率※ ※融資率はユニット型75％（都市部優遇措置：90％）
利率	福祉医療機構の定める利率（固定金利　0.8％）H30年時点
償還期間	30年以内（償還期間と居住費の算定期間は必ず揃える）
担保	要（対象／敷地・建物・地上権）
保証人	要（法人代表者又はオンコスト保証制度）

協調融資（民間金融機関の条件の一例）	
制度の目的	独立行政法人福祉医療機構（以下「機構」という。）と民間金融機関が「福祉医療貸付事業における事務処理に係る覚書」を締結することで、社会福祉法人及び医療法人等（以下「借入希望者」という。）が社会福祉事業施設や医療関係施設に関する事業を計画する際に民間金融機関からの資金調達を円滑に行えるようにすることを目的としている。
定義	協調融資とは、社会福祉法人等が行う社会福祉事業施設や医療法人等が行う医療関係施設の事業に対して機構が融資を行う場合に、機構との覚書を締結した民間金融機関が当該事業に対して併せて融資を行うことをいう。 なお、貸付けの可否及び貸付条件については、機構と民間金融機関がそれぞれ独自の審査基準に基づき決定する。
対象となる事業	借入希望者が行う、福祉貸付及び医療貸付の対象となる事業を対象とします。
融資限度額	機構基準事業費より、法的・制度的補助金等を控除した金額に融資率（融資対象施設により90％、80％、75％、70％、30％の場合があり）を乗じた金額。
利率 その他	貸付けの可否及び利率貸付条件については、機構と民間金融機関がそれぞれ独自の審査基準に基づき決定する。
融資期間	５年～20年以内。

表11-3　施設整備費・資金調達概観

施設整備費・資金調達概観

資金計画算定資料（特別養護老人ホーム【新築及び増築整備版】）

A　想定事業費算定

1　計画特養区分
広域型特養は「1」，地域密着型特養は「2」を半角で入力→　**1**　広域型特別養護老人ホーム

2　想定実施面積

特別養護老人ホーム（ユニット型）	38 ㎡	×	100 人	=	3,800	㎡
特別養護老人ホーム（従来型）	34 ㎡	×	0 人	=	0	㎡
併設ショートステイ（ユニット型）	38 ㎡	×	10 人	=	380	㎡
				小計	4,180	㎡
高層化加算（小計×10%）	建物の階数を入力→	5	=		418	㎡
			合計	4,598	㎡	想定実施面積 A

3　想定事業費（1円未満切捨て）

本体工事費	335,000 円	×	4,598 A ㎡	=	1,540,330,000 円
特殊工事費	実事業費（予定）		=		0 円
			小計		1,540,330,000 円
設計監理費	1,540,330,000 円	×	5 %	=	77,016,500 円
			施設整備費計		1,617,346,500 円
設備整備費	1,000,000 円	×	110 人	=	110,000,000 円
			合計	1,727,346,500 円	B

敷地造成工事費	実事業費（予定）	=	30,000,000 円	C1

その他工事費 ➡【土地購入費】	実事業費（予定）	=	500,000,000 円	C2

B　補助金算定
1　施設整備
① 補助単価による算定補助金

	算定補助単価		定員		計		
特別養護老人ホーム（新築・増床）	5,000,000 円	×	100 人	=	500,000,000	円	㋐
特別養護老人ホーム（改築）	5,000,000 円	×	0 人	=	0	円	㋑
ショートステイ床	5,000,000 円	×	10 人	=	50,000,000	円	㋒
（促進係数：基準価格×1.50）	⇒（㋐＋㋑＋㋒）× 促進係数				825,000,000		
高騰加算	1,250,000 円	×	110 人	=	137,500,000	円	
その他加算（防災拠点型地域交流スペース）	9,000,000 円	×	1 式	=	9,000,000	円	
			合計		971,500,000	円	①

② その他民間補助金等の収入　　　0 円　②

補助金（施設整備分①－②）＝　971,500,000 円　(a)

2　敷地造成
① 補助単価による算定補助金上限額　　※算定しない場合は0円　　　　0 円
② 補助金の交付対象経費（C1）×0.75（千円未満切捨て）

　　0 円×0.75 ＝　　※算定しない場合は0円　　　0 円

　①，②を比較して，小さい方の金額＝補助金（敷地造成分）＝　　0 円　(b)

　●施設整備費補助金（a），敷地造成費補助金（b）の合計　　971,500,000 円　D1

3　開設準備経費

助成額上限単価　　特養定員
621,000 円 ×　110 名　　＝　68,310,000 円　(c)

　●施設整備費補助金（a），敷地造成費補助金（b），開設準備経費（c）の合計　　1,039,810,000 円　D2

174

C 福祉医療機構融資額算定

1 基準事業費

本体工事費	特養(ユニット型)	17,600,000	円	×	100	人	=	1,760,000,000 円
	特養(従来型)	13,400,000	円	×	0	人	=	0 円
	ショート床	14,300,000	円	×	10	人	=	143,000,000 円
						小計		1,903,000,000 円
設計監理費	特養・ショート	本体工事費 ×		5	%			95,150,000 円
						合計		1,998,150,000 円

↓
算定基準事業費　E

算定基準事業費と想定事業費を比べて小さい方をFに入れる。

| 算定基準事業費 | 1,998,150,000 円 | E |
| 想定事業費 | 1,757,346,500 円 | B |

| 基準事業費 | 1,757,346,500 円 | F |

2 福祉医療機構融資限度額(十万円未満切捨て)

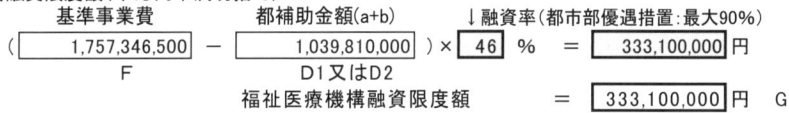

基準事業費　　　都補助金額(a+b)　　　↓融資率(都市部優遇措置:最大90%)

(1,757,346,500 − 1,039,810,000) × 46 % = 333,100,000 円
　　F　　　　　　　　D1又はD2

福祉医療機構融資限度額 = 333,100,000 円　G

D 法人自己資金額等

想定事業費(敷地造成及びその他工事費含む)	都補助金額	福祉医療機構融資限度額	自己資金(積立金・準備金等)	協調融資必要額(又は不足額)
2,257,346,500	1,039,810,000	333,100,000	884,436,500	0 円
B+C1+C2	D2	G	↓↓↓	

＊【別途】当初必要運転資金:78,490,859円（概ね介護報酬等×2/12）

（5）　運転資金

　事業者に対する介護報酬の支払いは請求月の翌々月（約２ケ月後）となるため、リハーサル期間や開設当初に必要となる人件費等を自己資金の増額調達や借入額の増額、民間融資の一部活用などの方法で調達する必要がある。本計画では、概ね介護報酬の２か月分（介護報酬・居住費・食費の２ヶ月分）を想定し、本計画で当初必要となる運転資金は78,490,859円とした。

❹　施設開設後の収支シミュレーション

（1）　収入項目

　収入項目としてまず介護保険料収入がある。本計画においては、特別養護老人ホーム、ショートステイ共にすべて要介護４と仮定して計算した。そのため、特別養護老人ホームは843単位（日額）×10.90円（１級地）＝9,188円であり、ショートステイは889単位×10.90＝9,690円となり、初年度の入居稼働率が90％と仮定すると収入総額は326,584,006円となる（表11-4）。また、本計画では、特別養護老人ホームのみ「日常生活継続支援加算（要介護４・５の利用者が７割以上その他条件あり）」「看護体制加算Ⅱ（手厚い看護職員体制・24時間連携体制などの条件あり）」「夜勤職員配置加算（既定の人員基準より多い所

員の配置などの条件あり）」の加算取得を想定しているため、加算額の総額は25,754,400円となる。

　居住費は、アパートやマンションの家賃と同等の対価であり、本計画では、ユニット型個室として利用者１人あたり1,970円（日額）とした。この項目は介護保険給付の対象外のため、利用者の自己負担となる。しかし、所得の少ない利用者の負担を軽減する制度がある。居住費収入の総額は69,747,850円となる。

　食費も原則として運営事業者と利用者との契約で取り決めるものである。本計画では、利用者１人当たり1,380円（日額）とした。食費収入の総額は48,858,900円となる。その他収入としては、運営事業者と利用者との契約で取り決める私的利用収入がある。具体的には、通帳管理保全サービスや個人冷蔵庫使用料、個外付き添い料などがある。季節ごとのイベント参加費や日常のアクティビティに要する材料費なども自己負担として利用者から徴収する。その他収入の総額は15,206,400円となる。

　所得が低い方の居住費と食費については、所得に応じた自己負担の限度額が設けられており、これを超えた分は「特定入所者介護サービス費」として介護保険から給付される。負担限度額認定の適用条件については、被保険者の属する世帯全員が住民税非課税であるという要件に加え、「配偶者の所得」や「預貯金等」も勘案される。

表11-4　事業収支概観（収益・費用の条件設定）

事業収支概観

事 業 収 入 算 定 資 料　1級地＝10.90

特別養護老人ホーム（ショートステイ床を含む）

収益の部

1．施設定員数

ユニット型定員数は　**100**　人，　　従来型多床室定員数は　　　　人，

従来型個室定員数は　　　　人，　　ショートステイ定員数は　**10**　人，とする。

2．介護保険料収入

特別養護老人ホーム（全て要介護度4）			ショートステイ（全て要介護度4）		
ユニット型	843 単位	9,188 円	併 設 型 ユ ニ ッ ト 型 短 期 入 所 生 活 介 護 費	889 単位	9,690 円
従来型多床室	832 単位	9,068 円			
従来型個室	832 単位	9,068 円			
1日あたりの介護保険料収入計		918,800 円	1日あたりの介護保険料収入計		96,901 円

（初年度）　　　　　　　　　　　　　　　　　　　　　　　（稼働率）

特　　　　養　　918,800 円　×　　365 日 ×　　90 % ＝　301,825,800 円

ショ　ー　ト　　96,901 円　×　　365 日 ×　　70 % ＝　　24,758,206 円

　　　　　　　　　　　　　　　　　　　　　　　計　326,584,006 円　①

（次年度以降）　　　　　　　　　　　　　　　　　　　　（稼働率）

特　　　　養　　918,800 円　×　　365 日 ×　　95 % ＝　318,593,900 円

ショ　ー　ト　　96,901 円　×　　365 日 ×　　80 % ＝　　28,295,092 円

　　　　　　　　　　　　　　　　　　　　　　　計　346,888,992 円　②

特養　標準的な加算（日額）　※ショートステイは考慮せず

加算	日常生活継続支援加算	501	円
	看護体制加算（Ⅰ）	0	円
	看護体制加算（Ⅱ）	87	円
	夜勤職員配置加算	196	円
1日あたりの介護保険料収入計		784	円

（初年度）

特養　784円×100人×365日×90%　　25,754,400 円

　　　　　　　　　　　計　25,754,400 円　⑦　　＊入居者一人当たり：　257,544 円

（次年度以降）

特養　784円×100人×365日×95%　　27,185,200 円

　　　　　　　　　　　計　27,185,200 円　⑧　　＊入居者一人当たり：　271,852 円

3．居住費収入（機構融資及び民間金融機関の協調融資の償還財源に全額充当）

長期入所（要介護度4）		ショートステイ（要介護度3）	
ユニット型	1,970 円	ユニット型	1,970 円
従来型多床室	320 円		
従来型個室	1,150 円		
1日あたりの居住費収入計	197,000 円	1日あたりの居住費収入計	19,700 円

（初年度）　　　　　　　　　　　　　　　　　　　　　　（稼働率）

特　　　　養　　197,000 円　×　　365 日 ×　　90　% ＝　64,714,500 円

ショ　ー　ト　　19,700 円　×　　365 日 ×　　70　% ＝　　5,033,350 円

　　　　　　　　　　　　　　　　　　　　　　　計　69,747,850 円　③

（次年度以降）　　　　　　　　　　　　　　　　　　　（稼働率）

特　　　　養　　197,000 円　×　　365 日 ×　　95　% ＝　68,309,750 円

ショ　ー　ト　　19,700 円　×　　365 日 ×　　80　% ＝　　5,752,400 円

　　　　　　　　　　　　　　　　　　　　　　　計　74,062,150 円　④

4. 食費収入

								(稼働率)			
(初年度)											
特　　養	1,380 円 ×	100 人 ×	365 日 ×	90	% =	45,333,000	円				
ショート	1,380 円 ×	10 人 ×	365 日 ×	70	% =	3,525,900	円				
					計	48,858,900	円 ⑤				

								(稼働率)			
(次年度以降)											
特　　養	1,380 円 ×	100 人 ×	365 日 ×	95	% =	47,851,500	円				
ショート	1,380 円 ×	10 人 ×	365 日 ×	80	% =	4,029,600	円				
					計	51,881,100	円 ⑥				

5. 年間事業収入

想定年間事業収入　初年度　合計	①+③+⑤+⑦+⑪	=	486,151,556	円 ⑨
想定年間事業収入　次年度以降　合計	②+④+⑥+⑧+⑫	=	516,068,642	円 ⑩

---

6. 当初運転資金（当初運転資金の下限額）　※概ね介護報酬（介護報酬・居住費・食費）の2月相当額

※1　当初運転資金（下限額）⑨　470,945,156 円 × 2/12 = 78,490,859 円

```
費用の部
```

7. 事務費・事業費

※2　初年度の事務費・事業費①　486,151,556 円 × 31.27% = 152,019,591 円
※3　次年度以降の事務費・事業費②　516,068,642 円 × 31.27% = 161,374,664 円

8. 借入金利息　※元金支払い据置制度を活用（当初2年は元金返済猶予）

初年度借入金利支出（元金支払いは3年目より）　2,664,804 円
次年度借入金利支出（元金支払いは3年目より）　2,664,804 円

9. 人件費

※4　初年度の人件費③　486,151,556 円 × 64.6% = 314,053,905 円
※5　次年度以降の人件費④　516,068,642 円 × 64.6% = 333,380,343 円

```
その他の部
```

10. 私的利用料収入の例（月額）　長期のみ

私的契約料 ※6	通帳管理保全サービス費用	2,500	円
	個人冷蔵庫使用料	2,000	円
	個人テレビ設置使用料	1,500	円
	その他（外出付添い料、理髪料等の平均）	10,000	円
	一人当たりの私的契約料月額　計	16,000	円

（初年度）私的利用料収入　16,000円×12ヶ月× 110人×80%（8割利用）×稼動90%　15,206,400 円 ⑪
（次年度以降）私的利用料収入　16,000円×12ヶ月× 110人×80%（8割利用）×稼動95%　16,051,200 円 ⑫

※1　2/12の系数について・・・レセプト請求から保険報酬の入金までの2ヶ月間を繋ぎ資金必要期間と想定
※2・3　表示の系数について・・・【介護報酬（加算含）対比】直接介護費（10～15%）・一般管理費（10～15%）・その他経費（10%）と想定
※4・5　表示の系数について・・・各種公表データ等を参考とした独自集計に基づく
※6　項目単価について・・・・・独自調査データによる

（2）　支出項目

　支出としては、人件費が最も多く初年度の人件費は314,053,905円を想定している（表11-5）。人件費には「給与」「各種手当」「通勤交通費」「賞与」「特別手当」などを含んでいる。法人負担分の社会保険料も「法定福利費」の細目として人件費として経費計上される。

　介護保険では、職員の人員配置基準が課されており、常勤換算で利用者3人に対して1人以上の割合で職員を配置させなければならない。但し、単純に入居者定員数を3で割った職員で良いのではなく、週40時間を超えた労働時間分の職員の増員や職員の一身上の都合による休期間中の補充等を考えると、法定基準以上の人員を確保しなければならない。平成29年度の介護事業経営実態調査では、特養の事業収入に対する給与費の割合は64.6％となっている。

　直接介護費とは、人件費以外で介護サービスを提供するために必要な経費であり、入浴介助のための水道光熱費や食事介助のための材料費、身体介護のための消耗品費などが該当する。本計画では、55,761,583円とした。

　一般管理費とは、直接介護費以外で運営管理を行うために必要な経費である。施設の修繕費や建物維持管理に要する費用、車輌費、税理士や社労士等の専門家に対する委託費、職員の被服費などが該当する。本計画では47,642,852円とした。その他支出としては、臨時・特別に必要となる会計に要する費用や事業運営に必要な予備費、長期的な積立金、臨時拠出の損金などが該当する。本計画では48,615,156円を計上している。

　借入金利息支出は、施設整備の項目で説明した福祉医療機構の借入金利息の支払いが該当する。本計画では、3億3,310万円を25年で返済する計画（固定金利0.8％）で、利息部分に該当する金額（2,664,804円）が経費として計上されることになる。機構融資の制度には、借り入れ当初の運営事業者の負担を軽減するための支援策として返済当初2年間は、元本の返済を猶予するものがある。元金については事業収支の管理とは区分して、施設整備会計の「設備資金借入金元金償還支出」で財務管理することになる。本シミュレーションでは3年目より元金14,430,324円（年額）の返済を想定している。

表11-5　資金収支計算書（予算書）

資金収支計算書（予算書）

特別養護老人ホーム（ショートステイ床を含む）に係る収支予算書

初年度　（自）平成 34 年 4 月 1 日　　（至）平成 35 年 3 月 31 日

次年度　（自）平成 35 年 4 月 1 日　　（至）平成 36 年 3 月 31 日

（単位：円）

勘　定　科　目			予算額 初年度	予算額 次年度	初年度と次年度の増減額	備　考
事業活動による収支	収入	介護保険料収入（本体・加算）	352,338,406	374,074,192	21,735,787	要介護4で計算。初年度稼働率90%、次年度95%。
		利用料収入 / 居住費	69,747,850	74,062,150	4,314,300	基準費用額で計算。稼働率は同上。
		利用料収入 / 食費	48,858,900	51,881,100	3,022,200	基準費用額で計算。稼働率は同上。
		利用料収入 / その他利用料（私的利用料等）	15,206,400	16,051,200	844,800	通帳管理保全サービス、冷蔵庫・TV設置費、個別外出等を設定。月額16,000円で8割が利用。稼働率計算は同上。
		経常経費補助金収入	0	0	0	
		寄付金収入	0	0	0	
		雑収入	0	0	0	
		経理区分間繰入金収入	0	0	0	
		事業収入計　（A）	486,151,556	516,068,642	29,917,087	
	支出	人件費支出	314,053,905	333,380,343	19,326,438	人件費比率（対事業収入）64.6%で計算※'
		事務費事業費支出 / 土地賃借料	0	0	0	
		事務費事業費支出 / 直接介護費	55,761,583	59,193,073	3,431,490	直接介護費比率11.47%で計算※'
		事務費事業費支出 / 一般管理費	47,642,852	50,574,727	2,931,874	一般管理費比率9.8%で計算※'
		事務費事業費支出 / その他支出	48,615,156	51,606,864	2,991,709	その他として10%で計算※'
		借入金利息支出	2,664,804	2,664,804	0	3億3,310万・0.8%・25年償還にて計算
		経理区分間繰入金支出	0	0	0	
		事業支出計　（B）	468,738,300	497,419,811	28,681,511	
		事業活動資金収支差額　（C=A-B）	17,413,256	18,648,831	1,235,576	収支差率（次年度基準）：3.61%
施設整備費等による収支	収入	施設整備費等寄付金収入	0	0	0	
		施設整備等補助金収入	1,039,810,000	0	-1,039,810,000	
		整備資金借入金収入①	333,100,000	0	-333,100,000	機構借入金
		整備資金借入金収入②	0	0	0	その他借入金（協調融資等）
		固定資産売払収入	0	0	0	
		その他施設整備等による収入	0	0	0	下記（△）補填分はここでの計上なし
		施設整備費等収入計　（D）	1,372,910,000	0	-1,372,910,000	
	支出	固定資産取得支出（土地）	500,000,000	0	-500,000,000	
		固定資産取得支出（建物）	1,757,346,500	0	-1,757,346,500	
		設備資金借入金元金償還支出	0	1,202,548	1,202,548	*但し、3年目より：元金14,430,324円（年額）の返済となる
		その他支出	78,500,000	0	-78,500,000	施設整備に伴う当初運転資金（△）
		施設整備等支出計　（E）	2,335,846,500	1,202,548	-2,334,643,952	
		施設整備費等資金収支差額　（F=D-E）	-962,936,500	-1,202,548	961,733,952	
その他活動による収支	収入	借入金収入	0	0	0	運営資金等（施設整備以外）
		積立預金取崩収入	884,436,500	0	-884,436,500	自己資金分（施設整備勘定）
		その他の収入			0	*別紙[協調融資][不足額]は考慮していない
		財務収入計　（G）	884,436,500	0	-884,436,500	
	支出	その他元金償還金支出	0	0	0	運営資金等（施設整備以外）
		積立金積立支出	0	0	0	運営資金等（施設整備以外）
		その他の支出	0	0	0	*別紙[協調融資][不足額]は考慮していない
		財務支出計　（H）	0	0	0	
		財務活動資金収支差額　（I=G-H）	884,436,500	0	-884,436,500	
予備費　（J）			0	0	0	
当期資金収支差額合計　（K=C+F+I-J）			-61,086,745	17,446,283	78,533,028	
前期末支払資金残高　（L）			0	-61,086,745	-61,086,745	法人既存資産は考慮しない
当期末支払資金残高　（M=K+L）			-61,086,745	-43,640,462	17,446,283	

※本シートは地方自治体申請書類を基に事業者にて作成

※'[事業活動による収支]：独自調べによる（介護事業経営実態調査・全国老人施設協議会資料等）

（3）　想定収支

　これまで述べてきた収支前提や初期投資・資金調達を踏まえて施設が稼動した場合、事業利益（収支差益）は、初年度では17,413,256円、次年度では18,648,831円であり、次年度の収支差率は3.61％となる。この収支差率とは、一般企業の営業利益率と同様の位置付けと考えて良い。売上から、それを作り出すために拠出した経費を差し引いた残りが利益となるが、本計画では、「利益が売上の3.61％だった」ということである。例えば、1年間に1億円の売上があったとすると、利益は361万円で経費は実に9,639万円も要したことになる。

　本シミュレーションは、施設整備に関する事業計画を中心としているため、運営開始後2年までの収支管理になっている。3年目以降の長期収支を予測する場合、介護報酬の改定によって収益が変動するため、大まかな予測とならざるを得ない。

　一方、費用（支出）面での長期予測では、建物の劣化を補うための修繕費の増加、人件費高騰による職員採用コストの増大、IOT や AI の導入コストの発生などが予測される。さらに、事業開始後30年を超える頃には、建物の大規模修繕や建替えも視野に入れなくてはならなくなるため、中期的な積立の準備も必要となる。

※シミュレーションデータ提供：株式会社 NEW'S MALL
※本シミュレーションは売上や利益を保証するものではない。あくまで初期投資額や想定される収支をイメージするための資料である。

【引用文献】
1）みずほ情報総研株式会社「特別養護老人ホームの開設状況に関する調査研究」2017年
　　p.15-20

【参考文献】
特別養護老人ホーム等 整備費補助制度の概要　東京都福祉保健局施設支援課（平成30年3月）
独立行政法人福祉医療機構「独立行政法人福祉医療機構貸付事業」資料　2018年

（付記）

　本書は下記の拙著等をベースに大幅な加筆、修正を行ったものである。また、本書は淑徳大学短期大学部学術出版助成を受けて刊行されたものである。

足立叡編『新・社会福祉原論─現代社会福祉の視点と社会福祉援助の可能性─』みらい　2005年　p.169-187

染谷俶子編『福祉労働とキャリア形成』ミネルヴァ書房　2007年　p.109-137

早坂聡久・三田寺裕治編著『施設経営における会計と税制』ぎょうせい　2011年　p.161-182

三田寺裕治・西岡修編『福祉サービスの組織と経営』（第3版）弘文堂　2019年　（発行予定）

介護施設管理士養成講座編集委員会監『介護施設の経営と管理』大空社　2012年　p.210-228

結城康博・早坂聡久編著『介護福祉産業論─市場競争と参入障壁』日本医療企画　2012年　p.34-51

三田寺裕治「インシデントレポートシステムの開発と試行」『淑徳短期大学研究紀要』第52号　2013年　p.1-14

三田寺裕治・赤澤宏平「介護保険施設における介護事故の発生状況に関する分析」『社会医学研究』30号(2)　2013年　p.123-130

■著者紹介

三田寺 裕治（みたでら　ゆうじ）

現　　　職：淑徳大学短期大学部　健康福祉学科　教授

最終学歴：新潟大学大学院 医歯学総合研究科地域疾病制御医学専攻 博士課程修了
　　　　　博士（医学）

専門分野：医療・福祉経営、高齢者保健福祉

【主な著書】

三田寺裕治・西岡修編著『福祉サービスの組織と経営』弘文堂　2019年

早坂聡久・三田寺裕治編著『施設経営における会計と税制』ぎょうせい　2011年

など

医療福祉経営入門

2019年2月28日　初版第1刷発行

著　　　者	三田寺 裕治	
発　行　者	竹鼻 均之	
発　行　所	株式会社みらい	

〒500-8137　岐阜市東興町40　第5澤田ビル
TEL　058-247-1227（代）
FAX　058-247-1218
http://www.mirai-inc.jp/

制　　　作	有限会社 レアドーク

ISBN978-4-86015-477-6 C3034
Printed in Japan　　　　　　乱丁本・落丁本はお取り替え致します。